KB266209

우월한 열등감

우월한 열등감

ALFRED ADLER

비교와 불안의 시대,
단단한 사람으로 성장하는 자존감 교육

우월한 열등감

알프레드 아들러 지음
김경일 옮김

THE EDUCATION OF CHILDREN

저녁달

불안은 어떻게
우월을 꿈꾸는가

우리는 흔히 열등감을 없애야 할 감정이라고 생각합니다. 그래서 조금이라도 부족함을 느끼면 서둘러 그것을 감추려 하고, 더 강해 보이려 하고, 더 잘난 사람처럼 보이려 애씁니다. 그러나 알프레드 아들러는, 열등감 자체는 문제가 아니라고, 그 열등감이 우리를 어디로 이끄느냐가 중요하다고 말합니다. 사람은 누구나 부족함이 있습니다. 그런데 어떤 사람은 그것을 성장의 동력으로 바꾸고, 어떤 사람은 허영으로 바꾸어 우월한 척 가면을 씁니다. 겉으로는 자신감처럼 보이지만, 실은 가장 깊은 불안이 다른 얼굴을 하고 나타나는 거죠.

그래서 우리는 먼저 이런 질문 앞에 서게 됩니다. 나는 왜 어떤 말에 유독 흔들리는가? 실패했을 때 왜 어떤 날은 다시 일어나고, 어떤 날은 나 자신을 완전히 무력한 사람처럼 느끼는가? 누군가 나를 무시했다고 여기는 순간, 내 안에서는 정확히 무엇이 작동하는가? 의외로 많은 사람이 이런 질문에는 선뜻 답하지 못합니다. 모르는 것이 아니라, 너무 오래 자기 안에서 자동으로 반복되어왔기 때문에 좀처럼 의식의 표면으로 떠올리지 못하는 것입니다.

저는 오랫동안 인간의 생각과 판단이 어떤 방식으로 움직이는지를 살펴보며, 한 가지 사실을 자주 확인했습니다. 사람은 생각을 잘하는 존재이기도 하지만, 자기 생각을 있는 그대로 알아차리는 데는 뜻밖에 서툰 존재이기도 하다는 점입니다. 우리는 늘 판단하고 선택하지만, 왜 그런 결론에 이르렀는지, 어떤 감정이 그 판단에 개입했는지, 무엇이 내 불안을 키우고 무엇이 내 시야를 좁히는지는 자주 놓칩니다. 바로 이 지점에서 메타인지가 중요해집니다. 내가 지금 무엇을 느끼고 있는지, 어떤 해석을 하고 있는지, 무엇을 알고 무엇을 모르는지를 한 걸음 떨어져 바라보는 힘 말입니다.

이 능력이 특히 절실해진 것은, 우리가 사는 시대가 사람을 너무 쉽게 비교와 불안 속으로 밀어넣기 때문입니다. 우리는 성과로 평가받고, 관계로 평가받고, 태도로 평가받습니다. SNS를 열면 비교가 일상이 되고, 일터에서는 끊임없이 자신을 증명해야 하며, 아이들 역시 어릴 때부터 경쟁과 평가의 언어 속에서 자랍니다. 이런 환경에서는 열등감이 특별한 사람에게만 찾아오는 감정이 아니라, 조금만 방심해도 누구에게나 기본값이 되기 쉽습니다. 그래서 지금 우리에게 필요한 것은 상처받지 않는 사람이 되는 일이 아니라, 상처를 받아도 자기 자신을 잃지 않는 사람이 되는 일입니다.

비판을 들었을 때 행동에 대한 지적과 존재의 가치를 구별하는 힘, 칭찬이 없어도 내가 괜찮은 사람이라고 느낄 수 있는 힘, 누군가 앞서 나가는 모습을 보아도 곧바로 자기 비하로 무너지지 않는 힘이 여기에 속합니다. 결국 우리를 힘들게 하는 것은 열등감 자체라기보다 그 열등감을 어떤 방향으로 해석하고 사용하는가 하는 문제입니다. 부족함을 배움의 계기로 삼을 때 사람은 자라나지만, 그것을 비교의 언어로만 해석할 때 사람은 점점 소모됩니다. 그런 점에서 가장 위험한 것은 열등감을 느끼는 일이 아니라 그것을 우월감으로 덮으려는 습관일지도 모릅니다. 작아 보이고 싶지 않아 과장하고, 인정받지 못할까 두려워 더 튀려 하고, 불안하면서도 괜찮은 척하는 마음은 겉으로는 강해 보여도 실은 매우 흔들리는 상태이기 때문입니다.

아이들도 다르지 않습니다. 지나치게 눈에 띄려는 행동, 소심함, 무기력, 고집, 쉽게 포기하는 태도는 단순한 성격의 문제가 아닐 수 있습니다. 아들러는 아이의 행동을 그저 교정의 대상으로 보지 않고, 그 행동이 어떤 목적과 방향을 향하고 있는지 이해하려 했습니다. 다시 말해, 아이의 행동은 단순한 반응이 아니라 자기 자리를 찾고, 자기 가치를 지키고, 불안을 견디려는 나름의 방식으로 읽어야 합니다. 그래서 행동만 바로잡으려 들면 같은 문제는 다른 모습으로 되풀이되기 쉽습니다. 중요한 것은 아이가 왜 그렇게 행동하는지, 그 행동이 어떤 마음의 목적을 품고 있는지를 읽어내는 일입니다.

바로 여기서 이 책이 부모와 교사에게 특별히 중요해집니다. 교육은 아이를 하나의 독립된 인격으로 바라보고, 그 아이가 세계를 어떻게 해석하고 있는지를 이해하려는 태도에서 시작됩니다. 그리고 그 태도는 늘 어른 자신의 자기 이해와 맞닿아 있습니다. 아이는 어른의 설명보다 어른의 태도를 먼저 배우기 때문입니다.

어른이 실수 앞에서 자신을 어떻게 대하는지, 비교 앞에서 얼마나

　　　　　　　　　　　　　　　역자의 말

쉽게 흔들리는지, 비판 앞에서 얼마나 급히 방어적으로 변하는지를 아이는 놀라울 만큼 민감하게 읽어냅니다. 그러니 흔들리지 않는 아이를 키우고 싶다면, 먼저 어른이 자기 안의 흔들림을 이해할 수 있어야 합니다. 부모와 교사가 자기 열등감을 인정하지 못할수록, 아이의 부족함도 견디기 어려워집니다. 반대로 어른이 자신의 불안과 허영, 비교심과 인정 욕구를 조금 더 분명히 알아차릴 수 있을 때, 아이의 행동도 단순한 문제행동이 아니라 이해 가능한 신호로 보기 시작합니다. 아들러가 교사와 부모의 역할을 중요하게 본 것도 바로 이 때문입니다.

좋은 심리학은 사람을 너그럽게 만듭니다. 타인을 함부로 단정하지 않게 하고, 나 자신도 성급하게 판결하지 않게 합니다. 결국 사람에게 필요한 힘은 완벽함이 아니라 알아차림입니다. 지금 내 마음이 어디로 향하고 있는지, 내가 비교 때문에 흔들리는지 성장 때문에 애쓰는지, 부족함이 나를 배우게 하는지 아니면 과장하게 만드는지를 볼 수 있는 힘 말입니다. 그 힘이 생길 때 사람은 비로소 덜 흔들립니다. 그리고 그런 어른 곁에서, 아이도 자기 마음을 다룰 줄 아는 사람으로 자라납니다.

김경일(인지심리학자, 아주대학교 심리학과 교수)

차례

일러두기

1. 이 책은 알프레드 아들러(Alfred Adler)의 저작 『The Education of Children』(New York: Greenberg, 1930, First Edition)을 저본으로 삼아 완역한 것이다.
2. 본문 하단의 각주는 지은이의 것이며, 옮긴이 주는 본문 괄호 안에 '–역자주'로 명기했다.
3. 단행본은 『 』로, 정기간행물은 《 》로 표기했다.

제1장
서론

심리학적인 관점에서 볼 때, 성인의 교육 문제는 결국 어떻게 스스로를 이해하고 합리적으로 이끌어갈 것인가(자기 이해와 자기 지도)라는 문제로 귀결된다. 아이를 기르고 교육하는 일 역시 같은 원리로 접근할 수 있지만 한 가지 중요한 차이가 있다. 아이는 아직 미성숙하기 때문에(이 점은 성인에게도 어느 정도 해당되지만) 곁에서 올바른 길을 알려주는 지도(guidance)의 역할이 성인보다 더 중요하다는 사실이다.

원한다면 부모나 교육자가 굳이 개입하지 않고 아이들이 야생의 들풀처럼 스스로 자라도록 가만히 내버려둘 수도 있을 것이다. 만약 아이들에게 2만 년이라는 아득한 시간이 주어지고, 그

제1장 서론

장구한 과정을 안전하게 뒷받침해줄 유리한 환경이 완벽하게 제공된다면, 아이들도 성인 문명의 수준에 도달할 수 있을지도 모른다. 그러나 현실적으로 이런 방법은 불가능하다. 그렇기에 어른들은 아이가 건강하게 성장하는 과정을 곁에서 세심히 지도하는 일에 분명하고도 열정적인 관심을 기울여야만 한다.

다만 여기서 가장 큰 어려움은 무지(ignorance)다. 사실 다 자란 어른이라 할지라도, 자기 내면에서 끓어오르는 감정의 진짜 원인이 무엇인지, 자신이 정확히 무엇을 좋아하고 무엇을 싫어하는지 파악하는 일, 다시 말해 '자신의 심리를 투명하게 이해하는 일'은 쉽지 않다. 하물며 타인인 아이의 마음을 이해하고, 올바른 지식에 바탕해 그들을 이끄는 일은 자기 자신을 다루는 것보다 훨씬 더 어렵고 까다롭다.

개인심리학(Individual Psychology)은 아주 오래전부터 아이들의 복잡한 심리를 깊고 치열하게 다루어왔다. 아동 심리 그 자체가 무척이나 중요하고 매력적인 주제일 뿐만 아니라, 어릴 적의 그 흔적들이 훗날 성인의 성격과 행동을 꿰뚫어 보는 가장 강력하고 결정적인 단서를 제공하기 때문이다.

무엇보다 다른 수많은 심리학적 접근들과 달리, 개인심리학은 교과서 속의 '이론'과 현실의 '실천' 사이에 그 어떤 간격도 두지 않는다. 우리는 한 인간이 지닌 성격의 통일성(unity of personality)

에 주목하면서, 자신을 발달시키고 세상에 표현하기 위해 몸부림치는 정신의 역동적인 투쟁을 연구한다. 이러한 개인심리학의 관점에서 보면, 과학적 지식은 곧바로 일상을 구원하는 실천적 지혜로 탈바꿈한다. 이 지식은 한 아이의 삶이 어디서부터, 그리고 어떻게 빗나가고 있는지를 알려주는 지식이며, 그것을 깨달은 사람—심리학자, 부모, 교사, 혹은 상처받은 자기 자신—이 그 통찰을 곧바로 실제적인 지도와 교육의 현장에 적용할 수 있기 때문이다.

이처럼 독창적인 개인심리학의 접근 방식 덕분에, 이 학문이 내세우는 핵심 이론들은 유기적으로 긴밀하게 연결된 '하나의 거대한 전체'를 이룬다. 개인의 모든 겉보기 행동은 그 사람 내면에 자리한 성격의 통일성에 의해 뚜렷하게 동기 부여되고 하나의 방향으로 향한다. 그렇기에 개인심리학이 인간 행동에 관해 쏟아내는 수많은 통찰은, 정신의 온갖 다양한 활동 속에서 늘 똑같이 나타나는 일관된 상호연관성을 반영하고 있다.

이 첫 장에서는 독자들이 개인심리학에 관해 조망할 수 있도록 관점 전체를 먼저 소개할 것이다. 그리고 이어지는 각각의 장에서는, 여기서 제기된 수많은 상호연관된 문제들을 하나하나 다룰 것이다.

인간 발달 과정에서 우리가 마주하는 가장 근본적인 진실은,

우리의 정신이 끊임없이 특정한 목표를 향해 나아가려는 역동적이고 목적지향적인 '추구(striving)'를 멈추지 않는다는 점이다. 아주 어린 유아기부터 아이는 세상을 향해 발달하고 성장하려는 투쟁에 뛰어든다. 비록 아이 스스로는 의식하지 못할지라도, 이 투쟁의 이면에는 늘 위대함과 완전성, 그리고 우월성을 향한 나름의 비전이 단단한 배경으로 깔려 있다. 인간만이 지닌 고유한 사고력과 상상력을 반영하는 이 목표 지향적인 활동은, 우리 삶 전반에 걸친 구체적인 행동 하나하나를 지배한다. 심지어 우리의 깊은 생각조차 그 영향을 벗어날 수 없다.

우리는 세상을 그저 객관적으로만 사고하는 것이 아니라, 자신이 형성해온 목표와 고유한 '생활양식(lifestyle)'의 틀 안에서 세상을 해석하고 생각한다. 다시 말해 우리의 생각과 감정, 그리고 행동은 제각기 따로 존재하는 것이 아니라, 개인이 스스로 선택한 단 하나의 목적지를 향해 유기적으로 얽혀 함께 나아가는 것이다.

이러한 성격의 통일성은 모든 인간의 내면에 깊이 뿌리내려 있다. 우리 각자는 이미 하나의 통일된 성격을 지닌 존재인 동시에, 매 순간 그 통일성을 스스로 만들어 나가는 능동적인 존재이기도 하다. 즉, 인간은 자신이라는 삶의 결과물인 동시에 그 삶을 빚어내는 창조자다.

말하자면 우리는 자기 자신의 성격을 조각해 나가는 한 명의 예술가라고 할 수 있다. 하지만 이 예술가는 완전한 존재가 아니다. 살아가며 끊임없이 오류를 저지르고, 자기 자신의 정신과 신체조차 완벽하게 이해하거나 통제하지 못한다. 오히려 나약하고, 쉽게 실수하며, 끝내 불완전할 수밖에 없는 것이 우리 인간의 자연스러운 본모습이다.

성격을 형성하는 과정에서 우리가 가장 주목해야 할 문제는, 이 성격의 통일성과 고유한 생활양식, 그리고 목표가 '객관적 현실' 위에 세워지는 것이 아니라 오직 개인이 삶의 사실들을 바라보는 '주관적인 관점' 위에서만 뼈대를 세운다. 우리가 어떤 사실을 어떻게 이해하고 해석하느냐는, 그 사실 자체가 지닌 본질과는 전혀 다르다.

바로 그렇기 때문에, 똑같이 주어진 현실의 세계를 살아가면서도 사람들은 저마다 완전히 다른 방식으로 자기 자신을 만들어가는 것이다. 누구나 오직 자신만의 관점에 따라 삶을 조직하며, 그중 어떤 관점은 비교적 건전하지만 어떤 관점은 치명적으로 어긋나 있기도 하다.

따라서 인간이 발달하는 과정에서 언제든 일어날 수 있는 이러한 주관적인 오류와 실패를 우리는 항상 염두에 두어야 한다. 특히 아주 어린 유아기에 이루어진 잘못된 해석은 더욱 세심하게 다루어져야 한다. 당시의 그 미숙하고 치명적인 오해가, 훗날 아이가 살아갈 삶의 궤적 전체를 완전히 뒤흔들고 좌우하는 경우가 너무나도 많기 때문이다.

이를 구체적으로 보여주는 임상 사례가 하나 있다. 52세의 한 여성은 언제나 자신보다 나이 많은 여성들을 습관적으로 깎아내렸다. 그녀는 어린 시절 내내 부모의 모든 관심과 사랑을 독차지하는 손위 언니 때문에, 자신은 늘 초라하고 가치 없는 존재로 여겨졌다고 고백했다.

개인심리학에서 말하는 이른바 '수직적 관점(vertical point of view)'으로 이 사례를 들여다보면, 생애 초기에도 그리고 50대가 되어 삶의 후반부에 이른 현재에도 똑같은 심리적 메커니즘이 조금도 변함없이 작동하고 있음을 알 수 있다. 무시당할지 모른다는 두려움, 그리고 누군가 자신보다 더 총애받고 선택받는다는 사실에 대한 깊은 분노와 짜증이 그녀의 내면에는 늘 도사리고 있었던 것이다(개인심리학에서 말하는 '수직적 관점'에서는 모든 사람을 '위'와 '아래'로 나누어, 누가 나보다 위에 있는지, 누가 아랫사람인지처럼 위계와 등급의 구도 안에서 타인과 자신을 지속적으로 평가하고 비교한다. 아들러는 이런 수직적 관점이 사회적 관심이 약화된 상태에서 드러나는 특징으로 보며, 과도한 열등감과 우월감, 경쟁 위주의 인간관계, 공동체감의 결여와 연결된다고 설명한다. 개인심리학에서는 치유와 성장을 위해 수직적 관점에서 수

평적 관점으로 전환하는 과정을 중요한 과제로 제시한다. – 역자주).

설령 우리가 이 여성의 삶 전체나 다른 성격적 특성에 대해 더는 알지 못한다 하더라도, 오직 이 두 가지 정황만으로도 그녀의 삶 상당 부분을 정확하게 추론해낼 수 있다. 이때 심리학자는 마치 예리한 소설가처럼 행동하게 된다. 특정한 행동 노선과 고유한 생활양식을 지닌 한 인물을 머릿속으로 구성하되, 그녀가 지닌 '성격의 통일성'의 전체적인 인상이 절대 깨지지 않도록 퍼즐을 맞춰 나가는 것이다. 노련한 심리학자라면 이 여성이 앞으로 맞닥뜨릴 상황에서 어떻게 행동할지 예측하고, 그녀의 삶을 이끌어온 성격적 특징을 분명히 설명할 수 있다.

개인의 성격을 형성하는 이러한 추구와 목표 지향적 활동은 또 하나의 중요한 심리적 사실을 전제로 한다. 바로 '열등감(sense of inferiority)'이다.

모든 아이는 본래부터 마음속에 어떤 형태로든 열등감을 지니고 자란다. 그리고 이 열등감은 역설적으로 아이의 상상력을 강하게 자극하여, 자신이 처한 상황을 개선하고 그 심리적 부족함을 채우려는 노력을 끊임없이 불러일으킨다. 이러한 과정을 거쳐 아이의 상황이 실제로 나아지면, 그만큼 내면의 열등감도 줄어들게 된다. 심리학에서는 이처럼 열등감을 극복하고 스스로를 채워가는 건강한 과정을 '보상(compensation)'이라고 부른다.

하지만 열등감과 이를 극복하려는 보상 기제에는 언제나 잘못된 방향으로 흘러갈 가능성이 존재한다. 물론 열등감은 아이가 스스로 더 나아지려고 분투하게 만들고, 실제로 객관적인 성취를 이루도록 이끄는 건강한 동력이 되기도 한다.

그러나 이와는 반대로 현실의 문제를 제대로 해결하지 못한 채, 자신과 현실 사이의 간격만 더 벌어지게 만드는 기형적인 심리적 적응 방식으로 나타날 수도 있다. 아이가 자신이 겪는 열등감을 너무 크고 절망적인 것으로 받아들일 경우, 그 압박감을 억지로 덮어버리기 위해 무리하게 '보상적 성격 특성'을 발달시키는 쪽으로 나아갈 수 있는 것이다(예를 들면 무시당할까 봐 예민하게 반응하는 태도나 실패가 두려워서 완벽하려고 과하게 애쓰는 태도 등. – 역자 주). 그러나 이러한 보상적 성격 특성은 눈앞에 놓인 삶의 문제를 실질적으로 해결해주지 못한다. 그럼에도 불구하고, 그 사람의 내면에서는 이 어긋난 특성이 마치 불안을 견디기 위해 반드시 필요한 필연적이고 방어적인 반응인 것처럼 작동하게 된다.

보상적 성격 특성이 특히 뚜렷하게 발달하는 아동 집단은 대체로 다음 세 부류로 나눌 수 있다.

1. 신체 기관이 약하거나 충분히 발달하지 않은 상태로 태어난 아이.

2. 엄한 분위기에서 정서적 애정을 거의 받지 못한 아이.

3. 과도하게 응석받이로 길러진 아이.

이 세 집단은 평범하고 정상적인 아이들의 발달 과정을 이해하는 데 중요한 척도가 되는 세 가지 기본 상황을 명확하게 보여준다. 물론 모든 아이가 심각한 신체적 결함을 지니고 태어나는 것은 아니다. 하지만 생각보다 많은 아이들이 일상에서 자신이 지닌 아주 작은 신체적 약점을 바탕으로 특정한 심리적 특성을 발달시킨다. 이러한 심리의 전형적인 메커니즘은 심각한 신체 장애를 가진 아이들의 사례에서 가장 뚜렷하게 나타난다.

한편, 아이의 환경을 '응석받이'와 '정서적으로 방치된 아이'로 나눠보면, 현실에서 자라나는 거의 모든 아이는 크든 작든 이 두 가지 환경 중 어느 한쪽, 혹은 양쪽 모두에 속하는 경험을 겪게 마련이다.

이 세 가지 기본 상황은 공통적으로 불충분감과 열등감을 낳고, 그 반작용으로 인간이 닿을 수 없는 과도한 야망을 만들어낸다. 열등감과 우월성 추구(striving for superiority)는 겉보기엔 전혀 다른 정반대의 감정처럼 보인다. 그러나 실제로는 '자신이 턱없이 부족하다'고 느끼는 그 근원적인 마음의 결핍에서 갈라져 나온 두 가지 얼굴일 뿐이며, 서로 떼어놓고 생각할 수 없다. 마음이 병든 병리적 상황에서는 어느 쪽이 아이를 더 해치고 있는지

구분하기조차 쉽지 않다. 지나치게 비대해진 열등감 자체가 문제인지, 아니면 그 열등감을 덮기 위해 비정상적으로 부풀어 오른 우월성 추구가 문제인지 명확히 분간할 수 없기 때문이다. 결국 이 두 가지는 하나의 끈으로 단단히 묶인 채, 마치 일정한 주기의 파도처럼 끊임없이 함께 오르내리며 아이의 삶에 모습을 드러낸다.

비대해진 열등감은 때때로 비정상적으로 거대한 야망을 자극한다. 그리고 이 야망은 아이의 마음을 끝없이 불만족스러운 상태로 내몰게 된다. 문제는 이 불만족이 아이를 건설적인 활동으로 이끄는 건강한 동력이 아니라는 점이다. 되레 자신이 품은 과도한 야망의 허상에만 기댄 채 현실에서는 아무것도 하지 않고 빈둥거리며, 무기력해지고 불만은 더 많아지게 된다. 또한 이 기형적인 야망은 성격의 결함이나 엇나간 행동 습관으로 나타난다. 이 때문에 아이는 매사에 극도로 예민해지며, 남에게 상처받거나 무시당하지 않기 위해 스스로 가시를 세운 채 항상 날 선 경계를 늦추지 않게 된다.

이러한 유형은—개인심리학의 임상 기록에는 이런 사례가 넘쳐난다— 대체로 능력을 제대로 펼치지 못하는 사람으로 자라난다. 우리가 흔히 신경증적이거나 괴짜라고 부르는 사람이 되는 것이다.

이런 성향이 극단으로 치달을 경우, 타인을 전혀 고려하지 않고 자신만을 생각하는 자기중심성이 극에 달해 무책임한 행동을 일삼거나 범죄를 저지르기도 한다.

이들 중 일부는 현실과 객관적 사실을 외면한 채, 스스로 새로운 세계를 만들어낸다. 백일몽에 빠져들거나 상상 속 환상을 현실처럼 끌어안음으로써 심리적 평온을 찾는다. 현실을 있는 그대로 받아들이는 대신, 자기 마음대로 현실을 재구성하여 내면의 갈등을 해소하는 것이다.

아이의 발달 과정 전체를 통틀어 심리학자와 부모가 가장 주의 깊게 살펴야 할 결정적인 기준이 있다. 바로 아이가 '사회적 관심(social interest)'을 얼마나 잘 드러내는가 하는 점이다. 사회적 관심은 아이의 정상적인 발달 여부를 판단하는 핵심 척도이자 바로미터다. 그렇기에 공동체를 향한 아이의 관심을 가로막는 요소는 무엇이든 그 정신적 성장에 치명적인 해를 끼치게 된다.

개인심리학은 바로 이 사회적 관심이라는 원리를 토대로 독자적인 교육 기법을 발전시켜왔다. 그 지침 중 하나는, 부모나 양육자가 아이를 특정한 한 사람에게만 지나치게 의존하도록 내버려두어서는 안 된다는 것이다. 그런 협소한 관계성에 갇혀 자란 아이는 훗날 세상 밖으로 나아갈 준비를 제대로 갖추지 못하게 되기 때문이다.

아이의 사회적 관심 수준을 파악하는 좋은 방법은 아이가 학교에 처음 입학하는 시기를 관찰하는 것이다. 학교에 입학한다는 것은 아이에게 가장 이른 시기에 겪는, 가장 힘든 시험 중 하나다. 학교는 낯선 환경이므로, 그곳에서 아이가 새로운 상황에 얼마나 잘 대처하는 지, 특히 처음 만나는 사람들과 얼마나 잘 어울리는지가 자연스럽게 드러난다. 아이를 학교에 어떻게 준비시켜야 하는지에 대한 지식이 사회적으로 부족하다는 사실은 왜 그토록 많은 어른들이 자신의 학창 시절을 악몽처럼 기억하는지를 잘 설명해준다.

물론 제 역할을 다하는 학교라면 가정 교육의 빈틈을 상당 부분 채워줄 수 있다. 이상적인 학교란 가정과 세상을 잇는 징검다리가 되어야 하며, 단순한 지식 전달을 넘어 삶의 지혜와 기술을 가르치는 곳이어야 한다. 하지만 언젠가 완벽한 학교가 등장해 가정 교육의 한계를 극복해주기를 마냥 기다릴 수만은 없다. 당장 부모의 양육 방식에 어떤 문제가 있는지부터 분명히 짚어봐야 한다.

역설적이게도 학교가 아직 이상적인 환경이 아니라는 바로 그 점 때문에, 학교는 가정 교육에서 잘못된 점을 분석하는 유용한 지표가 된다. 타인과 어울리는 법을 제대로 배우지 못한 아이는 학교에 들어가자마자 고립감을 느낀다. 그 결과 주변에서 유별난 아이로 취급받고, 겉도는 성향은 시간이 갈수록 굳어진다. 아이의 건강한 발달은 가로막히고 문제아로 낙인찍히고 만다. 사람들은 흔히 그 책임을 학교 탓으로 돌리지만, 사실 학교는 가정교육에 숨어 있던 결함이 밖으로 드러나는 곳일 뿐이다.

개인심리학은 이처럼 문제 행동을 보이는 아이들이 학교라는 공간에서 과연 긍정적으로 변화할 수 있는지를 중요한 과제로 다루어왔다. 우리의 오랜 관찰에 따르면, 아이의 성적이 떨어지기 시작하는 것은 적색경보라고 봐야 한다. 이는 단순한 학업적 실패가 아니라 심리적 실패를 뜻하기 때문이다. 즉, 아이가 스스로에 대한 믿음을 잃고 낙담하기 시작했다는 신호다.

이렇게 용기를 잃고 낙담한 아이는 자신에게 유익한 길과 마땅히 해야 할 과제를 회피하며, 마음대로 통제할 수 있고 손쉽게 성공할 수 있는 다른 비상구를 찾아 헤맨다. 공동체가 요구하는 건강한 길을 벗어나 자신만의 엇나간 길(사적인 논리)로 빠져드는 것이다. 그 길에서 아이는 자신의 열등감을 그릇된 우월감으로 보상받으려 한다. 이는 낙담한 사람이라면 누구나 빠지기 쉬운 함정으로, '가짜 성공'을 거두려는 선택이다. 아이 입장에서는 굳이 사회적·도덕적 책임을 지며 규범을 따르는 것보다, 규칙을 깨뜨리고 엇나가는 편이 훨씬 쉽고 빠르게 자신을 돋보이게 하며 정복자가 된 듯한 우월감을 주기 때문이다.

하지만 이렇게 손쉽게 얻으려는 우월감은 겉으로는 아무리 대담하고 거칠어 보일지라도, 그 내면 깊숙이 숨겨진 비겁함과 나약함을 가리려는 포장에 불과하다. 이런 아이들은 실패할 수 있는 도전은 피하고, 이길 수 있다고 여겨지는 일만 골라 하며 우월감을 드러내려 한다.

극악한 범죄자가 겉으로는 무모하고 대담해 보여도 그 본질은 몹시 비겁하다는 사실을 우리는 잘 알고 있다. 이와 마찬가지로 일상생활 속 평범한 아이들도 아주 사소한 행동을 통해 자신의 내면적인 나약함을 드러내곤 한다. 가령 똑바로 서지 못하고 늘 어딘가에 기대어 있는 아이들을 흔히 볼 수 있는데, 이는 어른도 마찬가지다. 과거의 훈육 방식에서는 이런 행동 이면에 숨은 근본적인 원인을 살피기보다 겉으로 드러난 증상만 고치려 들었다. "똑바로 서! 자꾸 기대지 마!"라고 다그치는 식이었다.

하지만 여기서 중요한 것은 '기댄다'는 행동 자체가 아니라, 아이가 항상 무언가에 의지하고 싶어 하는 강렬한 필요를 느끼고 있다는 사실이다. 상벌을 이용해 겉보기엔 그 나약한 행동을 당장 없앨 수 있을지 모른다. 그러나 그렇다고 해서 누군가에게 의존하고 싶은 아이의 깊은 갈망까지 채워지는 것은 아니다. 문제의 뿌리는 고스란히 남아 있다. 진정으로 훌륭한 부모나 교육자란, 아이의 작은 행동에서 이러한 마음의 신호를 읽어 내고 깊은 공감과 이해를 바탕으로 근본적인 문제를 풀어가는 사람이다.

우리는 종종 아이가 보여주는 단 하나의 신호만으로도 그 이면에 숨은 여러 성향을 짐작할 수 있다. 늘 어딘가에 기대려는 강박적인 행동을 보이는 아이라면, 그 내면에 불안감과 타인을 향한 강한 의존성이 반드시 함께 자리 잡고 있다는 것을 금세 알 수 있다. 이러한 심리적 패턴을 충분히 이해하고 있다면, 그 지식을 바탕으로 아이의 전반적인 성격을 퍼즐 맞추듯 재구성해볼 수 있다. 그 결과, 지금 우리 눈앞에 있는 아이가 과잉보호 속에서 이른바 '응석받이'로 자라왔다는 사실에 가닿게 된다.

충분한 사랑을 받지 못하고 자란 아이들의 성격적 특성도 살펴보자. 이 특성이 가장 극단적으로 나타난 사례는 인류에게 해를 끼친 역사적 인물들의 전기에서 쉽게 찾아볼 수 있다. 이들의 삶에서 공통으로 발견되는 뚜렷한 사실 하나는, 어린 시절 심한 학대와 방치를 겪었다는 점이다. 그 결과 이들은 타인에 대한 지독한 냉담함과 시기심, 그리고 뿌리 깊은 증오심을 키우며 자라났다. 이들은 다른 사람이 행복해하는 꼴을 참지 못한다. 그런데 이런 비뚤어진 시기심은 악인에게만 나타나는 것이 아니다. 겉보기에 아주 평범한 사람들의 내면에도 숨어 있을 수 있다. 만약 이런 성향을 가진 사람이 누군가를 양육하는 위치에 서게 되면, 무의식적으로 '내 아이가 내가 어릴 때보다 더 행복해져서는 안 된다'고 여기게 된다. 이런 비극적인 생각은 부모가 친자식을 대할 때는 물론, 교사나 보호자가 자신이 맡은 아이들을 대할 때도 은연중에 드러나곤 한다.

물론 이들의 태도가 처음부터 악의에서 비롯된 것은 아니다. 단지 과거에 가혹한 양육을 견뎌내야만 했던 자신의 상처와 심리 상태가 투사된 것일 뿐이다. 이들은 "매를 아끼면 아이를 망친다"는 옛 격언이나 그럴싸한 사례들을 끌어와 자신의 억압적인 양육 방식을 정당화하려 애쓴다. 그러나 이러한 주장은 설득력이 없다. 권위적이고 강압적인 교육이 얼마나 백해무익한지는, 그것이 아이의 마음을 부모나 교육자로부터 완전히 멀어지게 만든다는 단순하고도 명백한 사실 하나만으로도 충분히 증명된다.

심리학자는 겉으로 드러나는 다양한 행동을 주의 깊게 살피고 이를 하나로 연결하는 과정을 통해 한 사람의 내면에 숨겨진 심리적 체계를 구성해낸다. 이 틀을 통해 바라본 단편적인 모습들은 아이의 전체적인 성격을 어느 정도 보여준다. 하지만 우리가 진정한 확신을 가지려면, 여러 다른 행동 속에서도 동일한 방향을 가리키는 단서들을 발견해야만 한다. 그렇기에 개인심리학은 정교한 과학인 동시에 사람의 마음을 읽어내는 섬세한 예술이다.

한편 어떤 이론적 틀이나 개념을 사람에게 기계적이고 융통성 없이 끼워 맞춰서는 절대 안 된다. 대상을 관찰할 때 가장 중요한 것은 단편적인 증상이 아니라 그 사람이라는 전체를 온전히 이해하는 일이다. 아이의 행동 한두 개만 보고 섣불리 꼬리표를 달거나 거창한 결론을 내려서는 안 된다. 자신의 가설을 뒷받침할 수 있는 다른 단서들을 최대한 찾아봐야 한다. 예를 들어 아이에게서 고집이나 낙담이 보인다면, 일상 속 다른 행동에서도 같은 패턴이 나타날 때 비로소 그것이 아이의 성격 전반에 자리 잡았다고 확신할 수 있다.

이 과정에서 부모와 교육자가 꼭 기억해야 할 점이 있다. 아이 스스로도 왜 그런 행동을 하는지 그 이유를 분명히 알지 못한다는 것이다. 역설적이게도 바로 그 이유 때문에, 아이는 자신의 속마음을 완벽하게 숨길 수가 없다. 따라서 우리는 아이가 하는 말보다 실제로 보이는 행동을 살펴볼 때, 그 아이의 성격을 이해할 수 있다. 한 사람의 성격은 그가 스스로를 어떻게 포장하고 말하는지가 아니라, 삶의 맥락 속에서 보여주는 일관된 행동을 통해 드러난다(어떤 사람이 "나는 착해요"라고 말해도, 실제로는 다른 사람을 배려하지 않는 행동을 계속한다면, 그 행동이 그 사람의 진짜 성격에 가깝다. – 역자주). 아이가 자신의 속마음을 제대로 설명하지 못하는 것은 일부러 거짓말을 해서가 아니다. 자신이 머리로 의식하는 생각과, 마음 깊은 곳에서 자신을 움직이는 '무의식적인 동기' 사이에 큰 차이가 존재하기 때문이다. 이 보이지 않는 마음의 간극을 가장 잘 채워줄 수 있는 존재는 다름 아닌, 한 걸음 물러서서 객관적인 시선을 유지하면서도 따뜻하게 공감할 줄 아는 관찰자다. 그 관찰자가 부모이든 교사이든, 혹은 심리학자이든 상관없다. 중요한 것은 어른들이 아이의 일상적인 행동—그것이 무의식적인 습관이든 특정한 목적을 향해 있든—을 세심히 살펴, 그 이면에 숨겨진 아이의 성격과 마음을 읽어내는 법을 배우는 것이다.

그 사람을 이해하려면, 삶에서 마주하는 세 가지 근본적인 과제를 어떻게 대하는지 살펴보면 된다. 첫 번째 과제는 '사회적 관계(social relation)'다. 이는 앞서 개인의 주관적인 생각과 객관적인 현실의 차이를 설명할 때 다룬 바 있다. 사회적 관계란 머릿속에만 있는 추상적인 개념이 아니라, 친구를 사귀고 타인과 원만하게 지내야 하는 구체적인 현실의 숙제다.

만약 누군가 친구를 사귀든 말든 나와는 상관없다며 무관심한 태도로 이 숙제를 피하려 한다면, 그 무관심 자체가 이 숙제에 대한 대답이 된다. 우리는 이 태도를 보고 그의 성격이 어떤 방향으로 굳어졌는지 알 수 있다. 또한 사회적 관계는 단순히 사람을 만나고 어울리는 물리적인 행동에만 그치지 않는다. 우정이나 동료애, 진실성, 충성심 같은 눈에 보이지 않는 소중한 가치들 역시 사회적 관계를 바탕으로 자라난다. 따라서 한 사람이 사회적 관계를 대하는 태도를 보면, 그가 삶의 중요한 가치들을 어떻게 대하고 있는지도 드러난다.

두 번째 과제는 '직업과 일'의 문제다. 이는 한 사람이 자신의 삶을 어떻게 활용할 것인지, 즉 우리 사회의 거대한 분업 체계 속에서 어떤 역할을 맡을 것인가 하는 문제다. 첫 번째 과제가 '나와 너'라는 사람 사이의 관계라면, 두 번째 과제는 '인간과 세상'이 맺는 관계라고 할 수 있다. 일과 직업이라는 과제 역시 나 혼자만의 일방적인 결심으로 해결되지 않는다. 일에서의 성공은 나의 개인적인 의지만으로 이루어지는 것이 아니라, 세상이 요구하는 객관적인 현실과 어떻게 조화를 이루느냐에 달린 쌍방향의 상호작용이다. 그렇기 때문에 직업과 일에 대해 어떻게 답하고 행동하는지를 보면, 그의 성격과 삶을 대하는 태도가 여실히 드러난다.

세 번째 과제는 '사랑과 결혼'의 문제다. 이는 우리가 맺는 인간관계와 사회 구조의 바탕이 된다. 남녀의 관계는 겉보기엔 순수한 개인의 감정이나 선택 같지만, 실제로는 상호 존중과 책임, 권리, 가족과 사회의 기대 등 복잡한 현실적 조건들이 얽혀 있다. 따라서 현실을 함께 고려할 때만 올바르게 풀어나갈 수 있다. 사람들은 흔히 "나는 이성에 대해 이렇게 생각해."라며 편견

    제1장 서론

이나 개인적인 호불호를 내세우곤 하지만, 이는 현실을 왜곡한 잘못된 인식일 때가 많다. 당연하게도 사랑과 결혼 문제에서 나타나는 폭력, 교묘한 통제, 지나친 의존, 책임 회피 같은 일탈 행동들은 그 사람의 성격에 깊은 결함이 있다는 확실한 증거다. 이로 인해 생겨나는 수많은 불행한 결과들 역시, 바로 그 성격적 오류의 결과물로 이해해야 한다.

결국 한 사람이 이 세 가지 과제에 어떻게 답하는지를 가만히 지켜보면, 그가 살아가는 전반적인 생활양식과 마음속 깊은 곳의 구체적인 목표를 파악할 수 있다. 이 목표는 개인의 삶을 이끄는 절대적인 힘을 가지며 그의 모든 행동에 고스란히 묻어난다. 만약 그 목표가 타인과 더불어 살아가는 유익한 방향을 향해 있다면, 삶의 문제를 풀어가는 방식도 건설적이다. 그 사람은 타인에게 도움을 주는 활동을 통해 깊은 행복감과 스스로 가치 있다는 느낌, 그리고 내면의 힘을 얻는다. 반대로 목표가 자기 자신만의 이익을 구하는 비생산적인 쪽으로 치우쳐 있다면, 삶의 문제들을 제대로 풀어내지 못한 채 진정한 기쁨도 누리지 못하게 된다.

이 근본적인 세 가지 과제들은 긴밀하게 연결되어 있다. 이 과제들은 오직 공동체를 향한 사회적 관심을 바탕으로 할 때만 제대로 풀어나갈 수 있다. 이런 과제를 다루는 연습은 어린 시절부터 시작된다. 아이가 처음 세상을 보고 듣고 말하기 시작할 때, 그리고 부모나 형제, 친구, 선생님과 부대끼며 관계를 맺는 일상 속에서 이미 훈련이 이루어지고 있는 것이다. 이 과제들은 평생에 걸쳐 똑같은 방식으로 우리에게 주어지므로, 어린 시절부터 맺어온 건강한 사회적 유대를 잃어버린 사람은 결국 평생의 삶에서도 길을 잃고 만다.

개인심리학에서는 '공동체에 유익한 것이 곧 옳은 것'이라고 본다. 공동체의 이익과 사회적 기준을 벗어나는 모든 행동은 잘못된 것이며, 현실의 벽과 강하게 부딪칠 수밖에 없다. 이런 충돌은 일차적으로 아이 스스로 쓸모없는 사람이라고 느끼는 무가치함으로 나타난다. 나아가 아이의 엇나간 행동 때문에 피해를 입은 주변 사람들의 거센 반발을 부르며, 결국 우리 모두가 마음속에 품고 있는 건강한 사회적 이상마저 무너뜨리고 만다.

그렇기 때문에 아이가 제대로 자라고 있는지 판단할 때, '사회적 감정'은 가장 결정적이고 훌륭한 기준이 된다. 아이가 삶에서 부딪히는 여러 문제와 마주하는 순간은, 세상과 더불어 살 준비가 얼마나 되었는지 보여주는 일종의 시험대와 같다. 그 순간 아이에게 타인을 아끼는 마음(사회적 감정)이 있는지, 어려움을 헤쳐 나갈 용기와 이해력이 있는지, 공동체에 보탬이 되는 건강한 목표를 향해 걷고 있는지가 드러난다.

이때 우리는 아이가 어떤 방식으로 더 나아지려 애쓰는지(상승 지향적 추구), 마음속 열등감의 깊이는 어느 정도인지, 그리고 타인을 향한 사회적 관심이 얼마나 단단한지 찬찬히 살펴봐야 한다. 이 요소들은 따로 떨어져 움직이지 않는다. 하나로 끈끈하게 얽혀 쪼갤 수 없는 완전한 '통일체'를 이룬다. 이렇게 굳어진 통일체는, 아이 스스로 문제를 깨닫고 마음의 틀을 새롭게 다시 짜기 전까지는 잘 변하지 않는다.

제2장
성격의 통일성

아이의 심리적 삶은 무척 흥미롭다. 그중에서도 특히 주목해야 할 사실은, 아이의 단편적인 행동 하나를 제대로 이해하기 위해서는 아이의 삶 전체를 펼쳐놓고 봐야 한다는 점이다. 아이의 모든 행동에는 그의 삶과 성격이 그대로 담겨 있다. 따라서 그 배경을 알지 못하면 눈앞의 행동을 제대로 이해할 수 없다. 개인 심리학에서는 이를 성격의 통일성이라고 부른다.

이 통일성이 발달하는 과정, 즉 아이의 행동과 표현이 하나의 일관된 패턴으로 묶이는 과정은 아주 이른 시기부터 시작된다. 삶에서 부딪히는 크고 작은 요구들이 아이가 매번 일관된 방식

     제2장 성격의 통일성

으로 반응하도록 이끌기 때문이다. 바로 이 통일된 반응 방식이 아이의 성격을 형성하며, 겉보기에 비슷한 행동조차도 저마다의 독특한 성격이라는 맥락 속에서 고유한 의미를 지니게 만든다.

그런데 이 성격의 통일성이라는 중요한 사실은 다른 심리학이나 정신의학 분야에서 흔히 간과되곤 한다. 특정한 몸짓이나 문제 행동을 마치 독립된 덩어리인 양 따로 떼어내 살펴보는 일이 잦은 것이다. 이런 증상을 때로는 '콤플렉스(complex)'라고 부르며, 아이의 다른 행동들과 분리해서 다룰 수 있다고 착각하기도 한다. 하지만 이런 접근은 하나의 아름다운 선율에서 음표 하나만 쏙 뽑아낸 뒤, 앞뒤 음표와의 연결 고리를 무시한 채 그 의미를 파악하려는 것과 같다. 음표 하나가 선율 전체 안에 있을 때 제 역할을 하듯, 아이의 행동 하나도 그 아이의 삶 전체라는 맥락 안에서만 제대로 이해될 수 있다.

하나의 증상만 떼어내 분석하는 오류는 아동 교육에 적용될 때 특히 큰 해를 끼친다. '체벌 이론'이 대표적이다. 아이가 벌받을 만한 행동을 했을 때, 어른들은 종종 아이에 대한 평소의 인상을 바탕으로 판단을 내린다. 같은 잘못을 반복하는 아이에게는 "저 녀석은 도저히 고칠 수 없어."라며 색안경을 끼고 엄하게 대하는 반면, 평소 바른 아이가 잘못했을 때는 덜 엄하게 넘어가는 식이다. 두 경우 모두 성격의 통일성 전체를 들여다보지 않았기에, 문제의 뿌리에는 닿을 수 없다. 선율의 흐름은 듣지 않고 음표 몇 개만으로 곡 전체를 평가하려는 것과 다름없다.

아이에게 "도대체 왜 그렇게 게으르니?" 혹은 "왜 거짓말을 하니?"라고 묻는다고 해서, 아이가 근본적인 이유를 설명해줄 것이라 기대할 수는 없다. "너 자신을 알라."는 소크라테스의 말이 수천 년이 지난 지금도 묵직하게 다가오는 이유는, 자기 자신을 아는 것이 그만큼 어렵기 때문이다. 어른이나 심리학자조차 풀기 힘든 이 복잡한 질문에 아이가 척척 답하기를 바라는 것은 애초에 무리다. 아이의 개별적인 행동을 제대로 이해하려면, 먼저 그 아이의 성격 전체를 바라보는 시야를 갖추어야 한다. 단지 아이가 겉으로 무엇을 하는지 기록하는 데 그치지 않고, 아이가 눈앞의 과제들을 어떤 방식으로 풀려 하는지, 그 행동을 이끄는 나름의 목적과 방향이 무엇인지를 파악하는 것이 훨씬 중요하다.

다음 사례는 아이의 삶 전체를 아우르는 맥락을 이해하는 일이 얼마나 중요한지 잘 보여준다. 열세 살 남자아이가 있었다. 이 아이는 다섯 살까지는 유복한 집안의 외동아들로 자라며 가족의 사랑을 독차지했다. 아이가 원하는 것이라면 주변의 모든 어른이 기꺼이 들어주었다. 아버지는 군인이라 집을 자주 비웠고, 자연스레 아이는 온화하지만 아이의 고집을 다 받아주는 어머니와 가깝게 지냈다. 어머니는 아이의 버릇없는 행동에 자주

　　　　　제2장 성격의 통일성

짜증을 내면서도 아이의 변덕을 맞춰주려 애썼다. 아이는 끊임없이 어머니에게 명령을 내리고 괴롭히며, 어떻게든 눈에 띄어 어머니를 쥐고 흔들려했다.

아이는 무슨 일이 생기든 어머니가 자신의 옷을 챙겨주고 숙제를 도와주며 다 해결해줄 것이라는 믿음을 품고 있었다. 영리한 아이였기에 초등학교 생활도 그런대로 잘 해냈다. 그런데 여덟 살 무렵, 여동생이 태어나고 갓난아기가 가족의 관심을 받기 시작하자 상황이 급변했다. 아이와 부모의 관계는 감당하기 어려울 정도로 나빠졌다. 아이는 잘 씻지도 않고 막무가내로 행동하며 어머니를 괴롭혔다. 원하는 것을 들어주지 않으면 어머니의 머리채를 잡거나 꼬집으며 한시도 가만두지 않았다. 어린 여동생도 괴롭힘의 표적이 되었다. 신체적으로 크게 다치게 한 것은 아니었지만, 동생을 향한 질투심은 누가 봐도 뻔히 보일 정도였다. 특히 주목할 점은, 아이가 이토록 엇나가기 시작한 시점이 바로 여동생이 가족 내에서 자기 자리를 차지하기 시작한 때와 정확히 겹친다는 사실이다.

여기서 반드시 짚고 넘어가야 할 점이 있다. 여동생이 태어났다는 객관적 '원인'이 오빠를 곧장 문제아라는 '결과'로 만들었다고 단순하게 연결 지을 수는 없다는 사실이다. 동생이 태어났다고 해서 형이나 누나가 무조건 엇나가야 할 이유는 없다. 돌멩이가 땅에 떨어지는 것은 절대적 물리 법칙이지만, 사람의 '심리적 추락'에는 그런 기계적인 인과율이 작용하지 않는다. 중요한 것은 아이가 주어진 상황을 어떻게 '해석'했느냐다. 아이는 동생의 탄생이라는 상황을 스스로 잘못 판단했고, 그 엇나간 판단이 아이의 발달에 깊은 영향을 미친 것이다.

이처럼 아이의 심리 발달 과정에서 착각이나 잘못된 판단이 생겨나고, 그로 인해 엇나간 행동이 나타나는 것은 그리 놀라운 일이 아니다. 아이들은 두세 살 무렵이면 나름대로 마음속에 우월성이라는 목표를 세우고, 자신만의 방식을 동원해 그 목표를 향해 끊임없이 나아간다. 이 과정에는 필연적으로 아이의 주관적인 판단이 끼어들기 때문에 오해가 섞이기 마련이다. 그럼에도 아이는 이 목표를 삶의 절대적인 나침반으로 삼고, 모든 행동을 그 목표에 맞춰 꾸려나간다.

따라서 아이가 자라는 과정은 객관적인 사실 그 자체(여동생의 탄생)가 아니라, 그 사실을 아이가 주관적으로 어떻게 받아들이느냐에 따라 결정된다는 점을 염두에 두어야 한다. 낯설고 어려운 상황에 부딪힐 때마다, 아이는 자신이 가진 편협하고 잘못된 생각의 틀 안에서 행동한다. 어떤 사건이 아이에게 미치는 영향은 사건 자체의 크기가 아니라, 아이가 그것을 어떻게 해석하느냐에 달려 있다. 객관적 사실과 그 결과 사이에는 기계적인 필연성이 없기 때문이다.

사람의 마음에서 정말 중요한 것은, 우리가 나아갈 방향을 결정하는 것이 '사실 자체'가 아니라 '사실을 바라보는 관점'이라는 점이다. 우리의 모든 행동은 이 관점에 의해 조율되고 우리의 성격도 이를 바탕으로 굳어진다. 인간의 행동에서 이 주관적 관점이 얼마나 큰 힘을 발휘하는지 보여주는 아주 유명한 일화가 있다.

바로 로마의 영웅 카이사르가 이집트에 상륙할 때의 일이다. 그가 배에서 뛰어내리다 발을 헛디뎌 해변에 엎어지자, 로마 병사들은 이를 매우 불길한 징조로 여겼다. 자칫 군대의 사기가 꺾여 후퇴할 수도 있는 상황이었다. 하지만 카이사르는 재치 있게 두 팔을 벌리며 "아프리카여, 내가 너를 품에 안았노라!"라고 외쳤다. '넘어졌다'는 사실을 '정복'이라는 완전히 다른 관점으로 빚어낸 것이다.

이 일화는 우리가 마주하는 현실이 기계적인 원인과 결과의 법칙과 얼마나 거리가 먼지, 그리고 건강한 성격을 가진 사람이 똑같은 현실을 얼마나 다르게 긍정적으로 바꿔낼 수 있는지 잘 보여준다. 휩쓸리기 쉬운 군중 심리와 합리적인 이성의 관계도 마찬가지다. 군중 심리가 건전한 상식으로 바뀐다면, 그것은 상황에 의해 저절로 그렇게 된 것이 아니라 사람들이 주체적으로 새로운 관점을 선택했기 때문이다. 올바른 상식은 여러 잘못된 관점이 충분히 부딪히고 검증된 뒤에야 모습을 드러낸다.

다시 그 열세 살 소년의 이야기로 돌아가보자. 아이는 학교에서도 집에서도 끊임없이 주변을 불편하게 만들었고, 이는 곧 아이의 굳어진 성격 패턴이 되었다. 걸핏하면 꾸중을 듣고 성적표는 형편없었으며, 급기야 부모는 학교로부터 퇴학을 권고받기에 이르렀다. 놀랍게도 이 불행한 결말을 가장 반긴 사람은 다름 아닌 아이 자신이었다. 아이가 정한 삶의 목표는 '언제나 어머니의 관심 한가운데 있어야 한다'는 것이었기 때문이다. 만약 아이가 벌을 받아야 했다면 바로 이 엇나간 목표에 대해 벌을 받아야 했다. 8년 동안 왕처럼 군림하며 어머니를 독차지했던 아이는, 동생에게 빼앗긴 왕좌를 되찾기 위해 학교에서 쫓겨나는 방법을 써가며 격렬하게 저항한 것이다. 방법은 틀렸지만, 자신의 목표를 향해 나아가는 일관성만큼은 뚜렷했다. 하지만 이런 잘못된 목표를 가졌다고 해서 아이가 태생적으로 악하다거나 구제 불능이라고 단정지어서는 안 된다.

엇나간 마음은 아이가 준비되지 않은 낯선 상황에 놓이고, 아무런 도움 없이 혼자 감당해야 할 때 자라난다. 오로지 자신만을 위해 헌신하는 어머니에게 길들여진 아이가 학교에 가면 큰 혼란을 겪는다. 선생님은 여러 아이에게 공평하게 관심을 나누어

주어야 하기 때문이다. ‘어머니는 오직 나만의 것이어야 한다’는 목표에 사로잡힌 아이에게, 스스로 학용품을 챙기고 혼자 공부해야 하는 학교생활은 견디기 힘든 과제다. 이는 마치 제멋대로 날뛰는 경주마에게 무거운 짐수레를 매달아놓은 것과 같다.

이런 상황에서 성적이 좋을 리 없다. 하지만 아이의 속사정을 알고 나면 우리는 아이를 이해하고 아이에게 공감할 수 있다. 학교에서 교사가 겉으로 드러난 단편적인 행동만 보고 아이를 벌하는 것은 아무 소용이 없다. 퇴학을 당해 집으로 돌아가 어머니를 완전히 독차지하게 됨으로써, 아이는 자신이 쳐놓은 함정에 어른들이 걸려들었다고 믿게 된다. 어머니는 다시 자신에게만 매달려야 하고, 그것이야말로 아이가 그토록 원하던 승리이기 때문이다.

상황의 전체 그림을 파악하고 나면, 책을 안 가져오거나 숙제를 빼먹는 개별적인 잘못 하나하나를 지적하고 벌주는 것이 얼마나 무의미한지 깨닫게 된다. 아이 입장에서는 책을 깜빡해야 어머니가 자신을 위해 대신 챙겨주는 일거리가 생기기 때문이다. 이는 철저하게 자신의 생활양식을 따르는 일관된 행동이다. 학업 부진 역시 지적 능력이 모자라서가 아니다. 지적 능력이 부족한 아이라면 그토록 치밀하고 일관되게 자신만의 목표를 유지해 나갈 수 없다.

이 복잡한 사례는 우리에게 중요한 통찰을 던져준다. 우리 각자가 가진 생활양식과 해석은 사회의 규칙이나 전통과 완벽하게 맞아떨어지지 않는다. 과거에는 사회적 전통을 절대적인 것으로 여겼지만, 이제 우리는 사회 제도에 영원불변한 것은 없다는 사실을 안다. 사회 제도는 사람을 획일적인 틀에 억지로 끼워 맞추기 위해 존재하는 것이 아니라, 개인의 건강한 성장을 돕기 위해 존재한다. 진정한 해결책은 개인이 공동체를 향한 사회적 관심을 갖는 데 있다.

따라서 학교와 어른들은 아이를 볼 때 개별 행동만 따로 평가할 것이 아니라, 가꾸고 성장시켜야 할 하나의 인격으로 바라보는 법부터 배워야 한다. 앞서 말했듯이, 아이가 튕겨내는 하나의 불협화음표만 탓할 것이 아니라, 아이의 성격이라는 선율 전체를 이해하려는 열린 시각과 따뜻한 심리적 통찰이 필요하다.

제3장
우월성 추구와 교육

　아이의 모든 행동을 하나로 묶어보는 성격의 통일성 다음으로, 인간의 마음을 이해하는 데 있어 중요한 사실이 하나 더 있다. 바로 우월성 추구다. 이는 열등감과 떼려야 뗄 수 없는 짝을 이룬다. 스스로 부족하다는 열등감을 느끼지 못한다면 지금보다 더 나아지려는 욕구조차 생기지 않을 것이기 때문이다. 우월성 추구와 열등감은 사실 동전의 양면과 같다. 다만 편의상 이 책에서는 둘을 나누어 살펴보려 한다. 이번 장에서는 우월성 추구와 그것이 교육에 어떤 결과를 가져오는지에 대해 이야기하겠다.

　그렇다면 인간은 태어날 때부터 남보다 우월해지려는 본능을 지니고 있는 것일까? 엄밀히 말해 우월성 추구가 생물학적 본능이라고 단정하기는 어렵다. 하지만 발전과 성장을 향한 가능성은 인간의 본성 깊은 곳에 분명히 존재한다. 개처럼 후각이 예민하지도 않고 눈으로 자외선을 볼 수도 없다는 생물학적 한계는 있지만, 인간은 자신의 잠재력을 끝없이 발전시키려 애쓴다. 바로 그 과정에서 우월해지려는 마음이 싹트고 성격이 만들어진다.

어떤 상황에서도 자신을 증명하고 뜻을 관철하려는 이 강렬한 충동은 어른과 아이 모두에게 똑같이 나타난다. 인간은 순순히 굴복하지 않으며, 신(God)조차 무너뜨려온 역사를 지녔다. 굴욕감, 무력감, 불확실성, 그리고 열등감은 언제나 더 높은 곳으로 올라가 그 부족함을 채우고 완전해지려는 강한 욕구를 부추긴다.

주변 환경의 영향으로 아이의 마음속에 열등감이나 나약함, 불안감이 커질 때, 우리는 이런 감정들이 아이의 심리 전체를 얼마나 강하게 자극하는지 똑똑히 볼 수 있다. 아이는 이 무력한 상태에서 벗어나 더 높은 곳으로 올라가, 마침내 남들과 동등해지는 것을 삶의 목표로 삼는다. 위로 올라가려는 열망이 간절할수록 아이는 목표를 훨씬 더 높게 세우고 자신의 힘을 증명하려 애쓴다. 때로는 그 목표가 인간의 능력을 넘어서는 비현실적인 수준을 향하기도 한다. 주변 어른들의 격려와 지지를 받다 보면, 아이는 마치 자신이 신에 가까워진 듯한 미래의 모습을 그리기도 한다. 아이가 빚어내는 여러 상상 속에는 이처럼 '신을 닮고 싶다'는 생각에 사로잡힌 모습이 흔히 드러난다. 흥미롭게도 이런 현상은 대개 스스로를 가장 약하다고 느끼는 아이들에게서 나타난다.

이를 잘 보여주는 사례가 있다. 심리적으로 무척 위태로운 상태에 놓여 있던 열네 살 소년의 이야기다. 아이에게 어린 시절의 기억을 묻자, 여섯 살 무렵 자신이 휘파람을 불지 못한다는 사실을 깨닫고 괴로워했던 일을 떠올렸다. 그러던 어느 날 집을 나서는데 마침내 입에서 휘파람 소리가 났다. 그때 소년은 너무 놀란 나머지 '신이 내 안으로 들어와 직접 휘파람을 불어주신 것'이라고 믿어버렸다. 이 일화는 마음속 깊은 곳의 나약함과, 역설적으로 신에게 가까이 다가가 완벽해지려는 욕망 사이에 얼마나 끈끈하고 깊은 연결 고리가 있는지를 잘 보여준다.

우월해지려는 열망이 지나치면 성격에도 그늘이 진다. 자신을 내세우려는 욕구가 선을 넘으면 반드시 시기심이 뒤따른다. 경쟁자가 불행해지기를 바라는 데서 그치지 않고, 실제로 남을 깎아내리거나 은밀한 비밀을 폭로하며 현실에서 문제를 일으킨다. 타인을 끌어내려야만 자신이 더 높아진다고 믿기 때문이다. 이처럼 권력을 쥐고 통제하려는 마음이 커지면 갑작스러운 분노 폭발, 날이 선 눈빛으로 보이지 않는 적과 싸우려는 듯 반항적인 태도 등을 보이게 된다.

이러한 사실은 시험 역시 아이의 성격과 심리 상태에 맞게 치러져야 한다는 점을 일깨워준다. 시험은 모든 아이에게 똑같은 의미가 아니다. 남보다 앞서려는 마음이 유난히 강한 아이에게 시험은 무가치함이 들통날지도 모르는, 견디기 힘든 엄청난 부담이다. 그런 아이는 시험을 볼 때 얼굴이 붉어졌다 하얗게 질리고, 말을 더듬고 몸을 떨며, 수치심과 두려움에 사로잡혀 머릿속이 새하얗게 얼어붙고 만다. 어떤 아이는 오직 자신에게만 쏟아지는 시선이 버거워, 혼자 대답해야 할 때는 꿀 먹은 벙어리가 되었다가 다른 아이들과 함께일 때만 겨우 입을 떼기도 한다.

남보다 우월해지려는 욕구는 아이들의 놀이에서도 드러난다. 이 마음이 너무 강한 아이는 마차 놀이를 할 때 다른 아이가 이끄는 '말' 역할은 절대 하지 않으려 한다. 무조건 자기가 앞장서서 지휘하는 '마부'가 되어야 직성이 풀린다. 마부 자리를 차지하지 못하면, 아예 다른 아이들의 놀이를 훼방 놓는 데서 비뚤어진 만족감을 얻기도 한다. 계속된 실패로 완전히 풀이 죽어 야망이 꺾여버리면, 아이는 새로운 도전에 나서기보다 아예 뒷걸음질을 치며 도망쳐버린다.

아직 야망이 꺾이지 않은 아이들은 경쟁하는 놀이에 무서운 열의를 보이며, 게임에서 지면 세상이 무너진 듯 큰 충격을 받는다. 아이가 좋아하는 놀이나 이야기, 존경하는 역사적 인물을 가만히 살펴보면 아이의 자기주장 욕구가 얼마나 강한지, 또 어느 쪽을 향하고 있는지 알 수 있다. 어른들 중에도 야심가들의 롤모델인 나폴레옹을 우상처럼 숭배하는 경우가 많은데, 이처럼 마음속에 품은 거창한 과대망상은 역설적으로 강한 열등감이 숨어 있다는 신호다. 현실에서 좌절한 사람들이 상상 속에서라도 승리의 도취감을 맛보려 할 때 이런 망상이 나타나며, 꿈속에서도 자주 되풀이된다.

아이들이 이 우월해지려는 마음을 어떻게 키워가는지 살펴보면 몇 가지 눈에 띄는 모습이 있다. 물론 무리 없이 잘 자라는 아이들은 이 욕구를 긍정적인 성취의 원동력으로 삼아, 질서를 잘 지키고 선생님께 칭찬받는 안정적인 학생으로 커 나간다. 하지만 실제로는 이런 건강한 경우가 생각보다 그리 많지 않다.

가장 흔한 문제는 남보다 앞서고 싶은 경쟁심이 '과장된 야망'으로 부풀어 오른 아이들이다. 흔히 어른들은 야망을 좋은 것이라 여기며 아이에게 더 열심히 하라고 부추기기 바쁘지만, 이는 아이의 성장을 망치는 아주 잘못된 태도다. 지나치게 부푼 야망은 아이를 한시도 쉬지 못하게 긴장 속으로 몰아넣는다. 아이가

　　　　　　　　　　　　제3장 우월성 추구와 교육

얼마간은 그 팽팽한 긴장을 버텨낼지 몰라도 결국 탈이 나고 만다. 집에서는 공부에만 병적으로 매달리느라 다른 활동은 쳐다보지도 않고, 학교에서는 행여 남에게 뒤처질까 봐 조금이라도 실패할 것 같은 문제는 아예 피해버린다. 이런 식의 성장은 건강하지 않으며, 아이의 몸과 마음을 모두 병들게 한다.

따라서 1등이라는 목표에만 갇혀 사는 아이에게는 때로 "이제 책은 덮어두고 밖에 나가서 바람도 쐬고 친구들과 놀아라"라고 브레이크를 걸어주어야 한다. 학급 안에서 두 아이 사이에 팽팽한 라이벌 관계가 생겼을 때도 조심해야 한다. 다른 아이가 앞서가면 짜증을 내며 신경성 두통이나 복통을 앓고, 다른 아이가 칭찬받으면 소외감을 느끼며 슬그머니 물러서는 경우도 있다. 남을 칭찬할 줄 모르는 이 지독한 시기심과 질투는 지나친 야망이 좋은 것이 아님을 똑똑히 보여준다.

이런 아이들은 친구들과도 잘 어울리지 못한다. 무슨 일이든 대장이 되려 하고 규칙도 지키려 하지 않으니, 친구들에게 거만하게 굴다가 스스로 겉돌게 된다. 조금이라도 주위 분위기가 불안해지면 자신의 자리를 빼앗길까 봐 전전긍긍하며 이내 흔들린다. 특히 "너는 언제나 최고로 빛나야 해."라는 부모의 무거운 기대까지 겹치면 그 짐은 아이가 감당할 수 없는 수준이 된다. 그래서 매사를 쫓기듯 불안과 흥분 속에서 처리하게 된다.

만약 인간이 모든 진리를 알고, 아이들이 겪는 어려움을 완전히 없애는 방법까지 찾아낼 수 있다면, 문제 행동을 보이는 아이는 아무도 없을 것이다. 하지만 그런 방법은 없다. 아이들이 배우고 자라는 환경을 완벽하게 만들 수도 없다. 그렇기 때문에 이 아이들이 품고 있는 불안한 야망은 위험하다. 지나친 야망은 아이의 자신감을 갉아먹는다. 실패하면 끝이라는 두려움 때문에 이 아이들은 남의 '인정'이 없는 결과는 참지 못하며, 정작 피할 수 없는 삶의 어려움과 맞서 싸울 내면의 끈기와 용기는 텅 비어 버리게 된다.

남보다 앞서려는 야망이 지나치게 큰 아이들의 머릿속에는 오직 눈에 보이는 '결과'로만 가득하다. 정확히 말하면, 자신이 이룬 성공을 '남들에게 화려하게 인정받는 것'만이 유일한 목표다. 아무리 애써 이룬 성취라도 남들이 박수 쳐주지 않으면 이 아이들에게는 아무 쓸모 없는 휴지 조각이나 다름없다. 하지만 삶을 살다 보면 피할 수 없는 큰 어려움이 닥쳤을 때, 당장 눈앞의 문제를 억지로 깨부수려 발버둥 치는 것보다 내 마음의 중심을 단단히 잡고 균형을 지키는 일이 훨씬 더 중요할 때가 많다. 그러나 오직 1등이라는 야망에 눈이 멀어 끌려가는 아이는 이 삶의 지혜를 알지 못한다. 아이는 다른 사람의 칭찬과 쏟아지는 인정 없이는 단 하루도 숨 쉴 수 없다고 느끼기 때문이다. 우리 주변

   제3장 우월성 추구와 교육

만 둘러봐도 자기 내면의 단단함 없이 오직 타인의 시선과 얄팍한 평가에 목매며 불안하게 살아가는 어른들을 얼마나 쉽게 찾아볼 수 있는가.

아이의 가치와 능력을 판단할 때 균형 잡힌 시각을 잃지 않는 것이 얼마나 중요한지는, 선천적으로 신체 특정 기관이 약하게 태어난 아이들의 사례에서 잘 드러난다.

생각보다 이런 경우는 흔하다. 오른쪽보다 왼쪽 신체가 더 발달한 채 태어나는 아이들이 많지만, 이 사실은 잘 알려져 있지 않다. 철저히 오른손잡이 중심으로 설계된 세상에서 왼손잡이 아이는 수많은 난관에 부딪힌다. 따라서 아이가 오른손잡이인지 왼손잡이인지 미리 파악해두는 것이 중요하다. 글쓰기나 읽기, 그림 그리기를 유독 어려워하거나 전반적인 손놀림이 서툰 아이들을 살펴보면 십중팔구 왼손잡이인 경우가 많다.

아이가 타고난 왼손잡이인지 알아보는 간단한 방법이 하나 있다. (물론 100% 확실한 방법은 아니다.) 아이에게 깍지를 껴보라고 하는 것이다. 왼손잡이 아이는 대체로 왼쪽 엄지손가락이 오른쪽 엄지손가락 위로 올라오게 손을 맞잡는다. 놀랍게도 세상에는 평생 자신이 왼손잡이라는 사실조차 모른 채 살아가는 사람도 적지 않다.

왼손잡이 아이들의 삶을 들여다보면 몇 가지 공통점이 발견된다. 무엇보다 이 아이들은 동작이 서툴고 어설프다는 평가를 받는다. 오른손잡이 기준의 세상에서는 어쩌면 당연한 일이다. 늘 우측통행에 익숙한 사람이 영국처럼 좌측통행을 하는 나라에 가서 길을 건널 때 얼마나 혼란스러운지 떠올려보면 바로 이해할 수 있다. 하물며 가족 모두가 오른손잡이인 환경에서 자라는 왼손잡이 아이는 그보다 훨씬 불리한 처지에 놓인다. 아이가 왼손잡이라는 사실 자체가 본인은 물론 가족에게도 큰 불편을 초래한다.

학교에 들어가 글씨를 배우기 시작하면 당장 평균 이하라는 평가를 받지만, 정작 그 이유를 제대로 이해하는 사람은 아무도 없다. 아이는 꾸지람을 듣고 낮은 점수를 받으며 심지어 벌을 서기도 한다. 그 과정에서 아이는 자신이 남들보다 무능하다고 믿게 된다. 자신에게 뭔가 결함이 있다는 느낌, 남보다 열등하다는 느낌, 다른 아이들과 도저히 경쟁할 수 없다는 열등감이 마음속에서 점점 커진다. 집에서도 서툴다는 이유로 툭하면 야단을 맞으니, 가정에서조차 자신의 열등함을 끊임없이 재확인하는 셈이다.

물론 아이가 이 상황을 돌이킬 수 없는 실패로 받아들일 필요는 없다. 하지만 이렇게 의욕을 꺾는 환경 속에서는 지레 노력을 포기해 버리는 아이들이 속출한다. 자신에게 실제로 무슨 일이 일어나고 있는지 이해하지 못할뿐더러, 이 어려움을 어떻게 극복해야 하는지 아무도 알려주지 않기 때문이다. 그 결과, 오른손을 충분히 훈련하지 못한 채 평생 남이 알아보기 힘든 악필로 살아가는 사람도 많다. 그러나 이런 불리함을 능히 극복할 수 있다는 사실은 이미 여러 사례가 증명하고 있다. 뛰어난 화가나 예술가, 조각가 중에도 왼손잡이가 많다. 이들은 비록 타고난 왼손잡이였지만, 꾸준한 훈련을 통해 오른손을 능숙하게 다루는 능력을 길러냈다.

흔히 왼손잡이 아이에게 억지로 오른손을 쓰게 훈련하면 말을 더듬게 된다는 속설이 있다. 하지만 이는 강압적인 훈련으로 아이가 받는 심리적 압박감이 너무 큰 나머지, 아예 입을 열 용기조차 잃어버리게 된다고 해석하는 편이 타당하다. 신경증 환자나 자살자, 범죄자 등 심각한 형태의 좌절을 겪는 사람들 중 유독 왼손잡이가 많이 발견되는 것도 바로 이런 이유와 무관하지 않다. 반면, 왼손잡이라는 핸디캡을 훌륭히 극복하고 사회적으로, 특히 예술 분야에서 최고의 경지에 오른 이들도 흔히 찾아볼 수 있다.

왼손잡이라는 단 하나의 특성은 겉보기엔 그저 사소한 문제 같을 수 있다. 그러나 이 사실은 우리에게 매우 귀중한 교훈을 던져준다. 바로 아이의 내면에 용기와 인내심이 충분히 자라기 전까지는 그 아이의 능력을 섣불리 단정해서는 안 된다는 점이다. 어른들이 아이에게 겁을 주고 더 나은 미래에 대한 희망마저 빼앗아버려도, 겉으로는 아이가 그럭저럭 잘 버텨내는 것처럼 보일지 모른다. 하지만 아이들은 우리가 진심으로 용기를 북돋아줄 때, 훨씬 더 위대하고 놀라운 일을 해낼 수 있다.

지나친 야망을 품은 아이들이 곤경에 빠지는 이유는, 우리 사회가 아이의 내면적인 극복 능력보다 겉으로 드러난 성공만을 잣대로 삼으려 하기 때문이다. 결과만 중시하고 내면을 단단하게 다지는 교육을 등한시하는 것이 오늘날의 안타까운 현실이다. 하지만 적은 노력으로 쉽게 얻은 성공은 그만큼 쉽게 무너진다는 사실을 우리는 잘 알고 있다. 따라서 아이를 맹목적인 성취욕에 사로잡힌 사람으로 키우는 것은 바람직하지 않다. 그보다 훨씬 중요한 과제는 아이의 내면에 용기와 끈기, 그리고 스스로를 믿는 마음을 길러주는 일이다. 아이가 실패를 '좌절의 이유'가 아니라 '해결해야 할 새로운 과제'로 받아들이고 다시 일어설 수 있도록 도와야 한다. 교사가 아이의 노력이 어느 지점에서 헛돌기 시작하는지, 애초에 충분한 노력을 기울이기는 했는지 그 마음의 결을 정확히 짚어낼 수 있다면 이 과정은 훨씬 수월해질 것이다.

우월성 추구는 야망이라는 성격 특성으로 나타난다. 처음에는 강한 승부욕을 보이다가도, 자기보다 뛰어난 아이를 보면 지레 겁을 먹고 아예 노력을 포기해버리는 아이들이 있다. 많은 교사들은 이렇게 의욕이 꺾인 아이를 엄하게 꾸짖거나 낮은 점수를 주어 경쟁심을 자극하려 든다. 만약 아이의 내면에 시련에 맞설 용기가 아직 남아 있다면 이런 충격 요법이 통할 수도 있다. 하지만 이를 일반적인 교육 방식으로 삼아서는 안 된다. 이미 학업에 흥미를 잃고 벼랑 끝에 몰린 아이에게 이런 압박을 가하면, 아이는 더 깊이 좌절하여 겉으로는 아예 아무 생각도, 의욕도 없는 무기력한 아이처럼 숨어버리기 때문이다.

반대로, 아이의 마음을 헤아리며 부드럽고 세심하게 이끌어줄 때 그동안 숨겨져 있던 놀라운 지능과 잠재력이 깨어나는 경우를 자주 본다. 그런데 이렇게 긍정적으로 변한 아이들 중 일부는 예전보다 훨씬 더 지독한 성취욕에 매달리기도 한다. 과거의 무기력하고 열등했던 상태로 다시 떨어질지도 모른다는 깊은 두려움 때문이다. 과거에 겪은 실패와 부족함이 마음속에 일종의 경고등처럼 남아 쉴 새 없이 아이를 채찍질하는 것이다. 이런 아이들은 훗날 어른이 되어서도 마치 무언가에 쫓기듯 살아간다. 밤낮없이 일하며 스스로를 지치게 만들면서도, 마음 한구석에서는 늘 '아직 충분하지 않다'는 강박에 시달리게 된다.

이 모든 현상은 개인심리학의 핵심 개념인 성격의 통일성을 떠올려보면 훨씬 이해하기 쉽다. 아이든 어른이든 한 사람의 성격은 파편처럼 흩어져 있는 것이 아니라, 일관된 목표를 향해 움직이는 하나의 완전체다. 사람은 오랜 시간에 걸쳐 스스로 빚어낸 생활양식에 따라 늘 엇비슷한 방향으로 행동한다. 따라서 단편적인 행동 하나만 떼어놓고 섣불리 아이를 판단해서는 안 된다. 겉보기엔 똑같은 행동이라도 그 이면에 숨은 목적에 따라 전혀 다른 의미를 지닐 수 있기 때문이다.

지각을 예로 들어보자. 아이가 지각하는 행동을 학교가 요구하는 과제에 대한 거부 반응으로 바라보면, 단순히 게으름을 피우는 것이 아니라 다른 의미가 숨어 있음을 알 수 있다. 아이는 학교라는 사회와 관계 맺기를 피하고, 그 규칙에 따르기를 거부하는 것이다. 실제로 이런 아이는 학교의 요구에 응하지 않기 위해 자신이 할 수 있는 온갖 반항적 행동을 목적을 가지고 선택하게 된다.

이런 관점으로 접근하면 우리는 문제아를 단편적인 증상이 아니라 하나의 인격체로 이해할 수 있다. 아이 내면의 우월성 추구가 학업이나 교우관계 같은 긍정적인 방향이 아니라, 학교를 거부하고 일탈하는 파괴적인 방향으로 표출될 때 어떤 비극이 일어날지 예측할 수 있다. 방치된 아이는 점점 고치기 힘든 퇴행적 상태로 굳어버린다. 어떻게든 인정받고 싶은 마음에 끊임없이 장난을 치며 교실의 광대 노릇을 자처하기도 하고, 친구들을 괴롭히거나 무단결석을 일삼으며 불량한 무리와 어울려 다니기도 한다. 정상적인 방법으로는 우월감을 느낄 수 없으니, 잘못된 방식에서라도 자신의 존재감을 증명하려는 몸부림이다.

이처럼 학교는 아이의 학업 성취뿐 아니라 남은 삶 전체의 방향을 결정짓는 막대한 영향력을 지닌다. 가정이라는 울타리를 넘어 사회로 나가기 전 거쳐야 하는 다리와도 같은 학교는 아이가 가정에서 형성한 잘못된 생활양식을 바로잡을 기회를 제공하고, 훗날 사회라는 거대한 오케스트라 안에서 타인과 조화롭게 화음을 내며 제 역할을 다할 수 있도록(공동체 감각) 아이를 준비시킬 책임이 있다.

역사적으로 학교는 늘 그 시대가 요구하는 인간상을 길러내는 요람이었다. 귀족의 학교에서 종교의 학교로, 자본가의 학교에서 민주주의의 학교로 변화해오며 지배층과 시대의 이상에 맞춰 아이들을 가르쳤다. 그렇다면 사회적 이상이 끊임없이 진화하는 오늘날, 학교의 역할 또한 마땅히 달라져야 한다. 현대사회가 바라는 이상적인 어른이 독립적이고, 스스로를 통제할 줄 알며, 시련 앞에서도 꺾이지 않는 용기를 지닌 사람이라면, 학교 역시 그런 단단한 인간을 길러낼 수 있도록 교육의 방향을 새롭게 정비해야 한다.

요컨대, 학교는 학교 그 자체만을 위해 존재해서는 안 된다. 개인은, 학교라는 좁은 틀에 맞추기 위해서가 아니라 사회라는 더 큰 공동체를 위해 길러져야 한다는 사실을 잊어서는 안 된다. 그러므로 학업이나 모범생이 되기를 포기한 아이들을 그저 뒤처진 문제아로 여겨 방치하는 것은 큰 잘못이다. 모범생이 되기를 포기했다고 해서 그 아이 내면의 우월성 추구 욕구 자체가 사라진 것은 아니다. 그들은 더 적은 수고로 쉽고 빠르게 주목받을 수 있는 영역으로 방향을 틀었을 뿐이다. 아이가 그런 그릇된 선택을 하게 된 밑바탕에는, 어린 시절부터 자신도 모르는 사이에 굳어져버린 잘못된 생활양식과 좌절감이 깔려 있다. 교육의 진정한 역할은 바로 그 길 잃은 욕구를 찾아내어, 아이가 다시 공동체를 향해 올바른 발걸음을 내디딜 수 있도록 다독이고 이끌어주는 것이다.

또한 아이의 능력을 섣불리 단정해서는 안 된다. 예를 들어 뛰어난 수학자가 되지는 못하더라도 운동에서는 눈에 띄는 재능을 보이는 아이가 있다. 교육자는 이처럼 두드러진 성취를 가볍게 여겨서는 안 된다. 그것을 출발점 삼아 아이가 다른 영역에서도 잘 성장할 수 있도록 격려해야 한다. 한 분야에서 성공한 경험을 바탕으로, 다른 분야 역시 충분히 해낼 수 있다는 굳건한 믿음을 심어주는 것이야말로 교육자의 가장 중요한 역할이다. 말하자면 아이를 풍요로운 목초지에서 또 다른 목초지로 자연스럽게 이끌어주는 것과 같다.

지적 장애가 있는 경우가 아니라면 누구나 학교 공부를 충분히 해낼 수 있다. 결국 아이가 극복해야 할 것은 어른들이 인위적으로 만들어놓은 장벽뿐이다. 이런 장벽은 교육과 사회가 지향해야 할 궁극적인 목표를 잃어버린 채, 눈에 보이는 추상적인 학업 성취만을 판단 기준으로 삼을 때 생겨난다. 아이에게 이 장벽은 자신감 부족이라는 형태로 다가온다. 그 결과 아이 내면의 우월성 추구는 유익한 활동과 동떨어진 방향으로 흘러가버린다. 긍정적인 방식으로 자신을 제대로 드러낼 길을 찾지 못했기 때문이다.

이런 상황에 놓인 아이는 어떻게 행동할까? 아이는 어떻게든 빠져나갈 구멍을 찾는다. 선생님에게 칭찬은 받지 못하더라도 사람들의 눈길을 끌 만한 행동을 하며 관심을 갈구한다. 일부러 버릇없고 고집 센 모습을 드러내어 다른 아이들의 감탄을 자아내려 하기도 한다. 그러면서 자신이 일으킨 소란 덕분에 스스로를 마치 영웅이나 작은 거인이라도 된 것처럼 착각하며 우월감을 느낀다.

이러한 심리 상태와 일탈 행동은 주로 학교라는 공간에서 표출되지만, 그렇다고 해서 그 원인이 학교에만 있다고 단정할 수는 없다. 적극적인 교육과 교정이 이루어지는 장소라는 본연의 역할을 잠시 미뤄두고 보면, 학교는 가정교육에서 쌓인 문제들이 고스란히 드러나는 시험대다.

경험이 많고 세심한 교사라면 아이가 학교에 처음 등교하는 날부터 많은 것을 알아차릴 수 있다. 상당수의 아이들이 처음부터 응석받이 특유의 기질을 드러내는데, 이런 아이에게 학교는 낯설고 괴로우며 불쾌한 공간일 뿐이다. 다른 사람과 관계 맺는 훈련이 전혀 되어 있지 않고, 친구를 사귀는 능력도 턱없이 부족하다. 단체 생활인 학교에서 이런 능력은 필수적이다. 따라서 학교에 입학하기 전에 어느 정도 타인과 어울리는 법을 가정에서 미리 배워두는 것이 좋다. 누군가 한 사람에게만 전적으로 기대어 생활하는 아이로 자라서는 안 된다. 가정교육에서 비롯된 잘못을 학교가 바로잡아 주어야 하는 것은 맞지만, 애초에 그런 문제 없이 학교에 오는 것이 아이를 위해 가장 좋은 일이다.

집에서 응석받이로만 자란 아이가, 학교에 왔다고 해서 갑자기 의젓하게 학업에 집중할 것이라 기대하기는 어렵다. 이런 아이는 매사에 집중력이 떨어지고, 학교보다는 늘 집으로 돌아가고 싶어 한다. 말하자면 학교생활을 감당할 준비가 전혀 되어 있지 않은 상태다. 아이가 학교를 싫어한다는 신호는 일상 곳곳에서 알아차릴 수 있다. 아침에 일어나는 일부터 고역스러워하고,

　제3장 우월성 추구와 교육

무슨 일이든 옆에서 계속 재촉해야만 겨우 움직이며, 아침밥을 먹을 때도 질질 끌며 늑장을 부린다. 마치 스스로 앞으로 나아가지 못하도록 제 앞에 거대한 장벽을 세워둔 것처럼 보인다.

이런 아이들을 이끌어주는 방법은 왼손잡이 아이를 대할 때와 비슷하다. 무엇보다 먼저 학교에 적응할 충분한 시간을 주어야 한다. 행여 지각을 하더라도 곧바로 벌을 주어서는 안 된다. 그런 처벌은 아이가 느끼는 학교에 대한 괴로움만 더욱 키울 뿐이다. 아이는 그 벌을 자신이 학교라는 공간에 속하지 못하는 이방인이라는 사실을 확인시켜주는 증거로 받아들인다. 만약 부모가 아이를 억지로 학교에 보내려고 체벌까지 동원한다면, 학교에 가기 싫은 마음이 눈덩이처럼 커질 뿐 아니라 어떻게든 그 괴로운 상황에서 벗어날 궁리만 하기 시작할 것이다. 어려움에 당당히 맞서는 태도가 아니라 비겁하게 회피하려는 마음이 커지는 것이다. 학교를 싫어하고 버거워하는 모습은 아이의 사소한 행동 곳곳에 스며든다. 교과서나 준비물을 제대로 챙기지 못하고, 자꾸 잃어버리거나 집에 두고 오는 일이 습관처럼 굳어지기도 한다. 아이가 반복해서 책을 잃어버린다면, 그것은 그 아이가 학교와 건강한 관계를 맺지 못하고 있다는 무의식적인 신호로 봐야 한다.

이런 아이들을 찬찬히 살펴보면, 대부분 처음부터 학교에서 어느 정도라도 해낼 수 있다는 작은 기대조차 품지 못한 경우가 많다. 그러나 이러한 자기 과소평가를 아이의 탓으로만 돌릴 수는 없다. 아이를 그토록 잘못된 방향으로 몰아간 것은 결국 주변 환경이기 때문이다. 집에서 화가 난 어른이 홧김에 아이의 미래를 어둡게 단정지어버리거나, 멍청하고 쓸모없는 존재라고 깎아내렸을지도 모른다. 이런 상처를 안은 아이가 학교에 와서, 부모의 잔인한 비난이 마치 사실인 양 느껴지는 좌절의 순간을 마주하게 되면 어떻게 될까? 아이에게는 그것을 스스로 바로잡을 힘이 없다. 어른들조차 해내기 힘든 객관적인 판단과 내면의 분석을 어린아이에게 기대할 수는 없는 노릇이다. 그래서 아이는 제대로 싸워보기도 전에 이미 패배한 싸움이라 단정짓고, 스스로 만들어낸 실패를 도저히 넘을 수 없는 장벽으로 받아들인다. 그리고 그 실패를 자신의 무능력함과 열등함을 증명하는 명백한 증거라고 믿어버린다.

이렇게 한번 그릇된 길로 들어서고 나면, 스스로의 힘으로 바로잡힐 가능성은 희박해진다. 이런 아이들은 겉으로는 늘 애쓰는 것처럼 보이는데 결과적으로 뒤처지는 상황을 반복해서 겪는다. 그러다 보니 아예 노력 자체를 포기해버리고, 어떻게든 학교를 빠질 그럴싸한 핑계를 찾는 데 온 힘을 쏟는다. 특히 무단결석은 아이가 보내는 가장 위험한 신호 중 하나다. 학교에서는 이

　　　　　　　　　　제3장 우월성 추구와 교육

를 무거운 잘못으로 여겨 엄하게 처벌하는데, 이런 강압적인 대처는 아이를 더욱 교활하게 만들고 살아남기 위해 거짓말을 해야만 한다고 느끼게 만든다.

거짓말은 필연적으로 더 큰 비행으로 이어지는 문을 열어젖힌다. 부모님이 써야 하는 결석 사유서를 위조하거나, 성적표의 점수를 감쪽같이 고칠 수도 있다. 며칠 동안 학교에 가지 않았으면서도 집에서는 태연하게 학교에 다녀온 것처럼 능청스럽게 거짓말을 늘어놓기도 한다. 부모를 속이고 수업을 빠진 시간 동안 숨어 있을 아지트도 마련한다. 음침한 도피처에서 이미 자신과 똑같은 길을 걷고 있는 불량한 무리를 만나게 되는 것은 너무나 자연스러운 수순이다. 이쯤 되면 아이의 우월성 추구는 더 이상 단순한 무단결석 수준에 머물지 않고 본격적인 범죄의 늪으로 빠져들고 만다. 패거리를 지어 다니고, 남의 물건을 훔치고, 성적인 일탈을 모방하면서 스스로를 무소불위의 어른이 된 것처럼 착각하며 쾌감을 느낀다.

한 번 이런 돌이킬 수 없는 걸음을 내딛고 나면, 아이들은 자신의 뒤틀린 야망을 채워줄 더 크고 자극적인 먹잇감을 찾아 헤맨다. 자신의 일탈 행동이 아직 들키지 않았다는 아슬아슬한 사실이 오히려 더 그들에게 비정상적인 자신감을 불어넣기 때문이다. 그래서 더욱 교묘하고 대담한 범죄도 얼마든지 저지를 수 있다고 과신하게 된다. 수많은 비행 청소년들이 범죄의 굴레를 벗어던지지 못하는 이유도 바로 여기에 있다. 그들은 세상 그 어떤 정상적인 길에서도 성공할 수 없다고 절망하고 있기 때문에, 유일하게 인정받을 수 있는 그 파괴적인 길을 계속 고집하려 한다. 스스로를 유익하고 건강한 삶으로 이끌 수 있는 가능성의 끈을 자기 손으로 끊어버린 셈이다.

또래 집단 안에서 서로를 부추기며 왜곡된 방향으로 자라난 야망은 아이들을 끊임없이 새로운 반사회적 행동, 즉 타인과 공동체에 해를 끼치는 행동으로 내몰고 간다. 범죄 성향을 띠는 아이들 중 자만심이 강하지 않은 경우는 찾아보기 힘들다. 이 오만한 자만심은 야망과 같은 뿌리에서 자라난다. 아이는 어떤 비뚤어진 방식을 동원해서라도 늘 자신을 가장 돋보이게 만들려 안달한다. 삶의 밝고 유익한 쪽에서 자신의 설 자리를 찾지 못하면, 어둡고 파괴적인 쪽으로 방향을 틀어버린다.

과거 선생님을 살해한 한 소년의 비극적인 사례가 있다. 이 사건을 들여다보면, 앞서 언급한 문제아의 전형적인 특징들이 거의 예외 없이 발견된다. 이 소년은, 인간의 마음을 완벽히 안다고 자만했던 가정교사의 지도 아래 자랐다. 교육 방식은 표면적으로는 매우 세심해 보였으나, 내면적으로는 아이를 끊임없이 불안하게 만드는 숨 막히는 방식이었다.

　　　　　제3장 우월성 추구와 교육

그로 인해 소년의 야망은 터무니없이 높은 곳을 향해 치솟다가, 결국 아무런 지지 기반도 없는 바닥으로 곤두박질치고 말았다. 소년은 깊은 좌절과 낙담 속에서 자신에 대한 믿음마저 잃었다. 삶도, 학교도 자신이 갈망하던 우월감을 채워주지 못하자, 결국 그는 법이라는 거대한 규칙을 깨뜨리는 쪽으로 방향을 틀었다. 살인이라는 극단적인 범죄를 저지른 순간, 그는 교육자나 아동 심리 전문가가 개입할 수 있는 교정의 범위를 벗어나고 말았다. 당시 사회에는 청소년 범죄자를 단순히 처벌할 대상이 아니라, 교육적 실패가 낳은 결과로 보고 치유와 교정의 대상으로 다룰 제도가 전혀 없었기 때문이다.

교육 문제에 조금이라도 관심을 가져본 사람이라면 무척 흥미로우면서도 역설적인 사실 하나를 발견하게 된다. 바로 교사, 목사, 의사, 변호사처럼 사회적으로 존경받는 직업군의 가정에서 뜻밖에 문제아가 자주 튀어나온다는 점이다. 사회적 영향력이 미미한 평범한 교육자 가정뿐 아니라 더 권위가 높고 재력이 강한 집안에서도 똑같은 비극이 벌어진다. 밖에서는 누구보다 전문적인 권위와 지식을 자랑하는 사람들조차, 정작 자기 가정 안에서는 따뜻한 평화와 올바른 질서를 제대로 세우지 못해 쩔쩔매는 경우가 허다하다. 겉보기엔 완벽해 보이는 이런 엘리트 가정의 교육 방식에, 정작 아이의 내면을 성장시키는 가장 중요한 요소들이 빠져 있거나 심각하게 왜곡되어 있는 경우가 많기 때문이다.

예를 들어, 부모가 교육자나 전문가라는 권위를 앞세워 가족 구성원 모두에게 숨 막힐 듯 엄격한 규칙과 일방적인 훈련을 강요하는 것이 가장 큰 원인 중 하나다. 부모의 강압적인 통제는 아이의 숨통을 조이고, 스스로 생각하고 행동하려는 독립심을 위협하며, 종국에는 그 씨앗조차 완전히 말려버린다. 이때 억눌린 아이의 마음속 깊은 곳에서는 부모의 권위를 무너뜨리고 복수하고 싶다는 서늘한 충동이 자라나기 쉽다. 어린 시절 겪은 체벌이나 폭언의 기억 역시 흉터처럼 남아 아이의 마음속에 오래도록 지워지지 않는다.

여기에 더해 교육자 부모들이 흔히 범하는 또 하나의 치명적인 실수가 있다. 직업적 습관 때문에 아이를 지나치게 분석하고 세심하게 관찰하려는 태도가, 자녀를 숨막히게 하고 지나치게 예민한 아이로 만들 수 있다. 섬세한 관찰력 자체는 교육 현장에서 훌륭한 장점이 될 수 있지만, 정작 자기 자녀를 대할 때는 독이 되는 경우가 많다. 부모의 시선이 늘 자신을 향해 있다고 느끼면, 아이는 자신이 우주의 중심이자 끊임없이 관찰받고 보호받아야 하는 특별한 존재라고 착각하게 된다.

그로 인해 아이는 스스로의 삶을 주도하는 주체가 아니라 수동적인 관찰 대상으로 전락하고 만다. 어려운 결정을 내리거나 책임져야 할 순간이 오면, 자신을 지켜보는 유능한 어른들이 알아서 다 해결해줄 것이라 믿어버린다. 그 결과, 삶에서 맞닥뜨리는 크고 작은 시련이나 책임을 스스로 이겨내려 하기보다는, 누군가 나타나 그저 치워주기만을 바라는 무기력하고 의존적인 어른으로 자라나게 되는 것이다.

제4장
우월성 추구의 방향

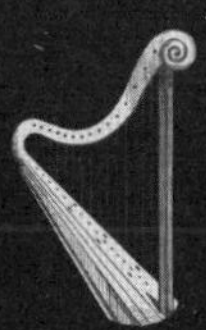

모든 아이의 내면에는 우월성 추구가 자리 잡고 있다는 사실을 우리는 앞서 살펴보았다. 부모와 교육자가 해야 할 일은 아이의 이러한 추구가 결실을 맺고 유익한 방향으로 나아가도록 이끄는 것이다. 아이의 마음이 신경증이나 혼란으로 빠지지 않고, 정신적인 건강과 행복을 만들어내는 원동력이 되도록 다독여야 한다.

그렇다면 어떻게 해야 할까? 아이의 우월성 추구가 바람직하게 발현되는지, 아니면 해로운 방향으로 엇나가는지를 가르는 기준은 과연 무엇일까? 그 해답은 바로 사회적 관심이다. 인류가 이룩한 가치 있는 성취 중 공동체와 아무런 관련이 없는 것은 찾아보기 힘들다. 우리가 가치 있다고 여기는 위대한 행동들을 떠올려보면, 그 행동들은 행위자 개인에게만 의미가 있었던 것이 아니라 공동체 전체의 삶을 더 나은 방향으로 이끄는 데 기여했다는 사실을 알 수 있다. 따라서 아이를 교육할 때는 아이가 사회적 관심, 즉 타인과 함께 살아가는 연대감을 자연스럽게 깨닫도록 이끌어야 한다. 사회적 관심의 의미를 이해하지 못하는 아이는 필연적으로 문제를 일으키기 마련이다. 문제아란 우월성 추구가 사회적으로 유익한 방향으로 자라나지 못한 채 길을 잃은 아이일 뿐이다.

물론 구체적으로 무엇이 공동체에 진정으로 도움이 되는지를 두고는 사람마다 의견이 갈릴 수 있다. 그러나 한 가지 사실만은 분명하다. 나무의 가치는 그 열매를 보면 알 수 있듯이, 어떤 행동이 공동체에 보탬이 되었는지 아니면 해를 끼쳤는지는 시간이 흐른 뒤 그 결과가 증명해준다. 따라서 어떤 행동을 판단할 때는 단편적인 모습뿐만 아니라 시간의 흐름과 그것이 남긴 결과를 함께 살펴봐야 한다. 모든 행동은 현실이라는 벽에 부딪히며, 바로 그 자리에서 공동체의 필요에 얼마나 부합하는지가 낱낱이 드러난다. 세상에는 누구에게나 적용되는 보편적인 질서가 있고, 가치 판단의 척도 역시 그곳에 존재한다. 개인의 행동이 그 질서와 조화를 이루는지, 아니면 어긋나는지는 머지않아 분명해진다.

　다행히 일상생활에서 이처럼 복잡하고 거창한 판단이 필요한 순간은 그리 많지 않다. 다만 사회의 거대한 흐름이나 정치적 움직임처럼 그 결과를 미리 명확하게 내다보기 어려운 문제에서는 크고 작은 논란이 생길 수 있다. 그래도 사회의 삶이든 개인의 삶이든, 마지막 순간에는 언제나 결과가 스스로를 증명한다. 무엇이 참으로 유익했고 무엇이 옳았는지는 지나온 흔적이 말해주는 법이다. 과학의 눈으로 바라보면, 모두에게 선하고 유익한 것은 삶이 던지는 문제에 대한 가장 참된 해답이어야 한다.

　삶의 문제는 지구와 우주, 그리고 사람들 사이의 관계가 만들어 내는 질서 속에서 생겨난다. 객관적이고 인간적인 우주의 조건은 마치 정답이 어딘가에 숨어 있는 수학 문제처럼 우리 앞에 놓여 있다. 다만 안타깝게도 우리는 그 문제를 항상 완벽하게 풀어내는 것은 아니다. 우리가 내놓은 해답이 옳은지 그른지는 오직 그 문제에 주어진 조건들에 비춰봐야만 판단할 수 있다. 더 아쉬운 점은, 어떤 해답의 의미나 진실이 너무 늦게 밝혀지는 바람에 이미 저지른 잘못을 바로잡을 시간이 남아 있지 않을 때도 있다는 사실이다.

　삶의 구조를 논리적이고 객관적으로 바라보지 못하는 사람은,

자신의 행동이 어떤 원인에서 출발해 어떤 흐름으로 이어져왔는지 제대로 깨닫지 못한다. 눈앞에 문제가 닥치면 그저 당황할 뿐, 문제를 정면으로 마주하고 다루기보다는 자신이 뭔가 단단히 잘못된 길에 들어섰다고만 자책하며 움츠러든다. 아이들 역시 마찬가지다. 아이는 바른 길에서 벗어나 방황할 때, 자신이 겪는 문제의 의미를 제대로 이해하지 못해 아픈 경험에서도 교훈을 얻지 못한다.

그러므로 우리는 아이에게 자신의 삶을 서로 동떨어진 우연한 사건들의 모음으로 바라보지 않도록 가르쳐야 한다. 자기 삶의 처음과 끝을 하나로 길게 이어지는 실타래처럼 연결해서 바라보도록 도와야 한다. 그 어떤 사건도 아이의 삶 전체와 떼어놓고는 이해할 수 없다. 모든 일상과 사건은 그 이전의 수많은 일과 긴밀하게 이어져 있을 때 의미를 갖는다. 아이가 스스로 그 연결 고리를 이해하게 되면, 자기 삶이 어쩌다 잘못된 방향으로 흘러갔는지도 자연스럽게 깨닫게 된다.

우월성 추구가 바람직하고 건강한 방향으로 나아가는 경우와, 그릇된 방향으로 흐르는 경우의 차이를 살펴보기 전에, 먼저 우리의 일반적인 이론과 다소 어긋나는 듯 보이는 한 가지 행동 양상을 짚고 넘어갈 필요가 있다. 바로 게으름이다. 겉으로만 보면 게으른 행동은 모든 아이의 내면에는 우월성 추구가 있다는 개인심리학의 전제와 맞지 않는 것처럼 보인다. 실제로 어른들이 게으른 아이를 나무랄 때 흔히 저 아이는 잘해보고 싶은 마음도 없고 야망도 없다고 말하곤 한다. 그러나 게으른 아이가 처한 내면의 상황을 들여다보면, 그런 생각과 평가가 얼마나 표면적이고 잘못된 것인지 금세 알 수 있다.

사실 게으른 아이는 그 게으름을 통해 나름대로 쏠쏠한 이익을 얻고 있다. 일단 부모나 교사의 무거운 기대를 짊어지지 않아도 되고, 설령 남들처럼 많은 것을 이뤄내지 못하더라도 어느 정도 너그럽게 용서받을 수 있는 핑곗거리가 생긴다. 무엇보다 남들처럼 애써 힘을 들이지 않아도 된다. 그래서 아이는 더욱 무관심하고 나태한 태도를 고수하게 된다. 한편으로는 바로 그 지독한 게으름 덕분에 부모의 애타는 관심과 걱정이 온통 자신에게 쏠리기도 한다. 역설적이게도 게으름을 통해서도 얼마든지 사람들 눈에 띄는 특별한 자리가 만들어지는 셈이다. 무슨 수를 써서라도 사람들의 시선 한가운데 서고 싶어 하는 아이들이 많다는 점을 떠올려보면, 왜 어떤 아이가 하필 게으름이라는 무기를 선택해 자신을 드러내려 하는지 충분히 이해할 수 있다.

그러나 이것만으로는 게으름 속에 숨은 심리를 전부 설명하기 어렵다. 자신의 불안한 처지를 조금이라도 편안하게 만들기 위해 무의식적으로 게으른 태도를 방패막이로 삼는 아이도 많다.

　　　　　　　　　　　　　　　　　　제4장 우월성 추구의 방향

그런 아이가 보여주는 겉보기 무능함이나 부족한 성취는 늘 게으름이라는 훌륭한 핑계 탓으로 돌려진다. 정작 능력이 부족하다는 직접적인 비난을 듣는 일은 드물다. 가족들은 아이를 보며 이렇게 말하며 아쉬워한다.

"우리 애가 조금만 부지런했으면 못 할 일이 없었을 텐데."

아이는 이 말에서 묘한 위안을 얻는다. 자신이 게으르지만 않았더라면 무엇이든 해낼 수 있는 잠재력이 있는 사람이라고 믿게 되기 때문이다. 스스로에 대한 자신감이 지나치게 약한 아이에게 이 말은 다치기 쉬운 자존심을 튼튼하게 지켜주는 완벽한 보호막이 된다. 말하자면, 실제 땀 흘려 얻어낸 성공을 대신해주는 달콤한 위안물인 셈이다.

이런 심리는 비단 어린아이에게만 해당하는 것이 아니다. 어른들 역시 마찬가지다. "내가 게으름만 피우지 않았더라면 그 일쯤은 거뜬히 해냈을 텐데..."라는 허황된 가정은, 현실의 실패에서 오는 비참한 감정을 잠재워준다. 게다가 늘 게으름을 피우던 아이가 어쩌다 마음을 먹고 무언가를 하나 해냈을 때, 그 작은 성취는 자기 눈에도, 주변 사람들의 눈에도 아주 크게 부풀려져 보인다. 늘 아무것도 하지 않고 빈둥거리다가 겨우 이루어낸 사소한 결과도, 평소 모습과의 대비가 워낙 크기 때문에 칭찬과 환호를 받는다. 반대로 묵묵히 꾸준하게 애써온 다른 아이는 훨씬 더 크고 훌륭한 성취를 이루고도 당연하게 여겨져 덜 인정받는 억울한 상황이 벌어지기도 한다.

게으름 안에는 이렇듯 은밀한 전략이 숨어 있다. 게으른 아이는 마치 발아래 튼튼한 안전망을 쳐놓고 걷는 줄타기 곡예사와 같다. 설령 발을 헛디뎌 떨어지더라도 크게 다칠 위험이 없다. 보통 게으른 아이를 향한 비판은 능력이 부족한 아이에게 쏟아지는 비판보다 약하고, 아이의 자존심이 받는 상처도 덜하다. 머리가 나쁘거나 무능하다는 말보다 그저 게으르다는 말이 아이에게 덜 아프게 다가오기 때문이다. 게으름은 자신에 대한 믿음이 부족하다는 불편한 진실을 가려주는 훌륭한 방패가 된다. 그와 동시에 눈앞에 닥친 문제를 정면으로 돌파하려는 시도 자체를 차단해버린다.

현재 우리가 교실과 가정에서 흔히 쓰는 교육 방식을 살펴보면, 상당수가 게으른 아이가 속으로 바라는 방향과 맞아떨어진다는 점을 알 수 있다. 부모나 교사가 게으른 아이를 다그치고 꾸짖을수록 아이는 자신이 원하는 목적에 한 걸음 더 다가선다. 어른들의 관심이 계속 자신에게 쏠리고, 꾸지람 덕분에 자신의 문제를 능력 부족이 아니라 태도의 문제로 돌릴 수 있기 때문이다. 체벌 역시 마찬가지다. 매를 들어 아이의 게으름을 고칠 수 있다고 믿는다면 매번 쓰디쓴 실망만 맛보게 될 것이다. 세상 그

    제4장 우월성 추구의 방향

어떤 엄한 벌도 게으른 아이를 하루아침에 부지런한 아이로 탈바꿈시키지는 못한다.

진정한 변화가 일어나는 경우는 대체로 주변 상황과 조건이 완전히 달라질 때 찾아온다. 살면서 뜻밖의 성공을 한 번 진하게 경험하는 경우가 대표적이다. 늘 자신을 다그치고 몰아세우던 교사 대신, 마음을 헤아려 진지하게 대화하고 아이 내면에 위태롭게 남아 있는 작은 용기마저 따뜻하게 북돋아주는 온화한 교사를 만날 때도 비슷한 기적이 일어난다. 이런 조건이 갖춰지면, 무기력한 게으름에서 생기 넘치는 활동성으로 옮겨가는 변화가 놀라울 만큼 빠르게 일어난다. 학기 초에는 한참 뒤처져 늘 의욕이 없던 아이가, 전학을 가서 전혀 다른 환경과 사람들을 만난 뒤 갑자기 눈에 띄게 열심인 모습을 보이는 것도 같은 맥락이다.

게으름이라는 방패 뒤로 숨지 않는 아이들 중에는 '꾀병'을 무기 삼아 정상적인 활동을 피하는 경우도 있다. 또 어떤 아이들은 시험 기간만 되면 유난히 예민하게 구는데, 이런 신경과민 증상을 보이면 주변 어른들에게 어느 정도 특별한 배려와 양해를 받을 수 있으리라 기대하기 때문이다. 툭하면 눈물을 터뜨리는 아이들 역시 이와 똑같은 심리적 흐름을 탄다. 아이가 보여주는 울음과 과도한 흥분은 '나를 특별하게 대우해달라'는 간절한 신호인 셈이다.

　자신의 신체적 결함이나 약점을 내세워 사람들의 배려를 갈구하는 아이들도 이와 같은 부류에 속한다. 가장 대표적인 예가 바로 말을 더듬는 아이들이다. 대부분의 아이들이 처음 말을 배울 무렵에는 어느 정도 말을 더듬는다. 언어 발달의 속도는 여러 요인에 따라 빨라지기도 하고 늦어지기도 하지만, 그중 가장 절대적인 영향을 미치는 것은 바로 사회적 관심이다. 타인과 관계를 맺고 소통하고자 하는 사회적 관심이 충만한 아이는, 사람을 피하고 움츠러드는 아이보다 훨씬 빠르고 수월하게 말을 배운다.

　아이가 굳이 입 밖으로 소리 내어 말할 필요가 없는 환경도 존재한다. 아이가 미처 입을 떼기도 전에 주변 어른들이 아이의 눈빛이나 몸짓만 보고 바라는 것을 알아채서 모조리 채워주는 환경이 그렇다. 청각장애 아동을 돌볼 때 어쩔 수 없이 그런 상황이 빚어지기도 하지만, 과잉보호를 받으며 온실 속 화초처럼 응석받이로 자라는 아이에게도 비슷한 일이 일어난다.

　아이가 네다섯 살이 되도록 제대로 말을 하지 못하면, 부모는 아이에게 청각장애가 있는 것은 아닌지 걱정한다. 그러나 병원에서 아이가 소리를 잘 듣는다는 사실을 확인하고 나면 그런 의심은 이내 사라진다. 대신, 아이가 말을 하지 않아도 조금도 불편함이 없는 환경에서 살고 있다는 사실이 또렷하게 드러난다. 모든 것이 말 그대로 '은쟁반에 받쳐' 제공되는 아이는 굳이 힘들

　　　　　제4장 우월성 추구의 방향

여 말할 필요성을 느끼지 못하기 때문에 남들보다 한참 늦게 말을 배우게 된다. 말이라는 것은 아이가 내면의 우월성 추구를 어떤 방향으로 키워나가고 있는지 밖으로 보여주는 신호다. 아이는 자기 안의 우월성 추구를 세상에 드러내기 위해 끊임없이 말을 해야 한다. 그 표현의 목적이 자신을 돌보는 가족을 기쁘게 하려는 것이든, 일상에서 느끼는 불편과 필요를 채우려는 것이든 본질은 마찬가지다. 그런데 자신을 표현하고 요구할 기회조차 주어지지 않으면, 아이의 언어 발달에 심각한 제동이 걸리는 것은 너무나 당연한 이치다.

특정 자음을 제대로 발음하지 못하는 문제도 흔히 발생한다. 예를 들어 'r', 'k', 's' 같은 까다로운 소리를 내기 어려워하는 경우다. 다행히 이런 발음 문제들은 적절한 훈련을 통해 모두 치료가 가능하다. 그래서 오늘날 우리 주변에 말을 더듬거나, 혀 짧은 소리를 내거나, 웅얼거리듯 알아듣기 힘든 말투를 가진 어른이 이토록 많다는 사실은 곰곰이 생각해보면 놀라운 일이다.

대부분의 아이들은 자라면서 겪는 가벼운 말더듬 증상이 시간이 지나면 자연스럽게 사라진다. 전문적인 치료가 필요한 경우는 극소수에 불과하다. 이 험난한 치료 과정에서 아이의 내면에 어떤 일이 벌어지는지는, 다음 열세 살 남자아이의 사례가 잘 보여준다.

한 의사는 이 아이가 여섯 살이 되던 해부터 본격적인 치료를 시작했다. 치료는 1년 내내 이어졌지만 아무런 효과가 없었다. 그다음 1년은 전문가의 도움 없이 가정에서 지냈고, 이듬해 다시 다른 의사를 찾아가 1년 동안 매달렸지만 역시 헛수고였다. 네 번째 해에는 아예 모든 치료를 중단한 채 방치되었고, 다섯 번째 해 첫 두 달 동안 언어 전문가에게 아이를 맡겼을 때는 상태가 호전되기는커녕 도리어 더 나빠졌다. 얼마 뒤 아이는 언어 장애 전문 기관에 입소했다. 그곳에서 두 달 동안 집중 치료를 받으며 눈에 띄는 효과를 보았지만, 집으로 돌아온 지 여섯 달이 지나자 다시 예전 상태로 돌아가고 말았다. 그 뒤 아이는 또 다른 언어 전문가를 찾아가 여덟 달 동안 매달렸다. 그러나 이번에도 나아지기는커녕 증세는 갈수록 심해졌다. 지푸라기라도 잡는 심정으로 한 명의 의사를 더 찾아갔지만 소용없었다. 이듬해 여름 방학 동안에는 조금 나아지는 듯했으나, 방학이 끝나고 학교에 돌아가자마자 거짓말처럼 다시 예전의 더듬거리는 말하기 방식으로 돌아갔다.

아이들이 받았던 대부분의 치료는 큰 소리로 또박또박 읽기, 천천히 끊어서 말하기, 반복적인 발음 훈련 등으로 이루어져 있었다. 흥미로운 점은, 아이가 어떤 이유로든 극도로 흥분한 상태가 되면 일시적으로 말더듬이 사라지는 현상이 관찰되었으나,

 제4장 우월성 추구의 방향

그 흥분이 가라앉으면 이내 다시 재발했다는 사실이다.

신체 검사 결과 아이에게 별다른 의학적 이상은 없었다. 다만 아주 어릴 적 건물 2층 높이에서 떨어져 가벼운 뇌진탕을 앓은 적은 있었다. 아이를 1년 동안 가까이서 지켜본 담임교사는 아이를 두고 "예의 바르고 매사에 성실하지만, 툭하면 얼굴을 붉히고 다소 예민한 성격"이라고 묘사했다. 학과목 중에서는 프랑스어와 지리를 가장 버거워했다고 한다. 특히 시험 기간만 다가오면 유독 심하게 흥분하며 불안해했다. 반면 체조와 운동 시간은 즐겼고, 손으로 만지는 기술적인 작업에도 남다른 흥미를 보였다. 어느 모로 보나 리더십은 없었고, 같은 반 친구들과는 무난하게 잘 지냈지만 집에서는 남동생과 시도 때도 없이 다투었다. 아이는 왼손잡이였으며, 1년 전에는 오른쪽 얼굴에 가벼운 마비 증세가 찾아온 적도 있었다.

아이의 아버지는 사업가였고 성격이 무척 예민하고 깐깐한 사람이었다. 아버지는 아들이 말을 더듬을 때마다 불같이 화를 내며 심하게 꾸짖었다. 그런데도 정작 아이가 더 두려워하고 눈치를 보는 대상은 아버지보다 어머니였다. 집에는 아이를 전담하는 개인 교사가 상주하고 있어서 아이는 좀처럼 집 밖으로 나갈 수 없었고, 일상의 자유가 없다는 점을 몹시 답답해하며 숨 막혀 했다. 무엇보다 아이는 어머니가 자신보다 남동생을 훨씬 더 편

애한다고 확신했고, 그 불공평한 대우에 깊은 상처를 안고 있었
다.

　이러한 여러 가지 자료를 종합해보면 아이가 처한 사정을 이
렇게 설명할 수 있다. 아이가 툭하면 얼굴을 붉히는 것은, 타인
과 관계를 맺고 소통해야 하는 매 순간 내면의 긴장감이 극도로
높아진다는 뜻이다. 이는 말더듬과 정확히 같은 뿌리에서 나온
심리적 증상이라고 할 수 있다. 아이가 마음으로 따르던 선생님
조차 말더듬을 고쳐주지 못한 것은, 그 행동이 이미 아이의 심리
구조에 자리 잡아 타인과 세상에 대한 거부를 드러내는 수단이
되었기 때문이다.

　말더듬의 원인은 바깥 환경 자체가 아니라, 아이가 그 환경을
어떻게 받아들이고 해석하느냐에 달려 있다. 아이 특유의 예민
함 역시 심리적으로 매우 중요한 단서다. 이 아이는 그저 상황
에 이리저리 휩쓸리는 수동적인 아이가 아니다. 타인에게 인정
받고 우월해지고 싶어 하는 강렬한 마음이, 다른 연약한 성격의
소유자들에게서 흔히 보듯 예민함이라는 가시 돋친 형태로 둔갑
해 드러나고 있는 것이다. 아이가 겪는 좌절을 짐작하게 하는 또
다른 증거는, 밖에서는 얌전한 아이가 오직 자기보다 어리고 만
만한 남동생하고만 맹렬하게 다툰다는 사실이다. 시험을 앞두
고 유독 심하게 불안해하는 모습 역시, 실패할지 모른다는 두려

움과 다른 아이들만큼 유능하지 못하다는 열등감 때문에 내면
의 긴장이 최고조에 달한다는 것을 여실히 보여준다. 아이는 마
음속 깊은 곳에 짙은 열등감을 품고 있으며, 그 억눌린 열등감이
본연의 우월성 추구를 사회에 무익하고 소모적인 방향으로 돌려
놓고 있다.

아이에게는 차라리 학교가 더 마음 편한 곳이었기에, 학교는
기꺼이 가려고 했다. 집에서는 늘 남동생이 어머니의 사랑과 관
심이라는 무대의 중심 자리를 독차지하고 있었기 때문이다. 어
릴 적 겪은 뇌진탕의 충격이 말더듬의 직접적인 원인이 되었을
가능성은 희박하다. 다만 그런 아픈 경험이 아이 내면의 용기를
꺾고 위축시키는 데 어느 정도 영향을 미쳤을 수는 있다. 그러나
아이의 삶에 그보다 훨씬 더 크고 치명적인 영향을 준 것은, 가
족이라는 좁은 우주 안에서 굳건했던 자기 자리를 무참히 빼앗
아간 남동생의 존재였다.

아이가 여덟 살이 되도록 야뇨증을 보였다는 사실도 심리학적
으로 매우 중요한 의미를 지닌다. 야뇨증은 줄곧 응석받이로 온
갖 사랑을 독차지하며 자라다가, 동생이 태어나면서 하루아침에
'왕좌에서 밀려난' 아이들에게서 흔히 나타나는 증상이다. 이 증
상은 아이가 밤에도 어머니의 관심을 얻으려 했다는 신호이며,
어둠 속에 혼자 남겨지는 상황을 받아들이지 못한 마음의 표현

이기도 하다.

아이는 따뜻한 격려를 받고 스스로 독립하여 세상에 서는 법을 조금씩 배우면서 반드시 좋아질 수 있다. 아이가 감당할 수 있는 과제를 내주고, 그 과제를 스스로의 힘으로 해내는 벅찬 경험을 통해, 잃어버린 자신에 대한 믿음을 차곡차곡 키워주어야 한다. 아이 자신도 남동생이 태어나 자신의 자리를 빼앗은 일련의 사건들을 몹시 불쾌하고 고통스럽게 받아들였다는 사실을 내심 인정하고 있다. 이제는 그 질투심이 자신을 어떻게 잘못된 방향으로 끌고 갔는지 스스로 차분히 이해하도록 곁에서 도와주어야 한다.

말더듬과 함께 흔히 나타나는 여러 현상들에 대해서는 아직 더 짚어볼 이야기들이 남아 있다. 먼저, 사람이 극도로 흥분하면 어떤 심리적 변화가 일어나는지 살펴볼 필요가 있다. 평소 말을 몹시 더듬는 사람들 중에는 억눌렸던 화가 폭발했을 때 거의 더듬지 않고 마음속에 담아둔 말을 폭포수처럼 쏟아내는 경우가 많다. 어른이 되어서도 혼자 책을 낭독하거나 누군가와 깊은 사랑에 빠져 감정이 고조되었을 때, 놀라울 만큼 유창하게 말을 이어가는 경우도 흔히 볼 수 있다. 이는 말더듬의 핵심 원인이 언어 기능 자체가 아니라 '타인과의 관계 맺기'에 있음을 보여준다. 아이에게 가장 두렵고 중요한 순간은 낯선 사람과 마주할 때다.

　제4장 우월성 추구의 방향

자기와 타인 사이에 보이지 않는 연결 고리를 만들어야 하거나, 불완전한 말을 통해 자신의 모습을 드러내야 하는 순간에 아이의 긴장감은 최고조로 치솟는다.

평범한 아이가 큰 어려움 없이 자연스럽게 말을 배울 때는 가족 중 아무도 그 과정에 특별히 주목하지 않는다. 그러나 아이가 입을 떼는 데 어려움을 보이기 시작하면, 집안 어른들의 모든 관심과 걱정이 온통 그 문제에 쏠리고, 말을 더듬는 아이는 순식간에 관심의 중심이 된다. 가족 모두가 노심초사하며 아이의 입술만 바라보게 되고, 그 부담스러운 시선 속에서 아이는 자기의 말하기 방식에 지나치게 의식적이고 강박적인 주의를 기울이게 된다. 자연스럽게 말하는 아이들은 겪지 않는 부담을 안게 되는 것이다. 다시 말해, 물 흐르듯 자연스럽게 터져 나와야 할 자기 표현을 머리로 의식하며 억지로 통제하려고 드는 것이다. 원래 몸에서 자연스럽게 이루어져야 할 기능을 억지로 통제하려 하면, 톱니바퀴가 엉키듯 그 기능이 제대로 작동하지 않게 된다.

이러한 아이러니는 구스타프 마이링크의 철학적인 동화『두꺼비의 도망(The Flight of Toad)』에 아주 재치 있게 묘사되어 있다. 어느 날 두꺼비 한 마리가 발이 천 개나 달린 신기한 동물을 만나 그 놀라운 걷기 능력을 입에 침이 마르도록 칭찬한다. 그러고는 호기심에 가득 차 묻는다. "정말 대단하시네요! 실례지만 말씀 좀 해주실 수 있나요? 그 많은 천 개의 발 중 어느 발을 가장 먼저 움직이시나요? 그리고 나머지 구백아흔아홉 개의 발은 정확히 어떤 순서로 움직이시는 건가요?" 그 말을 들은 지네는 깊은 생각에 빠져, 난생처음으로 자기 발이 움직이는 순서를 하나하나 의식하며 지켜보기 시작한다. 그리고 그 자연스러운 움직임을 머리로 통제하려는 순간 깊은 혼란에 빠져, 그 자리에 굳은 채 단 한 발자국도 앞으로 움직이지 못하게 된다.

우리 삶 전체가 흘러가는 큰 방향을 의식적으로 돌아보고 성찰하는 일은 분명 중요하다. 그러나 자연스럽게 이루어져야 할 움직임이나 기능까지 하나하나 통제하려 하면 삶을 해치게 된다. 아름다운 예술 작품 역시, 그것을 빚어내는 데 필요한 몸의 미세한 움직임들이 머리를 거치지 않고 완전히 자동화되어 있을 때 경이롭게 탄생할 수 있는 법이다.

말더듬은 아이의 가능성을 제한하고, 성장 과정에서 뚜렷한 불이익을 낳는다는 점은 널리 알려져 있다. 그런데도 적극적으로 상태를 고치려고 노력하기보다는 핑계와 변명 뒤로 숨으려는 사람이 적지 않다. 왜냐하면 말더듬 뒤에는 가족의 동정과 특별한 대우가 함께 따라오기 때문이다. 부모와 아이 모두 불확실한 미래를 긍정적으로 믿고 나아갈 용기가 부족해서 그럴 수 있다. 특히 아이는 다른 사람에게 기대는 데 익숙해지고, 겉으로는 불리해 보여도 그 안에서 이익을 얻는 데 머물기도 한다.

세상살이에서 겉보기에는 명백히 불리해 보이는 조건이, 실제로는 교묘하게 이익으로 탈바꿈하는 일이 얼마나 비일비재하게 일어나는지는 오노레 드 발자크의 짧은 소설 한 편이 아주 통쾌하게 보여준다.

두 명의 약삭빠른 상인이 치열한 흥정에서 서로 한 푼이라도 더 이익을 보려고 핏대를 세우며 다투는 이야기다. 흥정이 최고조에 달했을 때, 불리해진 한 사람이 갑자기 심하게 말을 더듬기 시작한다. 노련한 상대방은 금세 그 얕은 수작을 눈치챈다. 상대가 일부러 말을 더듬는 척하면서, 머릿속으로 다음 수를 계산할 시간을 벌고 있다는 사실을 간파한 것이다. 그러자 상대방 역시 재빨리 맞받아칠 묘안을 찾다가, 갑자기 귀가 전혀 들리지 않는 사람처럼 행동하기 시작한다. 그러자 꼼수를 부려 말을 더듬던 쪽이 되레 불리한 처지에 놓이고 만다. 귀먹은 행세를 하는 상대가 알아들을 수 있도록 더 큰 소리로, 훨씬 더 많은 힘을 쥐어짜 말해야 하기 때문이다. 이 기막힌 촌극을 통해 팽팽했던 둘 사이의 권력 균형이 다시 절묘하게 맞춰졌다.

말을 더듬는 아이를 대할 때, 마치 큰 잘못을 저지른 범죄자나 고장 난 기계를 다루듯 몰아세워서는 안 된다. 가끔 아이가 곤란한 상황에서 질문에 대답할 시간을 벌거나, 다른 사람을 짜증 나

게 기다리게 만들기 위해 말더듬을 영악하게 이용하는 경우가
눈에 띈다 해도 마찬가지다. 말을 더듬는 아이의 마음을 녹이는
데 가장 필요한 것은 따뜻한 격려와 부드러운 태도다. 너른 품으
로 아이의 불안을 이해해주고, 세상에 맞설 내면의 용기를 천천
히 북돋아주어야 치료가 가능하다.

제5장
열등감 콤플렉스

제5장
열등감 콤플렉스

우월성 추구와 열등감은 모든 사람이 태어나면서부터 품고 살아가는 마음이다. 사람은 열등감을 느끼기 때문에 지금보다 더 나아지려 애쓰고, 그 노력이 성공으로 이어질 때 비로소 열등감을 딛고 일어선다. 그런데 열등감이 심리적으로 심각한 문제로 번지는 경우는 두 가지다. 하나는 더 나아지려는 내면의 힘이 어떤 이유로든 막혀 버릴 때이고, 다른 하나는 신체적 열등함에 대한 심리적 반응으로 열등감이 도저히 감당할 수 없을 만큼 커질 때다. 바로 그때 생겨나는 것이 열등감 콤플렉스(inferiority complex)다. 열등감 콤플렉스란 비정상적으로 비대해진 열등감을 말한다. 이 상태에 빠진 사람은 진짜 성취 대신 손쉬운 보상과 그럴듯해 보이는 위안을 찾아 헤매게 된다. 앞을 가로막는 장애물은 실제보다 몇 배나 더 크고 두렵게 보이고, 맞서려는 용기는 모래 위의 성처럼 점점 무너진다. 진정한 성취로 나아가는 길은 가로막히고 만다.

이 관점에서, 앞서 살펴본 말을 더듬는 열세 살 소년의 사례를 다시 들여다보자. 그 소년의 깊은 좌절은 말더듬이 치료되지 않고 계속되는 원인 중 하나였고, 고쳐지지 않는 말더듬은 다시 좌절을 더욱 깊고 어둡게 만들었다. 이것이 바로 신경증적 열등감 콤플렉스에서 전형적으로 나타나는 악순환의 고리다. 아이는 세상으로부터 숨고 싶어 한다. 앞날에 대한 희망을 이미 잃었고, 어쩌면 극단적인 생각에 사로잡힌 적도 있었을지 모른다. 이 소년에게 말더듬은 단순한 언어 장애가 아니었다. 그것은 아이가 지금껏 살아온 방식이 세상 밖으로 드러난 모습이었다. 말더듬은 주위 사람들에게 강렬한 인상을 남기고, 아이를 늘 관심의 중심에 세워두며, 그 결과로 아이가 안으로 겪는 심리적 고통을 어느 정도 덜어주는 기이한 역할을 했다. (“내가 못하는 것은 능력이 없어서가 아니라 말더듬 때문이야”라는 식으로, 실패의 원인을 증상에 돌릴 수 있고, 증상 때문에 더 엄한 평가를 피하거나 동정, 보호, 관심을 받을 수 있으니, 이것이 심리적 부담을 덜어주는 것이다. – 역자주)

이 때문에 이 아이는 스스로 세상에서 반드시 인정받아야 하고, 무언가 대단한 사람이 되어야 한다는 다소 과장되고 방향이 어긋난 목표를 세우게 되었다. 늘 타인의 인정을 갈구하기 때문에, 다른 사람들과 원만하게 지내야 하고, 착하고 모범적인 아이로 보여야 하며, 공부도 잘해야 한다는 강박에 시달렸다. 동시에 혹시라도 실패했을 때 들이밀 핑곗거리도 미리 마련해두어야 한다고 느끼는데, 바로 그 핑계의 역할을 말더듬이 충실히 해주고 있다. 이 사례가 특히 눈길을 끄는 이유는, 아이 삶의 대부분이 여전히 유익하고 건강한 방향을 향하고 있기 때문이다. 다른 사람들 앞에서 자신을 드러내고 평가를 받아야 하는 말하기 상황에서만, 판단력과 용기가 무너져 있었다.

물론 말더듬은 깊이 좌절한 아이들이 세상으로부터 자신을 지키기 위해 무의식적으로 선택하는 수많은 방어 수단 중 하나에 불과하다. 자신의 힘으로는 삶에서 성공할 수 없다고 생각한 아이들이 본능적으로 움켜쥐는 방어 수단들이다. 이 무기들은, 자연이 연약한 동물에게 몸을 지키라고 허락한 날카로운 발톱이나 단단한 뿔에 비길 수 있으며, 내면의 나약함에서 비롯된다는 점은 어렵지 않게 알 수 있다. 그런 장치가 없으면 거친 삶을 도저히 감당할 수 없을 것 같은 기분이 드는 것이다. 그리고 무기로 둔갑할 수 있는 방어 수단들이 우리 주변에 얼마나 많은지를 생

　　　　　제5장 열등감 콤플렉스

각해보면 새삼 놀라게 된다.

어떤 아이는 대소변을 제때 가리지 못하는 일을 무기로 삼는다. 이는 아무런 책임도, 아무런 고통도 없이 모든 것이 저절로 채워지던 편안한 유아기 상태에서 한 발짝도 벗어나고 싶지 않다는 무의식적인 저항이다. 장이나 방광이 실제로 약해서 이런 문제가 생기는 경우는 드물다. 대개는 부모나 교육자의 동정심과 특별한 관심을 끌어내기 위해 무의식적으로 이용하는 수단이다. 또래 아이들에게 놀림받는 상황을 감수하면서까지, 아이는 끈질기게 그 수단에 매달린다. 따라서 이런 증상은 단순한 신체적 질병으로만 다룰 것이 아니라, 열등감 콤플렉스의 표현, 또는 위협받은 우월성 추구가 비틀어진 형태로 드러난 신호로 읽어야 한다.

이제 말더듬 증상이 어떤 복잡한 과정을 거쳐 현재의 모습으로 자라났는지 차분히 짚어보자. 그 소년은 오랜 세월 외동으로 자랐고, 어머니는 온 마음과 시간을 소년 한 명에게 쏟아붓고 있었다. 그러다가 세상이 조금씩 넓어지면서 소년은 예전만큼 충분한 관심을 받지 못한다는 서운함과, 자신을 자유롭게 표현하는 일이 불편하다는 느낌을 받았을 것이다. 그래서 잃어버린 관심을 다시 자기에게로 끌어올 방법을 본능적으로 찾아낸 것이다. 처음에는 아주 사소한 발음의 어색함으로 시작되었을 말더듬은, 시간이 흐르면서 점점 더 큰 문제가 되어 갔다. 소년은 자신이 입을 열어 말을 시작하면 상대방의 시선이 어김없이 자기 입술로 향한다는 사실을 알아차렸다. 그리고 말더듬 덕분에, 남동생이 태어난 뒤 멀어진 어머니의 관심을 다시 어느 정도 되찾을 수 있었다.

학교에서도 사정은 다르지 않았다. 소년은 자신에게 기꺼이 시간을 내어주는 교사를 만났다. 말더듬 덕분에 집에서도, 학교에서도 사람들의 눈길이 자연스럽게 자신에게 쏠렸다. 공부를 잘하는 학생에게 돌아가는 인기, 즉 소년이 그토록 간절히 바라던 그 인기를 전혀 다른 방식으로 누리고 있었다. 물론 소년이 본래부터 성실하고 우수한 학생이었을 가능성도 있다. 그래도 어쨌든 여러 면에서 말더듬을 통해 적지 않은 편의를 얻고 있었다는 점만은 분명하다.

말더듬은 교사의 관대함과 특별한 배려를 끌어내는 효과를 낳았다. 그러나 말더듬은 바람직한 수단이 아니다. 소년은 자신이 마땅히 받아야 한다고 믿는 만큼의 관심을 얻지 못할 때, 다른 아이들보다 훨씬 더 깊고 예민하게 상처를 받았다. 관심을 차지하는 문제는 남동생이 가족 안에 들어온 뒤 더욱 민감하고 절박한 사안이 되었다. 건강하게 자라는 보통 아이들과 달리, 소년은 어머니 한 사람에게 집중되어 있던 관심을 더 넓은 세상의 더 많

　　　　제5장 열등감 콤플렉스

은 사람들에게로 옮기는 능력을 끝내 키우지 못했다. 어머니를 자신의 삶에서 가장 중요하고 절대적인 사람으로 붙잡아두고, 다른 모든 사람들은 그 관계 바깥으로 밀어내버렸다.

열등감 콤플렉스를 지닌 아이를 치료하려면, 무엇보다 먼저 아이 내면의 용기를 북돋우고 자기 자신의 힘과 가능성을 온몸으로 믿게 해야 한다. 아이의 마음에 공감하는 따뜻한 태도로 진심 어린 관계를 쌓아야 하고, 두려움과 위축감을 심는 일은 삼가야 한다. 그러나 그것만으로는 충분하지 않다. 따뜻하게 맺어진 관계를 발판으로 삼아, 아이가 멈추지 않고 앞으로 한 걸음씩 계속 나아가도록 꾸준히 격려해야 한다. 그러기 위해서는 아이를 점점 더 독립적인 사람으로 성장시켜야 한다. 또 여러 구체적인 방법을 통해 자기 안의 정신적 능력과 신체적 능력을 신뢰하는 마음이 쌓이도록 도와야 한다. 아이 스스로, 아직 이루지 못한 일도 성실함과 끈기, 연습과 흔들리지 않는 용기로 반드시 이룰 수 있다는 확신을 품게 해야 한다.

아이를 키우면서 저지르는 가장 해로운 실수는, 잘못된 길로 들어선 아이에게 부모나 교육자가 어두운 결말을 미리 단정지어 선고하듯 말하는 일이다. '너는 이렇게 될 것이다'라는 식의 말은 아이의 남은 용기마저 무참히 꺾어놓을 뿐이며, 상황을 훨씬 더 나쁜 방향으로 몰아간다. 정반대로 해야 한다. 아이에게는 낙관과 굳건한 믿음을 심어주어야 한다. 베르길리우스의 말처럼, 할 수 있다고 믿기 때문에 할 수 있는 것이다.

아이를 모욕하거나 수치심을 안겨주는 방식으로는 진정한 행동의 변화를 이끌어낼 수 없다. 비웃음을 당할까 두려워 마지못해 행동을 바꾸는 것처럼 보이는 경우에도, 그것을 진정한 변화라고 믿어서는 안 된다. 조롱으로 아이를 몰아붙이는 방식이 얼마나 위험하고 잘못된 것인지는 다음의 사례가 잘 보여준다.

수영을 못한다는 이유로 친구들에게 끊임없이 놀림받던 아이가 있었다. 더 이상 조롱을 견디지 못한 아이는, 어느 날 깊은 수영장의 높다란 다이빙대 위에서 무모하게 물속으로 몸을 던졌다. 아이는 가까스로 목숨을 건졌다. 체면을 잃을까 두려운 겁쟁이가 자신의 비겁함을 만회하려고 극단적인 행동을 저지르는 일은 있을 수 있다. 그러나 그것이 올바른 방향인 경우는 드물다. 이 사례에서 보듯, 처음의 비겁함을 또 다른 비겁한 방식으로 돌파하려는 쓸모없는 시도에 지나지 않는다. 진짜 비겁함은 수영을 못한다는 사실을 솔직하게 인정했다가 친구들 앞에서 체면을 잃을까 두려워한 바로 그 마음이다. 무모하게 물속으로 뛰어든다고 해서 그 비겁한 마음이 사라지지는 않는다. 현실을 정면으로 마주하지 않으려는 비겁한 성향만 더욱 굳어질 뿐이다.

비겁함은 언제나 인간관계를 망가뜨린다. 자기 걱정에만 사로잡혀 다른 사람을 돌아볼 여유조차 없는 아이는, 남을 희생시켜서라도 자기 체면과 위신을 지키려 든다. 비겁함은 이렇게 사회적 관심을 서서히 소멸시키고, 개인주의적이고 전투적인 인생 태도를 기른다. 그러나 아이러니하게도 남의 시선을 두려워하는 마음만은 조금도 없애주지 못한다. 비겁한 사람은 늘 누군가에게 비웃음당할까, 무시당할까, 낮게 평가될까 전전긍긍하며 산다. 그래서 끝임없이 남의 시선과 평가에 끌려다닌다. 마치 적국의 한복판에서 홀로 살아남아야 하는 사람처럼, 의심과 시기심과 이기심이라는 성격 특성이 점점 커진다.

이런 비겁한 성향을 품은 아이들은 자라면서 남을 곧잘 비판하고 사소한 것에도 트집을 잡는 사람이 되기 쉽다. 다른 사람을 진심으로 칭찬하는 일을 꺼리고, 누군가 칭찬받는 모습을 보는 것도 못마땅하게 여긴다. 스스로의 성취로 앞서나가는 대신 남을 깎아내려 상대적인 우월감을 느끼려는 태도는 나약함에서 비롯된 신호다.

그 신호를 알아차린 사람은 아이 마음속에 쌓인 미움과 반감을 풀어주는, 교육의 과제를 짊어져야 한다. 그 신호를 알아보지 못한 사람은 아이의 성격이 왜 그토록 어두운 방향으로 기울었는지, 또 그것을 어떻게 다시 바로잡아야 하는지도 영영 알 수 없을 것이다. 아이를 다시 세상과 삶 쪽으로 부드럽게 이끌어야 한다는 사실을 이해하게 되면, 무엇을 해야 할지는 저절로 분명해진다. 아이가 자신의 잘못된 습관을 이해하고, 노력 없이 손쉽게 인정만 받으려 했다는 사실을 받아들이도록 도와야 한다. 또한 아이들 사이에서 서로를 따뜻하게 대하는 마음도 함께 길러주어야 한다. 성적이 나쁘거나 실수를 했다는 이유로 다른 아이를 함부로 깔봐서는 안 된다는 점도 단호하게 가르쳐야 한다. 그렇지 않으면 열등감 콤플렉스는 더욱 깊어지고, 아이 안의 용기는 점차 사라질 것이다.

아이가 자신의 앞날을 긍정적으로 바라보지 못하면 현실과 조금씩 거리를 두기 시작한다. 그리고 그릇된 방향에서 그 상실감을 메우려 안간힘을 쓴다. 교육자에게 주어진 가장 중요한 과제, 어쩌면 가장 신성한 의무는 단 한 명의 아이도 학교에서 좌절한 채 뒤처지지 않도록 지켜주는 일이다. 이미 마음에 좌절을 안고 학교 문을 두드린 아이라면, 학교와 교사를 통해 다시 자기 자신을 믿는 힘을 되찾게 해야 한다. 바로 그 지점에서 교육자의 진정한 사명이 시작된다. 미래를 희망차고 기쁜 눈으로 바라보는 아이들과 함께할 때에만, 참된 의미의 교육이 가능하기 때문이다.

잠깐 스쳐 지나가는 형태의 가벼운 좌절도 있다. 특히 야심이 강한 아이들에게서 그런 모습이 자주 나타난다. 오랫동안 힘차

　　　　　　　제5장 열등감 콤플렉스

게 앞으로 나아가다가도, 마지막 시험을 치르고 평생의 직업을 선택해야 하는 결정적인 갈림길에 서는 순간 갑자기 희망을 잃어버리는 경우가 있다. 최상위권에 들지 못했다는 이유 하나만으로 그 자리에서 포기해버리는 아이도 있다. 오랜 세월 무의식에 쌓여 있던 갈등이, 바로 그 순간 한꺼번에 폭발한 것이다. 그 갈등은 걷잡을 수 없는 혼란으로 표출되기도 하고, 불안신경증이라는 형태로 모습을 드러내기도 한다. 이 상태가 제때 바로잡히지 않으면, 아이는 무엇이든 시작은 하지만 끝을 맺지 못하는 성격을 가지기 쉽다. 어른이 된 뒤에는 직업을 수없이 바꾸고, 어떤 일도 자신에게는 좋게 마무리될 수 없다는 패배감을 달고 살며, 늘 실패의 그림자를 두려워하는 것이다.

그래서 아이가 스스로를 어떻게 평가하는지는 교육에서 매우 중요한 단서가 된다. 그러나 아이에게 직접 물어보는 방식으로는 진짜 속마음을 좀처럼 알기 어렵다. 아무리 요령 있게 질문을 던져도 돌아오는 것은 불분명하고 두루뭉술한 대답뿐이다. 어떤 아이는 자신을 꽤 괜찮은 사람으로 본다고 말하고, 또 어떤 아이는 자신은 아무 가치도 없다고 말한다. 후자의 아이를 자세히 들여다보면, 주변 어른들이 "넌 쓸모없어", "넌 멍청해" 같은 부정적인 말을 수없이 반복해온 경우가 많다. 그런 책망을 듣고도 아무렇지 않은 아이는 없다. 반대로, 자기 능력을 의도적으로 낮게 평가함으로써 혹시라도 더 큰 실망과 상처로부터 자기 자신을 미리 지키려는 아이도 있다.

아이에게 직접 물어봐도 그 아이가 스스로를 어떻게 바라보는지 파악하기 어려울 때는, 아이가 눈앞의 문제를 어떻게 다루는지 찬찬히 살펴보면 된다. 자신 있게 앞으로 뛰어드는지, 아니면 자꾸만 망설이며 주저앉는지를 보는 것이다. 이 망설임이야말로 좌절한 아이들에게서 가장 빈번하게 나타나는 신호다. 이런 아이는 처음에는 씩씩하고 의욕적으로 시작하는 것처럼 보인다. 하지만 과제에 가까워질수록 느려지고, 한참을 주저주저하다가, 마침내 바로 눈앞에서 완전히 멈춰 서 버린다. 사람들은 이런 아이를 게으르다고 하기도 하고, 의욕이 없다고 하기도 한다. 하지만 이름만 다를 뿐 그 아이가 처한 현실은 같다. 다른 아이들처럼 과감하게 뛰어들지 못하고, 늘 눈앞에 놓인 장애물만 크고 무겁게 본다. 때로는 어른들마저 감쪽같이 속여서 진짜로 능력이 부족한 아이처럼 보이기도 한다. 그러나 전체적으로 개인 심리학의 관점에서 보면, 이 모든 문제의 뿌리는 자신감의 부족, 곧 자기 자신을 스스로 낮게 보는 태도에 있다.

한편 우월성 추구가 잘못된 방향으로 흘러갈 때, 극도로 자기중심적인 사람은 사회 안에서 비정상적인 모습으로 나타나게 된다. 어떤 아이들은 우월해지려는 마음이 지나치게 비대해진 나머지, 다른 사람을 조금도 배려하지 못한다. 그런 아이들은 적대적이고, 규칙을 거리낌 없이 어기며, 탐욕스럽고 이기적으로 행동한다. 남의 비밀을 우연히 알게 되면 그것을 무기 삼아 상대를 해치려 들기도 한다.

그러나 문제 행동을 일삼는 거친 아이에게도 분명 인간적인 면이 남아 있다. 그 아이의 내면 어딘가에는 인간 공동체에 속해 있다는 감각이 아직 살아 있다. 자아와 주변 세계의 관계는 어떤 형태로든 반드시 밖으로 드러난다. 다만 생활양식이 협력에서 멀어질수록, 그 속에 숨은 사회적 관심을 알아보기가 점점 더 어려워질 뿐이다. 따라서 우리는 아이가 무의식적으로 드러내는 열등감의 흔적들을 부지런히 찾아야 한다. 그런 표현은 생각보다 훨씬 많은 곳에 숨어 있으며, 그 출발점 중 하나가 바로 눈빛이다. 눈은 빛을 받아들이는 시각 기관일 뿐만 아니라, 타인과 소통하고 관계를 맺는 사회적 기관이기도 하다. 누군가를 바라보는 방식은 상대와 진심으로 관계를 맺고자 하는 마음이 얼마나 살아 있는지를 고스란히 드러낸다. 그래서 심리학자와 예리한 작가들은 오래전부터 사람의 눈빛에 깊은 의미를 부여해왔다. 우리는 누구나 상대가 자신을 바라보는 방식에서 나에 대한 속마음을 짐작하고, 그 눈빛 속에서 상대의 내면을 읽어내려 한다. 물론 오해하거나 잘못 해석하는 경우도 있다. 그래도 아이의 눈빛을 가만히 들여다보면, 그 아이가 타인에게 마음을 여는 편인지 아닌지는 비교적 어렵지 않게 가늠할 수 있다.

어른의 얼굴을 똑바로 보지 못하는 아이가 의심을 산다는 점은 널리 알려져 있다. 그렇다고 그런 아이가 모두 양심에 어긋나는 행동을 하거나 성적인 문제를 가진 것은 아니다. 시선을 피하는 태도는 잠시라도 다른 사람과 관계를 맺는 일을 피하려는 시도일 수 있다. 다시 말해, 또래 집단에서 한걸음 물러나려는 신호일 수 있다. 이름을 불렀을 때 얼마나 가까이 다가오는지도 하나의 단서가 된다. 적지 않은 아이들이 일정한 거리를 두고 서서 무슨 일인지 먼저 살핀 뒤, 꼭 필요할 때만 다가온다. 가까운 접촉을 경계하기 때문이다. 대개는 좋지 않은 경험에서 얻은 편향된 판단을 다른 상황에까지 넓혀 적용한 결과다. 어머니나 교사에게 몸을 기대려는 경향도 눈여겨볼 만하다. 아이가 직접 기꺼이 다가가는 사람은, 아이가 말로 사랑한다고 하는 사람보다 더 중요한 의미를 지닐 때가 많다.

걸음걸이, 곧게 편 자세, 당당히 든 고개, 힘 있는 목소리, 주눅 들지 않는 태도에서 뚜렷한 자신감과 용기가 드러나는 아이들이 있다. 반대로 말을 건네는 순간 움츠려 들며, 그 상황을 감당하지 못할 것 같은 두려움, 곧 열등감을 바로 드러내는 아이들도 있다.

　　　　　　　제5장 열등감 콤플렉스

　종종 열등감 콤플렉스를 타고나는 것이라고 믿는 사람이 있다. 이 생각에는 문제가 있다. 아무리 용감한 아이라도 두려움을 배우게 만들 수 있기 때문이다. 부모가 소심하면 아이도 소심하게 자랄 가능성이 크지만, 이는 소심함을 물려받아서가 아니라, 두려움이 스며 있는 분위기 속에서 자랐기 때문이다. 아이의 발달에 가장 큰 영향을 주는 것은 가정의 분위기와 부모의 성격이다. 학교에서 늘 혼자 지내는 아이들 중 많은 수가, 다른 사람들과 거의 어울리지 않는 가정에서 자란다. 혼자 지내는 아이를 보며 타고난 성향이라고 생각하기 쉽지만 이제 그런 설명은 설득력이 없다. 타인과 관계를 맺지 못하는 모습은 단지 신체나 뇌의 문제만으로 생겨나는 것이 아니다. 그런 성향이 왜 나타나는지 짐작하게 해주는 조건들은 분명히 있다.

　이 문제를 이해하려면, 태어날 때부터 몸이 약해 오랫동안 병과 통증 속에서 힘겹게 살아온 아이들의 사례를 보면 된다. 그 아이들은 자기 자신에게 지나치게 몰두하기 쉽고, 바깥세상을 힘들고 적대적인 곳으로 여기게 된다. 여기에 또 하나의 해로운 요인이 더해진다. 몸이 약한 아이에게는 곁에서 돌봐주며, 아이를 위해 힘을 쏟는 사람이 필요하다. 그런데 바로 그 헌신과 보호가 아이 안에 더 강한 열등감을 키우기도 한다. 모든 아이는 어른보다 작고 약하다는 사실 때문에 상대적인 열등감을 느낀다. 자기보다 못하다는 이 감정은 "아이들은 가만히 있어야 해. 말대꾸하면 안 돼."라는 말을 자주 듣게 될 때 더욱 깊어진다.

그런 경험이 쌓이면, 아이는 자신이 불리한 자리에 놓여 있다는 사실을 더 날카롭게 느끼게 된다. 자신이 다른 사람보다 작고 힘이 약하다는 사실은 아이가 쉽게 받아들이기 어렵다. 작고 약하다는 생각이 아이를 더 아프게 찌를수록, 더 커지고 더 강해지려는 노력도 더 강해진다. 인정받고 싶은 마음에 더 큰 자극이 더해지는 것이다. 그러다 보면 주변 사람들과 조화를 이루며 살아가기보다 '나만 생각하라'는 공식을 삶의 원리로 삼게 된다. 바로 그 지점에서 혼자 틀어박혀 지내는 아이의 유형이 생겨난다.

몸이 약하거나 장애가 있거나 외모 때문에 위축되기 쉬운 아이들 중 상당수는 강한 열등감을 지니고 있으며, 그 열등감은 두 가지 극단적인 방식으로 드러난다고 봐도 무방하다. 한쪽에서는 말을 걸면 움츠러들고, 뒤로 물러서며, 소심하게 군다. 다른 한쪽에서는 반대로 공격적으로 행동한다. 겉으로는 전혀 달라 보이지만, 두 태도는 같은 원인에서 나온다. 인정받고 싶어 하는 마음 때문에, 어떤 때는 지나치게 말을 아끼고 어떤 때는 지나치게 많이 말하면서 자신을 드러내는 것이다. 사회적 관심도 제대로 힘을 발휘하지 못한다. 삶에 아무것도 기대하지 않고 자신도 아무것도 줄 수 없다고 믿기 때문이다.

　　　　　　　　　제5장 열등감 콤플렉스

혹은 사회적 관심을 개인적인 목적을 이루는 데 왜곡해 사용하기 때문에, 그것이 건강하게 작동하지 못하기도 한다. 이런 아이들은 언제나 중심에 서서 지도자나 영웅이 되고 싶어 한다.

오랫동안 잘못된 방향으로 자신을 길들여 온 아이에게, 단 한 번의 대화로 행동 방식이 바뀌기를 기대할 수는 없다. 부모와 교육자에게는 인내가 필요하다. 아이가 나아지려 애쓰다가도 가끔 다시 뒤로 물러설 때는, 변화가 그렇게 빨리 오는 게 아니라는 사실을 알려주어야 한다. 그러면 아이는 덜 불안해하고 금방 좌절하지 않는다.

2년 동안 수학에서 뒤처진 아이가 2주 만에 그 차이를 따라잡을 수는 없다. 하지만 결국 따라잡을 수 있다는 사실은 분명하다. 정상적인 아이, 곧 용기를 지닌 아이는 결국 만회할 수 있다. 우리는 무능력처럼 보이는 모습이 잘못된 발달, 다시 말해 성격 전체가 한쪽으로 비뚤어지고 굳어버린 데서 나온다는 사실을 거듭 확인하게 된다. 지적 장애가 없는 한 문제 행동 아이는 언제든 더 나아질 수 있다.

겉으로 무능하고 어리석어 보이거나, 서툴고 무기력해 보인다고 해서 그것만으로 지적 장애라고 판단할 수는 없다. 지적 장애가 있는 아이에게는 보통 뇌 발달의 문제를 짐작하게 하는 신체적 징후가 함께 나타난다. (이런 신체적 이상은 뇌 발달에 영향을 주는 분비샘이 원인일 때도 있다.) 다만 시간이 지나면서 신체적 결함은 사라지고, 처음의 신체적 약함이 남긴 심리적 흔적만 남는 경우도 있다. 즉, 몸이 약해서 처음에는 나약하게 행동하던 아이가 몸이 좋아진 뒤에도 여전히 약한 사람처럼 행동할 수 있다는 말이다.

더 나아가 이렇게도 말할 수 있다. 심리적 열등감과 자기중심적 태도는 과거의 신체적 열등함과 허약함에서 생길 수 있지만, 신체적 열등함과 전혀 관계없는 조건에서도 나타날 수 있다. 잘못된 영양 상태나 사랑 없이 가혹하게 이루어진 양육만으로도 같은 결과가 생길 수 있다. 그런 경우 아이에게 삶은 그저 고통으로 느껴지고, 주변 환경을 향해서도 적대적인 태도를 갖게 된다. 그 결과는 신체적 열등함에서 비롯된 심리적 장애와 비슷하며, 경우에 따라서는 거의 같다고 할 수 있다.

사랑이 부족한 환경에서 자란 아이를 돕는 일은 쉽지 않다. 그 아이는 자신에게 상처를 준 사람을 대하듯 교사나 상담가를 대할 가능성이 크다. 학교에 가야 한다는 요구도 억압으로 느낄 것이다. 늘 구속당한다고 느끼며, 자기 힘이 닿는 데까지 반항하려 할 것이다. 더 행복한 어린 시절을 보낸 아이들을 부러워하기 때문에 또래와도 바른 관계를 맺기 어렵다.

마음속에 원망을 쌓아온 아이는 자라면서 타인을 힘들게 하는 성격으로 굳어지기도 한다. 자신이 처한 환경을 이겨낼 만큼 충분한 용기가 없기 때문에, 더 약한 사람을 억누르거나 겉으로만 친절하게 대하면서 우월한 위치에 서려는 것이다. 그러나 그런 친절은 상대가 자신의 지배를 받아들일 때만 지속된다. 어떤 아이들은 자기보다 더 어려운 처지에 있는 아이들과만 어울리려 한다. 이는 고통받는 사람에게 유난히 끌리는 어른의 모습과 닮아 있다. 더 어리거나 더 가난한 아이를 좋아하는 경우도 있다. 남자아이 역시 성적인 이유와 무관하게, 유난히 순하고 잘 따르는 여자아이를 더 좋아하는 경우가 있다.

제6장
열등감 콤플렉스의 예방

걷는 법을 배우는 데 유난히 오래 걸렸고, 지금은 정상적으로 걷는 아이가 있다고 하자. 그 아이가 평생 열등감 콤플렉스를 안고 살아야 하는 것은 아니다. 그러나 정신 발달이 정상적이라면, 움직임이 제한되었던 경험은 아이에게 깊은 영향을 남긴다. 아이는 자기 처지를 불행하게 느끼고, 거기서 이내 비관적인 결론을 끌어낸다. 그리고 그 결론은 신체 기능 장애가 사라진 뒤에도 아이의 삶을 오래 지배하는 경향이 있다. 한때 구루병을 앓았다가 회복된 아이는 많다. 하지만 회복 뒤에도 굽은 다리, 서툰 움직임, 심한 호흡기 염증, 특징적인 두개골 변형인 방두증, 굽은 척추, 커진 발목, 약한 관절, 좋지 않은 자세 같은 흔적을 몸에 지닌 채 살아가기도 한다.

심리적으로 남는 것은 병을 앓는 동안 생긴 패배감과 거기서 비롯된 비관적인 태도다. 그 아이는 또래들이 거침없이 앞으로 나아가는 모습을 보며 열등감에 짓눌린다. 자기 자신을 낮게 평가한 끝에 두 갈래 중 하나로 기울기 쉽다. 하나는 자신감을 거의 잃고 앞으로 나아가려는 시도 자체를 하지 않는 길이다. 다른 하나는 절박한 자기 처지에 자극을 받아, 신체적 장애가 있는데도 더 뛰어난 또래들을 따라잡으려고 무리하게 애쓰는 길이다. 물론 아이는 자기 상황을 제대로 판단할 만큼의 지적 능력이 아직 충분히 자라지 않은 상태이므로 이 점을 고려해야 한다.

중요한 사실은, 아이의 발달을 결정하는 것이 타고난 능력도 아니고 객관적인 환경도 아니라는 점이다. 결정적인 것은 아이가 바깥 현실과 그 현실 속의 자기 위치를 어떻게 해석하느냐다. 아이가 타고난 가능성이 가장 중요하다고도 할 수 없고, 아이의 처지를 바라보는 어른의 판단이 가장 중요하다고도 할 수 없다. 핵심은 아이가 자기 눈으로 자기 처지를 보고, 그 처지를 자기식으로 해석한다는 데 있다. 문제는 그 해석이 자주 빗나간다는 점이다. 따라서 아이가 논리적으로, 곧 어른의 상식에 맞게 행동할 것이라고 가정해서는 안 된다. 오히려 아이는 자기 처지를 이해하는 과정에서 자주 실수한다는 사실을 인정해야 한다. 실제로 아이가 실수하지 않는다면 교육 자체가 성립하기 어렵다. 아이의 실수가 타고난 것이고 바꿀 수 없는 것이라면, 우리는 아이를 교육할 수도 없고 변화시킬 수도 없다. 따라서 타고난 성격 특성만을 절대시하는 사람은 아이를 제대로 교육할 수 없다.

건강한 몸에 건강한 정신이 깃든다는 말은 언제나 맞는 것은 아니다. 용기를 가지고 삶을 마주하는 아이에게는 병든 몸 안에서도 건강한 정신이 자랄 수 있다. 반대로 몸이 건강해도 불리한 환경 속에서 자기 능력을 잘못 이해하게 된 아이는 정신적으로 건강하게 자라기 어렵다. 어려운 문제에 지나치게 예민하고, 눈앞의 장애물 하나하나를 자기 무능력의 증거로 받아들이기 때문이다.

운동 활동에서 어려움을 겪는 아이들 중에는 말을 배우는 일도 힘들어하는 경우가 있다. 보통 말 배우기는 걷기와 비슷한 시기에 이루어져야 한다. 물론 두 발달이 직접 연결되어 있는 것은 아니며, 양육 방식과 가정환경에 따라 달라진다. 다른 어려움이 전혀 없는 아이도 가족이 말 가르치기에 무심하면 말을 늦게 배울 수 있다. 그러나 귀가 들리고 발음 기관에 문제가 없다면, 아이는 대체로 이른 나이에 말을 배울 수 있어야 한다. 다만 경우에 따라 말이 늦어질 수는 있다. 특히 시각적 인상이 강한 아이들에게서 그런 모습이 나타나기도 한다.

또 부모가 아이가 스스로 말하도록 기다리지 않고 모든 것을 대신 말해주어, 응석받이로 만드는 경우도 있다. 그 결과 말을 너무 늦게 배워서, 귀가 들리지 않는 것은 아닌지 의심이 들 정도가 되기도 한다. 그러나 막상 말을 배우고 나면 말에 대한 관심이 아주 커져, 나중에 뛰어난 웅변가가 되는 경우도 적지 않다.

작곡가 슈만의 아내 클라라 슈만은 네 살이 될 때까지 말을 하지 못했고, 여덟 살이 되어서도 말을 거의 하지 못했다. 클라라는 남달리 특이한 아이였고, 몹시 내성적이었으며, 부엌에서 멍하니 시간을 보내는 것을 좋아했다. 이 점을 보면, 주변에서 그 아이에게 충분한 관심을 기울이지 않았음을 짐작할 수 있다. 그녀의 아버지는 이렇게 말했다.

"이 놀라운 정신적 불협화음이 그토록 아름다운 화음으로 가득한 삶의 시작이었다는 사실은 참으로 기묘하다."

이것은 과잉보상(overcompensation)의 한 사례다.

청각장애와 언어장애가 있는 아이는 특수교육을 받을 수 있도록 세심하게 살펴야 한다. 완전한 청각장애는 생각보다 드물다. 아이의 청력이 매우 약하더라도, 남아 있는 청력을 최대한 살려주어야 한다. 로스토크의 데이비드 카츠(David Katz, 1884~1953, 독

일 로스토크에 있는 메클렌부르크 주립대학교의 심리학 및 교육학 교수. - 역
자주)는 음악적 재능이 없다고 여겨지던 아이들도 훈련을 통해 음
악과 소리의 아름다움을 충분히 느끼고 감상할 수 있는 수준에
이르게 했다.

대부분의 과목에서는 뛰어나지만, 특정 과목, 특히 수학에서
만 유난히 뒤처지는 아이들이 있다. 이 경우 경미한 지적 장애를
의심하기 쉽다. 그러나 산수를 어려워하는 아이는 대체로 보면
그 과목 앞에서 겁을 먹고 좌절한 경험이 있다. 예술가 집안에서
는 계산을 못하는 일을 자랑처럼 여기는 경우도 드물지 않다. 수
학은 여자아이보다 남자아이가 더 잘한다는 통념도 옳지 않다.
뛰어난 여성 수학자와 통계학자도 많다. 여자아이들이 "남자아
이가 계산을 더 잘한다"는 말을 자주 들으면 기가 꺾인다.

아이가 숫자를 다룰 수 있는지는 중요한 지표다. 수학은 사람
에게 안정감을 주는 몇 안 되는 지식 영역 중 하나다. 수학은 주
변의 혼란을 숫자로 질서 있게 정리하는 사고 활동이기 때문이
다. 불안이 큰 사람은 대체로 계산을 잘하지 못한다.

같은 원리는 다른 과목에도 적용된다. 글쓰기는 마음속에만
있는 소리를 종이 위에 붙잡아두는 일이며, 그만큼 사람에게 안
정감을 준다. 그림은 순간적인 시각 인상을 오래 남기는 일이다.
체조와 춤은 몸의 안정감을 얻으려는 표현이며, 몸을 확실히 통

          제6장 열등감 콤플렉스의 예방

제함으로써 심리적 안정감까지 얻으려는 표현이기도 하다. 아마 많은 교육자가 운동을 그토록 높이 평가하는 이유도 여기에 있을 것이다.

아이의 열등감이 두드러지게 드러나는 장면 중 하나는 수영을 배우기 어려워하는 경우다. 아이가 수영을 무리없이 배웠다면, 다른 어려움도 잘 극복할 가능성이 크다는 좋은 신호로 볼 수 있다. 반대로 수영을 힘들어하는 아이는 자기 자신은 물론 수영 교사도 믿지 못하는 태도를 보이기도 한다. 처음에는 어려움을 겪었지만 나중에는 뛰어난 수영 선수가 되는 아이들이 적지 않다는 점도 눈여겨볼 만하다. 이런 아이들은 처음의 어려움에 예민하게 반응하다가도, 한 번 성공을 경험하고 나면 완전함을 향한 목표를 더 강하게 붙들게 되고, 수영 챔피언이 되기도 한다.

아이의 관심이 한 사람에게만 지나치게 쏠려 있는지, 여러 사람에게 넓게 향해 있는지를 살피는 일도 중요하다. 보통 아이는 어머니에게 가장 애착을 느끼고, 어머니가 없으면 다른 가족에게 그 애착을 옮긴다. 지적 장애가 없는 아이라면 누구나 이런 애착 능력을 지니고 있다. 아이가 어머니 손에 자랐는데도 가족 안에서 다른 사람에게 더 애착을 보인다면, 왜 그런지 살펴봐야 한다. 물론 아이가 어머니에게만 모든 애정과 관심을 쏟아서는 안 된다. 어머니의 역할 중 하나는 아이의 관심과 신뢰가 다른 사람들에게도 넓어지도록 돕는 데 있기 때문이다.

조부모도 아이의 발달에 중요한 자리를 차지한다. 많은 경우 조부모는 아이를 응석받이로 만들기 쉽다. 나이 든 사람은 자신이 더 이상 필요 없는 존재가 될까 두려워하기 마련인데 그 두려움이 커지면 한쪽에서는 잔소리가 심해지고, 다른 한쪽에서는 자기 중요성을 확인하려고 아이의 요구를 무엇이든 받아주는 마음 약한 어른이 되기도 한다. 조부모 집에서 지나치게 응석받이로 자란 아이는, 규율이 더 분명한 집으로 돌아가기를 꺼리는 경우가 많다. 집에 돌아온 뒤에는 자기 집이 조부모 집만 못하다고 투정을 부리기도 한다. 따라서 어떤 아이의 생활양식을 이해하려면, 조부모가 그 아이의 삶에서 어떤 몫을 하고 있는지도 놓치지 말아야 한다.

구루병으로 몸놀림이 서툴러진 아이가 오랫동안 나아지지 않고 있다면(부록 1 참조. 질문지 2번 항목), 아이가 지나치게 돌봄을 받으며 응석받이로 길러졌다는 뜻일 수 있다. 아이가 아프고 특별한 보살핌이 필요하더라도, 어머니는 그 과정에서 아이의 독립심까지 꺾지 않도록 분별 있게 돌봐야 한다.

아이가 말썽을 많이 피웠는지(부록 1 참조. 질문지 3번 항목) 살펴보는 일도 중요하다. 말썽이 잦았다면, 어머니가 아이에게 지나치게 밀착해 있었을 가능성이 크다. 다시 말해, 아이의 독립심을 제대로 길러주지 못한 것이다. 흔히 말썽은 잠자리에 들 때나 잠에서 깰 때, 먹을 때나 씻을 때 나타난다. 악몽이나 야뇨증의 형태로 드러나기도 한다. 이런 증상은 대체로 특정한 사람의 관심을 끌려는 시도다. 증상은 하나씩 차례로 나타나는데, 마치 아이가 어른을 지배하는 싸움에서 쓸 무기를 하나씩 찾아내는 것과 같다. 이런 모습이 나타난다면, 아이를 둘러싼 환경이 그만큼 약하다는 뜻이다. 벌은 효과가 없다. 오히려 아이는 부모가 화를 내도록 일부러 자극하면서, 벌이 아무 소용 없다는 것을 보여주려 하곤 한다.

아이의 지능 발달에 관한 질문도 매우 중요하다. 다만 이 문제는 정확히 답하기 어려울 때가 많아서, 경우에 따라서는 비네 테스트[Binet tests, 알프레드 비네(Alfred Binet)와 테오도르 시몽(Theodore Simon)이 1905년 프랑스에서 개발한 세계 최초의 지능 검사. 학습에 어려움을 겪는 아동을 식별하고, 이들에게 적절한 교육을 제공하기 위해 학업 성취도를 예측하는 도구로 만들어졌다. - 역자주]를 활용하는 편이 도움이 될 수 있다. 그러나 비네 테스트 결과가 언제나 믿을 만한 것은 아니다. 다른 모든 지능 검사도 마찬가지다. 따라서 검사 결과를 아이의 전 생애에 걸쳐 변하지 않는 고정된 값처럼 받아들여서는 안 된다.

대체로 지능 발달은 가정환경의 영향을 크게 받는다. 형편이 나은 가정은 자녀를 더 잘 도울 수 있고, 신체 발달이 좋은 아이는 정신 발달도 비교적 순조로운 경우가 많다. 안타깝게도 정신 발달이 더 빠른 아이들은 일찍부터 더 좋은 직업이나 이른바 고급 인력의 길로 들어서고, 발달이 더딘 아이들은 단순 노동으로 밀려나는 구조가 여전히 남아 있다. 여러 나라에 새로 생긴 학습 부진아 대상 특수학급을 살펴보면, 대부분이 가난한 가정 출신이라는 사실을 알 수 있다. 여기서 얻을 수 있는 결론은 분명하다. 그 아이들도 더 좋은 환경에서 자랐다면, 형편이 넉넉한 집 아이들과 충분히 경쟁할 수 있었을 것이다.

또 하나 중요하게 살펴봐야 할 점은, 아이가 놀림이나 조롱을 받아 크게 위축된 적이 있는지다. 어떤 아이는 대수롭지 않게 넘길 줄 알지만, 어떤 아이는 그 일로 용기를 잃고 의미 있는 일을 위해 애써야 하는 길은 피한 채 겉으로 드러나는 모습에만 매달리게 된다. 이는 자기 자신을 충분히 믿지 못한다는 신호다.

늘 다른 사람과 다투는 아이는 자신이 적대적인 환경에 놓여 있다고 느끼는 경우가 많다. 먼저 공격하지 않으면 상대가 먼저 자신을 해칠 것이라고 두려워하기 때문이다. 그래서 남의 말을 잘 듣지 않고, 복종을 굴복처럼 여긴다. 예의 있게 인사에 답하는 일조차 자기를 낮추는 일처럼 느껴 일부러 건방지게 굴기도 한다. 또 남의 동정을 모욕처럼 받아들이기 때문에 약한 모습을

     제6장 열등감 콤플렉스의 예방

잘 보이지 않으려 한다. 사람들 앞에서 울지 않고, 울어야 할 순간에 오히려 웃는 경우도 있다. 얼핏 감정이 없는 것처럼 보이지만, 사실은 약한 모습을 보일까 두려워하는 것이다. 숨겨진 나약함이 없는 잔인함은 없다. 정말 강한 사람은 잔인해지고 싶은 충동을 느끼지 않는다.

반항적인 아이들은 대부분 지저분하고 자기 관리를 소홀히 하며, 손톱을 물어뜯거나 코를 후비고, 고집도 세다. 이런 아이들에게 정말 필요한 것은 꾸지람이 아니라 격려다. 자기 행동이 약해 보일까 두려워하는 마음의 표현일 뿐이라는 점을 분명히 알려주어야 한다.

친구를 잘 사귀는지, 사람들과 잘 어울리지 못하는지, 앞에 나서는 편인지 따르는 편인지(부록 1 참조. 질문지 4번 항목)도 중요한 단서다. 이런 모습은 아이가 다른 사람과 관계를 맺는 힘, 곧 사회적 관심이 어느 정도인지, 또 얼마나 좌절을 겪고 있는지를 보여준다. 동시에 복종하려는 마음과 지배하려는 마음 중 어느 쪽이 더 강한지도 드러낸다. 혼자 고립되는 아이는 다른 아이들과 어울리고 경쟁할 만큼 자신감이 부족하다는 사실을 보여준다. 한편으로는 남보다 우위에 서고 싶은 마음이 너무 강해서, 무리 속에 들어가면 자기 개성이 묻힐까 두려워한다는 뜻이기도 하다.

무엇이든 모으려는 버릇이 있는 아이는 자신을 더 강하게 만들고 남보다 앞서고 싶어 하는 마음을 드러낸다. 이런 수집 습관은 지나치게 심해지면 과도한 야망이나 탐욕으로 이어질 수 있으므로 주의해서 봐야 한다. 이는 대체로 어디엔가 의지하고 싶어 하는 내면의 약함을 보여주는 표현이기도 하다. 또 어떤 아이들은 자신이 무시당하거나 외면당했다고 느낄 때 도둑질을 하기도 한다. 관심을 받지 못한다는 감정을 다른 아이들보다 훨씬 더 크게 느끼기 때문이다.

다섯 번째 항목은 학교에 대한 태도와 관련된다(부록 1 참조. 질문지 5번 항목). 아이가 자주 지각하는지, 또 학교에 가는 일을 두고 들떠 보이지는 않는지 살펴봐야 한다. 그 흥분된 감정은 실제로는 학교에 가기 싫어하는 마음의 표현일 때가 있다. 아이가 느끼는 두려움은 상황에 따라 여러 방식으로 나타난다. 숙제를 해야 할 때 지나치게 예민해지기도 하고, 스스로를 몰아붙이는 긴장 속에서는 심장이 두근거린다. 어떤 아이는 성적 각성과 비슷한 신체 변화까지 겪는다. 그런 면에서 아이들에게 점수를 매기는 시험 제도가 언제나 바람직한 것은 아니다. 아이들을 그렇게 줄 세우지 않는다면, 많은 부담이 줄어들 것이다. 학교는 점수를 잘 받기 위해 늘 애써야 하는 곳이 되었고, 나쁜 점수는 영구적인 낙인처럼 남아, 학교는 일종의 지속적인 시험장이 되어버렸

 제6장 열등감 콤플렉스의 예방

다.

숙제를 기꺼이 하는지, 아니면 억지로 시켜야 하는지도 점검해야 한다. 숙제를 자주 잊는 태도는 책임을 피하려는 경향을 나타낸다. 학교 공부에서 뒤처지는 일과 그로 인한 짜증은, 때로는 학교를 피하고 다른 일을 하려는 수단으로 쓰이기도 한다.

아이가 게으른가? 학교 공부에서 실패한 아이는 자신의 무능함보다 게으름을 원인으로 내세우는 쪽을 택한다. 게으른 아이가 어떤 과제를 잘 해내 칭찬을 받으면, "게으르지만 않았더라면 훨씬 더 많은 것을 해냈을 텐데...."라는 말을 듣게 된다. 아이가 그 평가에 만족하는 까닭은, 더 이상 자기 능력을 증명하지 않아도 된다고 느끼기 때문이다. 여기에는 용기가 부족해 집중하지 못하고 늘 누군가에게 기대는 나태한 아이들도 포함된다. 수업을 방해하며 관심을 끌려는 응석받이 아이들도 마찬가지다.

교사에 대한 아이의 태도는 파악하기 어렵다. 대체로 아이들은 교사에게 느끼는 감정을 숨긴다. 친구들을 계속 비판하고 망신 주려는 아이는, 남을 깎아내리며 자신의 자신감 부족을 감추는 경우가 많다. 이런 아이들은 거만하고, 남을 몰아세우며, 늘 자신이 더 많이 안다고 여긴다. 하지만 그런 태도는 자기 나약함을 가리는 방패에 가깝다.

더 다루기 어려운 아이들은 무관심하고 차갑고 수동적으로 보이는 아이들이다. 하지만 그런 모습도 가면일 뿐이다. 사실 이 아이들도 아무렇지 않은 것이 아니다. 더는 견디지 못할 만큼 몰리면, 억눌린 감정이 심한 분노나 자살 시도로 터져 나오기도 한다. 이 아이들은 시키지 않으면 움직이지 않고, 실패를 몹시 두려워하며, 다른 사람을 지나치게 의식한다. 이런 아이들에게 꼭 필요한 것 역시 격려다.

운동이나 체조에서 유난히 강한 야심을 보이는 아이는, 다른 영역에서도 본래 야심이 있었지만 실패가 두려워 위축되었다는 점을 드러내곤 한다. 또래보다 훨씬 많은 책을 읽는 아이는 대체로 용기가 부족하고, 독서를 통해 힘을 얻으려는 경우가 많다. 이런 아이들은 상상력은 풍부하지만 현실과 맞서는 일에는 소극적이다.

아이가 어떤 이야기에 끌리는지도 살펴봐야 한다. 소설을 좋아하는지, 동화를 좋아하는지, 전기나 여행기, 혹은 객관적이고 과학적인 책을 좋아하는지를 봐야 한다. 사춘기에 접어들면 성적으로 자극적인 출판물에 저절로 끌리기도 한다. 대도시마다 그런 책을 전문적으로 파는 서점이 있다는 사실은 안타까운 일이다. 강해진 성적 충동과 새로운 경험에 대한 동경이 아이의 관심을 더욱 그쪽으로 이끌기 때문이다.

이런 해로운 영향에 맞서기 위해서는 세 가지가 필요하다. 아

 제6장 열등감 콤플렉스의 예방

이가 이웃과 더불어 살아가는 법을 배우도록 돕는 일, 어린 나이부터 성에 대해 바르게 이해하도록 하는 일, 그리고 부모와 따뜻한 관계를 유지하도록 돕는 일이다.

여섯 번째 항목은 가정환경이다(부록 1 참조. 질문지 6번 항목). 여기에는 가족 중 알코올중독, 신경증, 결핵, 매독, 간질 같은 질환을 앓는 사람이 있는지도 포함된다. 아이 자신의 병력 전반을 살피는 일도 중요하다. 입으로 숨 쉬는 아이는 아데노이드나 편도가 정상적인 호흡을 막아, 멍해 보이는 얼굴 표정을 짓는 경우가 많다. 이런 문제를 없애는 수술은 중요하다. 때로는 수술이 도움이 될 것이라는 믿음만으로도 아이가 용기를 얻어, 퇴원한 뒤 학교생활에 더 잘 적응하기도 한다.

가족 중 아픈 사람이 있으면 아이의 발달에 좋지 않은 영향을 미칠 수 있다. 부모가 만성 질환을 앓고 있으면 아이는 무거운 부담을 안고 자라게 된다. 신경계 질환이나 정신 질환은 가족 전체를 짓누르기 쉽다. 가능하다면 가족 중 누군가가 정신 질환을 앓고 있다는 사실을 아이가 모르게 하는 편이 낫다. 정신 질환이 유전된다는 잘못된 믿음과는 별개로, 그런 사실 자체가 가족 전체에 무거운 그림자를 드리우기 때문이다. 결핵과 암도 마찬가지다. 이런 병은 아이의 마음에 두려움을 남길 수 있다. 경우에 따라서는 아이를 잠시 격리하는 편이 더 나을 수도 있다. 가족

안의 만성적인 알코올중독이나 범죄 성향 역시 아이에게는 견디기 힘든 독처럼 작용한다. 다만 그런 가정의 아이를 적절한 환경에 맡기는 일이 쉽지 않다. 간질을 앓는 사람은 대체로 매우 예민해 가족의 평화를 흔들기 쉽다. 그중에서도 가장 심각한 경우는 매독이다. 매독에 걸린 부모를 둔 아이는 허약하고, 병을 물려받기도 하며, 삶을 견디는 일 자체가 비극적으로 어려워지기도 한다.

가정의 경제적 형편이 아이의 삶의 태도에 큰 영향을 준다는 사실도 놓쳐서는 안 된다. 다른 아이들보다 가난하다는 사실은 곧 열등감으로 이어진다. 어느 정도 넉넉한 생활에 익숙했던 아이는 집안 형편이 갑자기 어려워질 때, 익숙한 안락함을 잃는 일을 특히 힘들어한다. 조부모의 형편이 부모보다 나은 경우에는 긴장이 더 커지기도 한다. 페르 귄트가 할아버지는 강한 사람인데 아버지는 늘 실패하는 사람이라고 느꼈던 것처럼 말이다(페르 귄트는 노르웨이 극작가 헨리크 입센의 희곡 〈페르 귄트〉의 주인공이다. 그의 아버지는 한때 잘나갔다가 몰락했는데, 페르는 아버지를 실패한 사람으로 인식하고 그 영향에서 벗어나지 못한다. – 역자주). 반대로 게으른 아버지에게 반발하여, 오히려 더 부지런해지는 아이도 있다.

죽음을 갑작스럽게 경험하는 일은 아이의 삶 전체에 영향을 줄 만큼 큰 충격이 되기도 한다. 죽음에 대한 마음의 준비가 되어 있지 않은 아이가 죽음을 마주하면, 삶에는 끝이 있다는 사실을 처음으로 실감하게 된다. 그 경험은 아이를 낙담시키거나 위축시킬 수 있다. 의사들의 전기를 보면, 직업을 선택한 계기 중 하나가 죽음과의 갑작스러운 만남이었던 경우도 적지 않다. 그만큼 죽음에 대한 인식은 아이의 마음에 깊은 흔적을 남긴다. 아이에게 죽음의 문제를 너무 무겁게 지우는 것은 바람직하지 않다. 아이는 아직 그 문제를 충분히 이해할 수 없기 때문이다. 고아나 의붓자식은 자기 불행의 원인을 부모의 죽음 탓으로 돌린다.

가정에서 누가 결정권을 쥐고 있는지도 알아두어야 한다. 대개는 아버지다. 어머니나 새어머니가 집안을 좌우하는 경우에는, 아버지가 자녀에게 존중받지 못하는 일이 많다. 지나치게 지배적인 어머니 밑에서 자란 아들들은 일반적으로 여성에 대한 두려움을 갖게 되고, 그 영향에서 잘 벗어나지 못한다. 그래서 여성을 멀리하거나 집안의 여성 가족을 불편하게 만들기도 한다.

아이를 엄하게 키웠는지, 너그럽게 키웠는지를 살피는 일도 필요하다. 개인심리학은 엄격한 방식이든 너그러운 방식이든 어느 한쪽을 택해야 한다고 보지 않는다. 중요한 것은 이해다. 실수를 줄이고, 아이가 자기 문제를 정면으로 보고 해결하도록, 또 사회적 관심을 키우도록 계속 격려해야 한다.

잔소리가 많은 부모는 아이에게 해가 된다. 아이의 용기를 꺾기 때문이다. 응석받이로 키우면 의존적인 태도와 한 사람에게 매달리는 성향이 생긴다. 부모는 세상을 지나치게 좋게 그려서도 안 되고, 지나치게 어둡게 말해서도 안 된다. 부모의 일은 아이가 스스로를 돌볼 수 있도록 삶을 충분히 준비시켜주는 것이다. 어려움에 맞서는 법을 배우지 못한 아이는 모든 힘든 일을 피하려 하고, 그 결과 활동 범위가 점점 좁아진다.

누가 아이를 돌보는지도 중요하다. 어머니가 늘 아이 곁에 있어야 하는 것은 아니다. 그러나 아이를 맡는 사람이 누구인지는 알아야 한다. 아이를 가르치는 가장 좋은 방법은 무리가 없는 범위에서 경험을 통해 배우게 하는 것이다. 그러면 아이의 행동은 다른 사람이 강제로 정한 규칙이 아니라, 현실이 보여주는 결과에 따라 이끌리게 된다.

일곱 번째 항목은 가족 안에서 아이가 어떤 자리에 놓여 있는가 하는 문제다(부록 1 참조. 질문지 7번 항목). 이 점은 아이의 성격을 가장 잘 보여준다. 외동은 특별한 위치에 있다. 막내도 그렇고, 여자 형제들 사이의 외아들도, 남자 형제들 사이의 외동딸도 저마다 다른 자리를 차지한다.

여덟 번째 항목은 직업 선택이다(부록 1 참조. 질문지 8번 항목).

 제6장 열등감 콤플렉스의 예방

이 질문은 환경의 영향, 아이가 지닌 용기의 크기, 사회적 관심, 생활양식을 드러내기 때문에 중요하다. 백일몽을 꾸는지 여부(부록 1 참조. 질문지 9번 항목), 아주 어린 시절의 기억(부록 1 참조. 질문지 10번 항목)도 중요하다. 어린 시절의 기억을 읽을 줄 아는 사람은 거기서 생활양식 전체를 알아내기도 한다. 꿈 또한 아이가 어느 방향으로 나아가고 있는지를 보여주는 실마리가 된다. 아이가 자기 문제를 해결하려 하는지, 아니면 피하려 하는지를 꿈에서 읽을 수 있다. 아이에게 언어장애가 있는지, 외모는 어떤지, 체형이 균형 있게 발달했는지 아닌지(부록 1 참조. 질문지 13번 항목)를 아는 것도 중요하다.

열네 번째 항목은, 아이가 자기 처지를 솔직하게 말할 수 있는가 하는 점이다(부록 1 참조. 질문지 14번 항목). 어떤 아이는 열등감을 보상하려고 허풍을 떤다. 다른 아이는 이용당할까 봐, 또는 자기 약점을 드러냈다가 다시 상처받을까 봐 두려워 입을 닫는다.

열다섯 번째 항목은 재능이다(부록 1 참조. 질문지 15번 항목). 그림이나 음악처럼 한 분야에서 뛰어난 아이는, 그 장점을 발판으로 삼아 다른 과목에서도 재능이 자랄 수 있도록 격려해야 한다.

열다섯 살이 되어도 장래에 무엇이 되고 싶은지 모르는 아이는 깊이 좌절한 상태로 봐야 하며, 그에 맞게 도와야 한다. 가족

구성원의 직업과 형제자매 사이의 사회적 차이도 함께 살펴야
한다.

부모의 불행한 결혼생활은 아이의 전반적인 발달에 해를 끼칠
수 있다. 교사는 서두르지 말고 신중하게 접근해야 한다. 아이
와 아이를 둘러싼 환경을 정확히 파악하고, 설문지를 통해 얻은
정보를 바탕으로 교육과 교정의 방향을 조율해가는 것이 교사의
책임이다.

제7장
사회적 관심

앞에서 살펴본 우월성 추구의 사례와는 달리, 많은 아이와 어른은 다른 사람들과 연결되고, 함께 협력해 과제를 이루며, 사회 안에서 스스로 유익한 존재가 되려는 성향을 보인다. 이런 성향을 가장 잘 나타내는 말이 바로 사회적 관심이다. 그렇다면 이 감정은 어디에서 비롯될까? 이 문제는 여전히 논란의 여지가 있지만 내가 보기에, 사회적 관심은 인간이라는 존재 자체와 떼어 놓을 수 없는 성향이다.

그렇다면 사회적 관심은 우월성을 추구하는 심리보다 더 선천적인 것일까? 이에 대한 답은, 두 성향 모두 결국 같은 뿌리에서 나온다는 것이다. 개인주의적인 우월성 추구와 사회적 관심은 모두 인간 본성의 같은 토대 위에 놓여 있다. 둘 다 인정받고자 하는 근원적인 욕구의 표현이다. 다만 드러나는 방식이 다를 뿐이다. 그리고 그 차이에는 인간을 어떻게 보느냐에 대한 서로 다른 판단이 숨어 있다. 개인주의적인 우월성 추구는 사람이 집단 없이도 살아갈 수 있다는 생각을 전제로 한다. 반면 사회적 관심은 인간이 집단에 어느 정도 의지하며 살아가는 존재라는 사실을 전제로 한다.

인간 본성을 이해하는 관점에서 보면, 사회적 관심이 개인주의적 우월성 추구보다 더 타당하다는 점은 분명하다. 사회적 관심은 더 건강하고, 더 근본적이며, 더 논리적인 시각을 보여준다. 반대로 개인주의적 우월성 추구는 개인의 삶 속에서 더 자주 눈에 띄기는 하지만, 보다 피상적인 관점에 머무는 경우가 많다.

사회적 관심이 왜 더 진실하고 논리적인 태도인지 이해하려면, 인간의 역사를 떠올려보면 된다. 인간은 언제나 집단을 이루어 살아왔다. 이것은 놀라운 일이 아니다. 혼자서는 자신을 지키기 어려운 존재라면, 살아남기 위해 함께 살아갈 수밖에 없다. 인간을 사자와 비교해봐도 알 수 있다. 동물 중에서 인간은 꽤 연약한 편에 속한다. 몸집이 비슷한 다른 동물들에 비해, 공격하거나 자신을 방어하는 능력도 자연적으로 더 약하다.

다윈은 이런 점을 관찰하면서, 자연적으로 방어 수단이 충분하지 않은 동물일수록 무리를 이루어 산다고 보았다. 이를테면 오랑우탄은 놀라운 힘을 지니고 있어서 짝과 둘이 살아갈 수 있다. 그러나 더 작고 약한 유인원들은 언제나 무리를 지어 생활한다. 다윈의 말처럼, 무리를 이룬다는 것은 자연이 개별 동물에게 따로 주지 않은 발톱이나 이빨, 날개 같은 것을 보완해주는 힘이 된다.

동시에 자기 처지를 더 안전하게 만들 새로운 보호 방식도 발견하게 한다. 이를테면 어떤 원숭이 무리는 적을 미리 발견하기 위해 정찰대를 내보낼 줄 안다. 이렇게 집단의 힘을 모으면, 개별 구성원이 지닌 약함도 충분히 만회할 수 있다. 들소 무리도 함께 뭉쳐 더 강한 적들로부터 자신들을 지켜낸다.

이 문제를 연구한 동물사회학자들은, 이런 무리 안에도 법과 비슷한 규칙이 존재한다고 말한다. 예를 들어 정찰대는 정해진 규칙에 따라 움직여야 하며, 실수하거나 규칙을 어기면 무리 전체로부터 제재를 받는다.

이와 관련해 흥미로운 점은, 많은 역사가가 인류의 가장 오래된 법이 부족의 감시자들에게 적용된 규칙이었다고 본다는 사실이다. 이것이 사실이라면, 집단이라는 생각은 스스로를 지킬 힘이 부족한 약한 존재들이 함께 살아남기 위해 만들어낸 것이라고 볼 수 있다. 그런 뜻에서 사회적 관심은 신체적 나약함과 연결되어 있으며, 그와 떼어 놓고 생각할 수 없다. 인간의 경우라면, 사회적 관심을 키우는 가장 중요한 조건은 아마 유아와 어린 아이의 무력함, 그리고 더딘 발달일 것이다.

동물 전체를 살펴봐도, 인간만큼 새끼가 완전히 무력한 상태로 태어나는 경우는 드물다. 인간의 아이는 성장하여 성숙에 이르기까지도 가장 긴 시간이 걸린다. 단지 어른이 되기 전에 배워야 할 것이 많아서만은 아니다. 무엇보다 인간의 발달 방식 자체가 그렇기 때문이다. 아이는 오랫동안 부모의 보호를 필요로 한다. 그만큼 몸이 약하고 미성숙하기 때문이다. 만약 아이들에게 그런 보호가 주어지지 않는다면, 인류는 살아남을 수 없을 것이다. 바로 이 신체적 나약함이 교육과 사회적 관심을 이어주는 출발점이 된다. 교육이 필요한 이유도 아이의 신체적 미성숙에 있고, 교육의 목표 역시 아이가 이 미성숙을 극복하려면 집단의 도움 속에서 자라야 한다는 사실에서 나온다. 그래서 교육은 본질적으로 사회적 목적을 가져야 한다.

아이를 교육하는 모든 원칙과 방법에는 언제나 공동체의 삶과 그 안에 적응해가는 과정에 대한 생각이 담겨 있어야 한다. 우리는 의식하든 의식하지 않든, 공동체에 도움이 되는 것에는 더 호의적인 인상을 받고, 사회에 해를 끼치는 행동에는 부정적인 인상을 받는다.

우리가 교육의 실패라고 부르는 것들도 결국은 공동체에 해로운 결과를 낳기 때문에 문제로 여겨지는 것이다. 인간의 모든 위대한 성취, 더 나아가 인간 능력의 발달 전체는 사회적 삶의 요구 속에서, 그리고 사회적 관심을 향해 이루어진다.

말을 예로 들어보자. 혼자 살아가는 인간에게는 말이 필요하지 않다. 인간이 말을 발달시켰다는 사실 자체가, 공동체적 삶이 얼마나 본질적인지를 분명히 보여준다. 말은 사람과 사람을 이어주는 뚜렷한 연결 고리이며, 함께 살아가는 과정에서 만들어진 산물이다. 따라서 말의 심리는 공동체라는 관점에서만 제대로 이해할 수 있다. 혼자 살아가는 개인에게는 말에 대한 관심이 생길 이유가 없다. 아이가 공동체에 참여하지 않고 고립된 채 자라면, 말하는 능력도 뒤처질 수밖에 없다. 말하기는 다른 사람들과 관계를 맺는 과정 속에서 익히고 키워가는 능력이다.

다른 아이들보다 자신을 더 잘 표현하는 아이는 타고난 재능을 가졌다고 생각하는 경우가 많은데 꼭 그렇지는 않다. 말하기에 어려움을 겪거나, 말을 통해 다른 사람과 관계 맺는 데 서툰 아이들은 사회적 관심이 충분히 자라지 못한 경우가 많다. 그런 아이들 중에는 응석받이로 자란 경우도 적지 않다. 아이가 무엇을 요구하기도 전에 어머니가 모든 것을 다 해주면, 아이는 말을

 제7장 사회적 관심

사용할 필요를 거의 느끼지 못한다. 그렇게 되면 관계를 맺는 능력도, 사회에 적응하는 능력도 자라기 어렵다.

부모가 아이에게 문장을 끝까지 말하거나 스스로 대답할 시간을 충분히 주지 않으면, 아이는 점점 말하기를 꺼리게 된다. 비웃음이나 조롱을 받아 의기소침해지는 경우도 있다. 아이의 말을 끊고 사사건건 고치며 잔소리하는 태도로 인해 아이는 굴욕감과 열등감을 안고 살아가게 된다. 말을 꺼내기 전에 "저를 비웃지 말아 주세요."라고 말하는 사람들에게서 이런 흔적을 볼 수 있다. 그 사람이 어린 시절에 자주 비웃음을 당했다는 사실을 곧바로 짐작할 수 있다.

말하고 듣는 능력은 있었지만 부모가 모두 놓아였던 아이의 사례도 있다. 이 아이는 다쳤을 때 소리를 내지 않고 울었다. 부모에게 아프다는 것을 보여주면 되었지, 소리로 알릴 필요는 없었기 때문이다.

이해력과 논리적 감각처럼 인간의 다른 능력도 사회적 관심 없이 발달한다고 보기 어렵다. 완전히 혼자 사는 사람에게는 논리가 필요 없거나, 있어도 다른 동물들보다 조금 나은 정도면 충분할 것이다. 하지만 늘 다른 사람들과 관계를 맺으며 살아가는 사람은, 그 관계 속에서 말과 논리와 상식을 사용해야 한다. 그래서 사회적 관심을 기르고 익혀야 한다. 이것이 모든 논리적 사고가 지향하는 마지막 목표다.

　때로는 어떤 사람의 행동이 우리 눈에 어리석게 보이지만, 그 사람 자신의 목적만 놓고 보면 충분히 영리한 행동일 때도 있다. 이런 일은 특히 다른 사람도 모두 자기와 똑같이 생각해야 한다고 여기는 사람에게서 자주 나타난다. 이것은 사회적 관심, 곧 상식이 판단에서 얼마나 중요한지를 잘 보여준다. 공동체의 삶이 이렇게 복잡하지 않고, 개인에게 그만큼 많은 문제를 던지지 않는다면 상식이 발달할 필요도 크지 않았을 것이다. 원시적인 사람들이 원시적인 수준에 머물렀던 것은, 그들의 삶이 비교적 단순해서 더 깊은 사고를 자극하지 않았기 때문이라고 볼 수 있다.

　사회적 관심은 인간의 말하기 능력과 논리적 사고 능력, 곧 거의 신성하다고까지 할 수 있는 두 기능에서 매우 중요한 역할을 한다. 만약 모든 사람이 자신이 속한 공동체와 무관하게 문제를 해결하려 하거나, 제각기 자기만의 언어를 쓰려 한다면 세상은 혼란에 빠질 것이다. 사회적 관심은 누구에게나 안정감을 준다. 그리고 이 안정감은 삶을 지탱하는 가장 중요한 힘 중 하나다. 이것이 논리적 사고나 진리에서 얻는 확신과 완전히 같은 것은 아닐 수 있다. 그러나 그 확신을 이루는 가장 구체적인 바탕임은 분명하다.

　제7장 사회적 관심

예를 들어보자. 왜 우리는 수와 계산을 그토록 확실한 것으로 받아들이고, 숫자로 나타낼 수 있는 것만이 정확하다고 믿을까? 수는 다른 사람에게 전달하기 쉽고, 인간의 정신이 다루기에도 비교적 쉽다. 우리는 다른 사람과 나눌 수 없고 전달할 수 없는 진리에 대해서는 큰 확신을 느끼지 못한다. 플라톤이 모든 철학의 본보기를 수와 수학에서 찾으려 했던 것도 이와 무관하지 않다. 더 나아가 그는 철학자에게 다시 '동굴'로 돌아가, 곧 다른 사람들의 삶 속으로 들어가 함께 살아가라고 요구했다. 이 점에서 사회적 관심과의 연결이 더욱 분명해진다. 플라톤 역시 철학자라 할지라도 사회적 관심이 주는 안정감 없이는 제대로 살아갈 수 없다고 본 것이다.

이런 안정감이 충분히 자라지 못한 아이들은 다른 사람과 관계를 맺거나, 스스로 어떤 과제를 해내야 할 때 그 부족함을 드러낸다. 특히 수학처럼 객관적이고 논리적인 사고를 요구하는 과목에서 그 모습이 더 분명하게 나타난다.

어린 시절에 형성되는 여러 개념, 이를테면 도덕 감정이나 윤리 의식도 공동체와의 관계 속에서 만들어진다. 혼자 살아가도록 정해진 인간을 위한 윤리란 생각하기 어렵다. 도덕은 공동체와 다른 사람의 권리를 생각할 때에만 의미가 있기 때문이다. 미적 감정, 곧 예술을 느끼고 창조하는 능력은 이 관점을 바로 설명하기가 조금 더 어렵다. 그러나 예술의 영역에서도 건강, 힘, 올바른 사회적 발달에 대한 이해를 바탕으로 한 비교적 공통된 인상을 발견할 수 있다. 물론 예술에서는 경계가 더 유연하고, 개인의 취향이 들어설 여지도 더 크다. 그럼에도 전체적으로 보면 미학 역시 사회적인 방향을 따른다.

이제 현실적인 질문으로 돌아가보자. 아이의 사회적 관심이 얼마나 발달했는지는 어떻게 알 수 있을까? 이를 판단할 수 있는 몇 가지 행동이 있다. 어떤 아이가 우월해지고자 하는 마음에 사로잡혀 다른 사람은 전혀 배려하지 않은 채 앞서 나가려 한다면, 그런 태도를 보이지 않는 아이보다 사회적 관심이 부족하다고 볼 수 있다. 오늘날의 문명 속에서 어느 정도의 개인주의적 우월성 추구 없이 자라는 아이는 거의 없다. 그 때문에 사회적 관심이 충분히 자라지 못한 상태에 머물기 쉽다.

이 점은 예로부터 도덕론자들이 늘 한탄해온 내용과도 이어진다. 인간은 본래 이기적이며, 남보다 자신을 더 먼저 생각한다는 주장이다. 그러나 이런 말은 대부분 설교의 형태로 반복되었을 뿐이고, 아이에게도 어른에게도 별다른 변화를 만들어내지 못했다. 결국 사람들은 다른 이들도 다 비슷하다고 여기며 자기 자신을 위로해왔다.

생각이 비뚤어져 나쁜 행동을 하거나 범죄까지 저지르는 아이에게는 도덕적 설교가 힘을 발휘하지 못한다. 이런 경우에는 원인을 더 자세히 살피는 편이 낫다. 다시 말해, 판사처럼 심판하려 들지 말고, 동료나 의사처럼 이해하고 도와야 한다.

아이에게 끊임없이 나쁘다거나 멍청하다고 말하면, 아이는 그 말을 사실로 믿게 된다. 그러면 어떤 과제를 맡아도 충분한 용기를 내지 못하게 된다. 결국 무엇을 해도 실패하기 쉽고, 자신이 멍청하다는 믿음은 더 깊게 자리 잡는다. 아이는 자기 자신감을 무너뜨린 것이 환경이었다는 사실을 알지 못한다. 또한 자신도 모르는 사이, 그 잘못된 판단이 옳다는 것을 입증하는 방향으로 삶을 꾸려가고 있다는 점도 깨닫지 못한다. 아이는 또래보다 능력이 부족하다고 느끼고, 자신의 가능성도 제한되어 있다고 여긴다. 그 태도에는 자신을 짓누르는 환경의 압박이 얼마나 큰지가 그대로 드러난다.

개인심리학은 아이의 모든 잘못된 행동 뒤에는 언제나 환경의 영향이 숨어 있다고 말한다. 어지르는 아이 뒤에는 늘 그 물건을 대신 치워주는 사람이 있다. 거짓말하는 아이 뒤에는, 거짓말을 고치겠다며 아이를 거칠게 몰아붙이는 권위적인 어른이 있다. 허풍을 떠는 아이 역시 마찬가지다. 이런 아이는 과제를 잘해내는 것보다 칭찬받는 일을 더 중요하게 여기며, 우월해지고 싶은 마음 때문에 가족에게서 칭찬의 말을 끌어내려고 끊임없이 애쓴다.

　모든 아이의 삶에는 부모가 지나치거나 잘못 이해하는 상황들이 있다. 형제자매가 있는 가정에서는 아이마다 놓인 자리가 서로 다르다. 첫째는 한동안 외동으로 지낸 경험을 갖지만, 둘째는 그런 경험이 없다. 막내는 한동안 집에서 가장 작고 약한 존재로 살아가는데, 이 역시 모든 아이가 겪는 일은 아니다. 이런 차이에는 여러 변형이 있다. 형제나 자매가 함께 자랄 때, 나이가 더 많고 능숙한 아이는 어린 아이가 겪는 어려움을 이미 지나온 상태다. 그러니 어린 쪽은 자신이 더 불리한 자리에 있다고 느끼기 쉽다. 그리고 그 열등감을 보상하기 위해 형이나 누나를 따라잡으려고 더 애쓰게 되기도 한다.

　오랫동안 아이들을 연구해온 개인심리학자들은 그 아이의 출생순위를 짐작할 수 있다. 형이나 누나가 비교적 건강하게 잘 자란 경우, 동생은 그들을 따라잡기 위해 더 많이 애쓰게 된다. 그래서 대체로 동생이 더 활동적이고 더 적극적인 모습을 보이기도 한다. 반대로 형이나 누나가 허약하거나 발달이 느렸다면, 동생은 굳이 그렇게까지 경쟁하려 들지 않을 수 있다.

　따라서 아이의 출생순위를 아는 일은 중요하다. 그 위치를 알아야 아이를 더 잘 이해할 수 있기 때문이다. 특히 막내들은 자신이 막내였다는 흔적을 비교적 뚜렷하게 지니는 경우가 많다.

물론 예외는 있지만, 가장 흔한 막내의 모습은 형제자매 모두를
뛰어넘고 싶어 하는 아이다. 이런 아이는 늘 가만있지 못하고,
결국은 형제자매 누구보다 더 많은 것을 이루어야 한다는 생각
에 끊임없이 자극받는다.

이런 관찰은 아이 교육에도 중요한 의미를 지닌다. 어떤 교육
방법을 써야 할지가 달라지기 때문이다. 모든 아이에게 똑같은
규칙을 적용할 수는 없다. 아이는 저마다 다르며, 비슷한 유형으
로 묶어 생각하더라도 각각 개별적인 존재로 대해야 한다. 학교
에서는 이것이 쉽지 않지만, 가정에서는 충분히 가능한 일이다.

막내는 어디서든 주목받고 싶어 하는 유형에 속하며, 실제로
그렇게 되는 경우도 많다. 이 점은 정신적 특성이 유전된다는 생
각을 약하게 만드는 중요한 단서이기도 하다. 서로 다른 가정에
서 자란 막내들이 이렇게 비슷한 모습을 보인다면, 그것을 단순
히 유전만으로 설명하기는 어렵기 때문이다.

앞에서 묘사한 활동적인 유형과 정반대인 또 다른 막내 유형
은 완전히 좌절한 청소년이다. 이런 아이는 가급적 움직이지 않
으려 하고 게으르게 지내려 한다. 겉으로는 두 유형이 아주 달라
보이지만, 심리적으로는 배경이 비슷하다. 다른 모든 사람을 능
가해야 한다는 지나치게 큰 야망을 가진 사람만큼 어려움에 쉽
게 상처받는 사람도 없다. 그 야망이 오히려 자신을 불행하게 만

들고, 장애물이 극복할 수 없을 만큼 크게 느껴질 때, 그런 목표를 갖지 않은 사람보다 훨씬 빨리 포기하고 물러서게 된다.

이 두 유형의 막내에게서는 라틴어 격언 "아우트 카이사르, 아우트 눌루스(Aut Caesar, aut nullus)", 곧 "전부 아니면 아무것도 아니다"라는 태도를 볼 수 있다.

성경에는 우리의 관찰과 정확히 맞아떨어지는 막내의 모습이 여러 번 등장한다. 요셉과 다윗, 사울의 이야기가 그 예다. 물론 요셉에게는 베냐민이라는 남동생이 있었다는 반론이 있을 수 있다. 그러나 베냐민이 태어났을 때 요셉은 이미 열일곱 살이었으므로, 적어도 어린 시절의 요셉은 막내로 자랐다고 볼 수 있다.

실제 삶에서도 막내가 가족을 책임지고 부양하는 경우를 드물지 않게 본다. 막내의 이런 모습은 성경이나 동화에서도 자주 나타난다. 형제자매 이야기에서 막내가 가장 뛰어나지 않은 경우는 거의 찾아보기 어렵다. 독일, 러시아, 스칸디나비아, 중국의 동화에서도 막내는 늘 승리자로 그려진다. 이것이 단순한 우연이라고 보기는 어렵다. 아마 예전에는 막내라는 인물 유형이 오늘날보다 훨씬 더 뚜렷했고, 원시적인 생활 조건에서는 그 특징이 더 잘 드러났기 때문에 더욱 분명하게 관찰되었을 것이다.

가족 안에서 아이가 어떤 자리에 놓였는가에 따라 어떤 성향을 발달시키는지에 대해서는 더 많은 이야기를 할 수 있다. 첫째 아이들 역시 서로 닮은 점이 많고, 몇 가지 주요한 유형으로 나눌 수 있다.

나는 이 문제를 오랫동안 연구해왔는데, 폰타네(Fontane, 19세기 독일의 소설가이자 언론인으로, 사실주의 문학을 대표하는 인물. - 역자주)의 자서전을 읽다가 우연히 이 주제를 잘 드러내는 대목을 발견했다. 그는 프랑스 이민자였던 자기 아버지가 러시아를 상대로 한 폴란드 전쟁 이야기를 매우 반가워했다고 적고 있다. 폴란드군 1만 명이 러시아군 5만 명을 무찌르고 쫓아냈다는 기사를 읽으면, 아버지는 몹시 기뻐했다. 그러나 폰타네는 그 기쁨을 이해하지 못했다. 오히려 그는 5만 명의 러시아군이 1만 명의 폴란드군보다 더 강해야 마땅하다고 여겼고, 이렇게 말했다.

"저는 전혀 기쁘지 않아요. 강한 쪽은 언제나 강해야 하잖아요."

이 대목을 읽는 순간 곧바로 이런 생각에 이르렀다.

'폰타네는 첫째 아이구나.'

이런 말은 첫째 아이에게서나 나올 법하다. 그는 한때 외동으로 지내며 가족 안에서 누렸던 우위의 자리를 기억하고 있고, 더 약한 존재에게 그 자리에서 밀려나는 일을 부당하게 느끼는 것이다. 실제로 첫째 아이들은 보수적인 성향을 보이는 경우가 많다. 그들은 힘과 지배, 흔들리지 않는 질서를 신뢰한다. 독재적인 방식도 비교적 거리낌 없이 받아들이는 편이다. 그것은 그들 자신이 일찍이 그런 위치를 경험해본 적이 있기 때문이다. 그래서 권력을 지닌 사람의 태도를 자연스럽게 이해하고 받아들이는 경향이 있다.

앞서 말했듯이, 첫째 아이 유형 중 여기서 꼭 짚어야 할 예외가 하나 있다. 지금까지 충분히 주목받지 못했던 문제인데, 바로 자기보다 어린데도 더 영리한 여동생을 둔 오빠가 겪는 어려움이다. 깊이 좌절한 남자아이들을 살펴보면, 겉으로는 드러나지 않더라도 그 원인 중 하나가 더 영리한 여동생인 경우가 매우 많다. 이것이 자주 나타나는 데에는 분명한 이유가 있다.

지금의 문명에서는 여전히 남자가 여자보다 더 중요하게 여겨지는 경향이 있다. 그래서 첫째로 태어난 아들은 흔히 응석받이로 자라며, 부모의 기대도 한몸에 받는다. 여동생이 태어나기 전까지는 그의 자리가 유리하다. 그런데 그 집안에 여자아이가 들어오면 상황이 달라진다. 여자아이는 자신을 달가워하지 않고 경쟁자로 여기는 오빠가 있는 환경 속으로 들어오게 된다.

이런 상황은 여자아이를 더 애쓰게 만든다. 그리고 그 노력이 무너지지 않는다면, 그 자극은 평생에 걸쳐 영향을 미친다. 여자아이는 빠르게 발달하며 오빠를 위협하게 되고, 오빠는 자신이 당연하게 여겼던 남성적 우월감이 흔들리는 것을 보게 된다. 그

　　　　　　　　　　　제7장 사회적 관심

순간 그는 자신감을 잃기 쉽다. 더구나 열네 살에서 열여섯 살 무렵에는 여자아이가 남자아이보다 정신적으로나 신체적으로 더 빨리 자라는 경우가 많기 때문에, 오빠의 불안은 완전한 패배 감으로 이어지기 쉽다. 그렇게 그는 자신을 믿지 못하게 되고, 싸움을 포기하며, 그럴듯한 핑계를 만들거나 스스로 앞길에 장애물을 놓아두고는 그것을 포기의 이유로 삼는다.

이렇게 해서 혼란스럽고, 희망을 잃었으며, 설명하기 어려울 만큼 게으르거나, 뚜렷한 이유 없이 신경증적 증상에 시달리는 첫째 남자아이들이 생겨난다. 이들 중 적지 않은 수는, 여동생과의 경쟁을 감당할 만큼 자신이 강하지 않다고 느낀다. 어떤 아이들은 여기서 더 나아가 여성 전체에 대해 강한 적개심을 품기도 한다. 이런 아이들의 삶이 대체로 슬픈 방향으로 흐르는 이유는, 그 상황을 제대로 이해하고 설명해줄 사람이 드물기 때문이다. 때로는 부모와 가족들조차 "왜 반대로 되지 않았을까? 왜 아들은 딸이 아니고, 딸은 아들이 아니었을까?" 하고 한탄한다.

여러 누나나 여동생 사이에서 혼자 자라는 남자아이들도 공통된 특징을 보인다. 여자아이들이 많은 집안에서 분위기가 여성 중심으로 흐르는 것을 막기는 어렵다. 이런 남자아이는 가족 모두의 응석받이가 되기도 하고, 반대로 여자아이들 사이에서 따돌림을 당하기도 한다. 물론 이 아이들이 모두 똑같이 자라는 것은 아니지만, 몇 가지 공통점은 분명히 보인다.

남자아이는 여자들 손에서만 자라서는 안 된다는 말이 있다. 그러나 이 말을 글자 그대로 받아들여서는 안 된다. 모든 남자아이는 처음에는 여자의 손에서 자라기 때문이다. 이 말의 진짜 뜻은, 남자아이가 지나치게 여성적인 분위기 속에서만 자라서는 안 된다는 데 있다. 이것은 여성을 비난하는 말이 아니라, 그런 환경에서 생길 수 있는 오해와 왜곡을 경계하는 말이다. 같은 원리는 남자아이들 사이에서 자라는 여자아이에게도 적용된다. 남자아이들은 여자아이를 낮춰 보기 쉽고, 그 결과 여자아이는 그들과 같아지기 위해 남자아이를 흉내 내려 한다. 그러나 이것은 이후의 삶을 준비하는 데 좋은 방식이 아니다.

아무리 너그럽게 보더라도, 여자아이를 남자아이처럼 길러야 한다는 주장에 동의하기는 어렵다. 잠시 동안은 그렇게 보일 수 있어도, 결국 피할 수 없는 차이가 드러난다. 남자와 여자는 신체 구조가 다르기 때문에 삶에서 맡게 되는 역할도 다르다. 이런 차이는 직업 선택에도 영향을 준다. 자신의 여성적 역할에 만족하지 못하는 여자아이는 자신에게 주어진 삶의 과제에 적응하는 데 큰 어려움을 겪는 경우가 있다. 결혼을 준비하는 문제에 이르면, 여성을 위한 교육과 남성을 위한 교육이 완전히 같을 수 없다는 점은 더욱 분명해진다. 자기 성에 불만을 품은 여자아이는

   제7장 사회적 관심

결혼을 자기 격하로 여기며 거부하거나, 결혼한 뒤에도 지배하려 들 수 있다. 반대로 여자아이처럼 자란 남자아이 역시 지금의 문명에 적응하는 데 어려움을 겪게 된다.

이 모든 점을 생각할 때, 아이의 생활양식은 대체로 네다섯 살 무렵에 이미 결정된다는 사실을 잊지 말아야 한다. 바로 그 시기에 아이는 사회적 관심과 적응에 필요한 유연성을 길러야 한다. 다섯 살이 지나면 아이가 환경을 대하는 태도는 대체로 굳어지고, 거의 자동적인 방식으로 반복된다. 그 뒤의 삶에서도 아이는 같은 방향으로 나아간다. 외부 세계를 바라보는 그의 통각[Apperception, 개인이 자신의 과거 경험, 열등감, 그리고 삶의 목표(우월성 추구)를 바탕으로 세상을 주관적으로 해석하고 의미를 부여하는 인지적 과정을 뜻한다. - 역자주] 역시 잘 바뀌지 않는다. 결국 아이는 자기 시각이라는 틀 안에 갇혀, 처음 형성된 정신적 메커니즘과 그에 따른 행동을 계속 반복하게 된다. 사회적 관심 역시 이 정신적 지평의 한계 안에서만 자랄 수 있다.

제8장
출생 순위와 심리

우리는 아이가 자신과 환경의 관계를 무의식적으로 어떻게 해석하느냐에 따라 다르게 발달한다는 점을 살펴보았다. 또 첫째, 둘째, 셋째 아이가 가족에서 차지하는 위치에 따라 서로 다른 방향으로 성장한다는 것도 보았다. 이 어린 시절의 조건들은, 아이가 어떤 성격을 형성해가는지를 보여준다.

아이 교육은 아무리 일찍 시작해도 지나치지 않다. 아이는 자라면서 자신의 행동을 조절하고, 여러 상황에 어떻게 반응할지를 결정하는 나름의 규칙과 공식을 만들어간다. 아주 어린 시기에는 앞으로의 행동을 이끌 메커니즘이 막 만들어지기 시작한

     제8장 출생 순위와 심리

징후만 드러난다. 그러나 몇 년에 걸쳐 이런 행동 방식이 굳어지면, 아이는 더 이상 눈앞의 상황에 있는 그대로 반응하지 않는다. 대신 지금까지의 경험을 자기식으로 해석한 방식에 따라 반응하게 된다.

문제는 그 해석이 잘못되었을 때다. 아이가 어떤 상황이나 자신의 능력을 잘못 이해하면, 그 잘못된 판단이 이후의 행동 전체를 이끌게 된다. 그리고 어린 시절에 생긴 이 오해가 바로잡히지 않는 한, 어른이 된 뒤에도 논리나 상식만으로는 행동을 바꿀 수 없다.

아이의 발달에는 언제나 주관적인 요소가 들어 있다. 부모나 교육자는 바로 이 개별적인 면을 살펴봐야 한다. 이 점 때문에 여러 아이를 한꺼번에 가르칠 때 하나의 일반 규칙만 적용할 수 없다. 같은 방법을 써도 아이마다 전혀 다른 결과가 나오는 이유도 여기에 있다.

물론 여러 아이가 비슷한 상황에서 비슷한 반응을 보이는 경우도 있다. 그러면 우리는 자칫 '아이들은 원래 이렇다'는 식으로 그것을 보편적인 법칙으로 받아들이기 쉽다. 하지만 이는 착각이다. 비슷한 반응이 나타나는 것은 아이들이 그렇게 태어났기 때문이 아니라 어른들이 공통된 방식으로 잘못 다루어왔기 때문이다. 다시 말해, 아이들의 반응이 비슷하다면 그것은 자연의 법칙이 아니라 어른들이 반복해온 공통된 실수의 결과일 가능성이 높다.

흔히 집에 다른 아이가 태어나면 첫째아이는 반드시 질투한다고 생각한다. 그러나 이 일반화에는 두 가지 반론이 있다. 첫째, 그렇지 않은 예외가 분명히 있다. 둘째, 동생의 탄생을 아이가 잘 받아들일 수 있도록 미리 준비시킨다면 질투 자체가 생기지 않을 수도 있다.

실수하는 아이는 산길 앞에 선 사람과 비슷하다. 어디로 가야 할지, 어떻게 가야 할지 알지 못한다. 그러다 마침내 바른 길을 찾아 다음 마을에 도착하면, 사람들은 말한다.

"그 길에서 잘못 들면, 누구나 길을 잃어요."

아이의 실수도 마찬가지다. 그것은 아이의 결함이 아니라, 아직 길을 모르는 사람이 겪는 자연스러운 과정이다.

아이의 성격에 깊은 영향을 미치는 상황은 이 밖에도 많다. 한 집안에서 한 아이는 착하고, 다른 아이는 말썽꾸러기인 경우가 있는데, 조금만 더 자세히 살펴보면, 말썽을 피우는 아이는 우월해지고자 하는 마음이 강하고, 다른 사람들을 지배하며 환경을 자기 뜻대로 움직이려는 데 온 힘을 쏟고 있다는 사실을 알 수 있다. 그 아이의 고함소리로 집 안이 늘 시끄럽다. 반면 다른 아이는 조용하고 얌전하며, 가족의 사랑을 받고 늘 본보기로 내세워

 제8장 출생 순위와 심리

진다. 부모는 같은 집안에서 왜 이렇게 서로 다른 아이들이 자라는지 이해하지 못한다.

그러나 자세히 보면, 착한 아이는 바른 행동을 통해 더 많은 인정을 받을 수 있다는 사실을 일찍 알아차린 경우가 많다. 말썽꾸러기 형제나 자매와의 경쟁에서도 그런 방식으로 이기고 있다는 것을 안다. 이런 경쟁 관계에서, 어떤 아이가 다른 아이보다 더 착하게 구는 것으로는 앞서기 어렵다고 판단할 수 있다. 그래서 오히려 더 심하게 말썽을 피움으로써 상대를 능가하려 들기도 한다. 우리의 경험으로 보면, 이런 말썽꾸러기 아이들이 다른 형제자매보다 더 착해질 가능성을 갖고 있다. 강한 우월성 추구는 한쪽 극단으로도, 반대 극단으로도 나타날 수 있기 때문이다. 이런 모습은 학교에서도 자주 볼 수 있다.

같은 집에서 자랐다고 해서 두 아이가 똑같이 자랄 것이라고 기대할 수는 없다. 완전히 같은 조건에서 자라는 두 아이는 없기 때문이다. 얌전한 아이 역시 말썽꾸러기 아이의 존재로부터 큰 영향을 받는다. 실제로 처음에는 착했던 아이가 나중에 문제아로 바뀌는 경우도 적지 않다.

열 살까지는 모범생이었던 열일곱 살 소녀가 있었다. 이 소녀에게는 열한 살 많은 오빠가 있었는데, 오빠는 오랫동안 외동으로 자라며 심한 응석받이가 되었다. 그는 여동생이 태어났을 때도 특별히 질투하지 않았고, 그저 자기 방식대로 계속 행동했다. 그런데 소녀가 열 살이 되었을 무렵, 오빠는 오랫동안 집을 비우기 시작했다. 그러자 소녀는 사실상 외동과 같은 자리를 차지하게 되었고, 무슨 수를 써서라도 자기 뜻대로 하려는 태도를 보이기 시작했다. 부유한 집안에서 자랐기 때문에 어린 시절에는 원하는 것을 쉽게 얻었다. 하지만 나이가 들수록 모든 요구가 받아들여질 수는 없었고, 그때부터 불만을 드러내기 시작했다. 어린 나이부터 가족의 재정적 신용을 믿고 빚을 지기 시작했고, 결국 자신의 욕구를 채우기 위해 다른 길을 택한 것이다. 어머니가 더 이상 요구를 받아주지 않자, 착한 모습은 사라졌다. 울며 불며 갈등을 일으켰고, 점점 다루기 어려운 성격으로 변해갔다.

　이 사례와 비슷한 사례들로부터 이끌어낼 수 있는 결론은, 아이는 착한 행동으로도 우월성 추구를 충족할 수 있으며, 상황이 바뀌어도 그 착한 행동이 계속될 것이라고 믿어서는 안 된다는 것이다. 개인심리학 질문지는 이런 점에서 유익하다. 아이의 활동과 환경, 그리고 주변 사람들과의 관계를 더 넓고 입체적으로 보여주기 때문이다. 아이와 설문지에서 얻은 정보를 함께 살펴보면, 그 아이의 성격과 감정, 생활양식은 결국 우월성 추구를 밀어올리고, 자신의 중요성에 대한 느낌을 높이며, 자기 세계 안에서 인정을 얻기 위해 사용하는 방식이라는 점을 알 수 있다.

학교에서 흔히 만나는 아이들 중, 앞서 설명한 내용과 어긋나는 것처럼 보이는 유형이 있다. 게으르고 내성적이며, 지식이나 규율, 훈계에도 좀처럼 반응하지 않고, 자기만의 공상 속에 머무르며, 겉으로는 우월해지고 싶다는 욕구를 전혀 드러내지 않는 아이다. 그러나 이런 모습 역시 왜곡된 형태이기는 하지만 우월성 추구의 한 방식이다. 이런 아이는 보통의 방식으로는 성공할 수 없다고 믿기 때문에, 성장을 위한 기회와 수단을 아예 피해 버린다. 스스로를 고립시키고 완고한 성격처럼 보이지만, 그 뒤에는 상처받지 않기 위해 겉으로 무감각한 척해야 하는, 예민하고 불안한 내면이 숨어 있다. 마치 갑옷으로 자신을 둘러싼 듯, 아무것도 가까이 다가오지 못하게 하는 것이다.

이런 아이가 입을 열도록 도와주면, 그 아이가 자기 자신에게 지나치게 몰두해 있고, 늘 자신이 위대하거나 우월한 존재로 등장하는 공상을 되풀이하고 있음을 발견하게 된다. 이 아이들의 공상과 현실 사이에는 큰 거리가 있다. 어떤 아이는 영웅을 꿈꾸고, 어떤 아이는 모든 권력을 움켜쥔 독재자를 꿈꾸며, 또 어떤 아이는 고통받는 사람들을 돕는 순교자를 꿈꾼다. 구원자가 되고 싶어 하는 경향은 공상 속에서만이 아니라 실제 행동에서도 드러난다. 누군가 위험에 처했을 때 달려가 돕는 믿음직한 아이들이 바로 그렇다. 공상 속에서 구조자 역할을 해온 아이는 현실에서도 그 역할을 할 수 있도록 스스로를 단련하며, 지나치게 좌절하지 않았다면 기회가 왔을 때 실제로 그렇게 행동한다.

어떤 백일몽은 반복해서 나타나기도 한다. 오스트리아 군주제 시절에는 왕이나 왕자의 목숨을 구하는 상상을 하는 아이들이 많았다. 물론 부모는 자기 아이가 그런 공상을 품고 있다는 사실을 알지 못한다. 겉으로 보이는 것은 단지, 공상에 빠져 현실에 잘 적응하지 못하며 유익한 일을 해내지 못한다는 점뿐이다. 이 경우 공상과 현실 사이에는 큰 간격이 있다. 어떤 아이들은 그 중간쯤에 머문다. 백일몽은 간직하되, 현실에도 어느 정도 적응하는 것이다. 반면 어떤 아이들은 현실에 거의 적응하지 못한 채 점점 더 자기만의 세계에 빠진다. 또 한편으로는 상상 속 이야기에 거의 관심을 두지 않고, 여행 이야기나 사냥 이야기, 역사처럼 오직 현실 세계와 맞닿아 있는 내용에만 몰두하는 아이들도 있다.

아이에게는 상상력도 필요하고, 현실을 받아들이는 힘도 필요하다. 대부분의 아이들은 세상을 어른처럼 복잡하게 이해하지 못하고, 모든 것을 둘로 나눠본다. 위와 아래, 아주 좋음과 아주 나쁨, 똑똑함과 멍청함, 우월함과 열등함, 전부 아니면 아무것도 아닌 식이다.

사실 어른들도 이런 식으로 생각할 때가 많다. 뜨거움과 차가움을 완전히 반대되는 것으로 여기지만, 과학적으로 보면 둘 다 온도의 차이일 뿐이다. 이러한 식의 대립적인 사고는 아이들에 게서 특히 자주 나타나고, 초기 철학에서도 볼 수 있다. 초기의 그리스 철학은 이 반대 개념의 관념이 지배한다. 오늘날에도 거 의 모든 아마추어 철학자들은 반대 개념으로 가치를 측정하려 한다. 심지어 어떤 사람들은 표를 만들기도 했다. 삶-죽음, 위-아래, 그리고 마지막으로 남자-여자. 현재의 어린아이적 통각 도식과 오래된 철학적 통각 도식 사이에는 주목할 만한 유사성 이 있다. 세상을 지나치게 선명한 대립으로 나눠보는 사람은, 어 떤 면에서는 어린 시절의 사고방식을 그대로 유지하고 있는 셈 이다.

이런 사고방식에 사로잡힌 사람들은 '전부 아니면 아무것도 아니다'라는 삶의 태도를 갖는데 당연히 현실에서는 그렇게 살 수 없다. 사람은 모든 것을 다 가질 수도 없고, 아무것도 없는 상 태로만 살지도 않는다. 그 사이에는 수많은 단계가 있다. 그런데 도 어떤 아이들은 이 극단적인 공식을 삶의 기준으로 삼는다.

특히 이런 태도는 깊은 열등감을 지닌 아이들에게서 흔히 나 타난다. 자신이 부족하다고 느끼기 때문에, 그것을 만회하려고 지나치게 큰 야망을 품는 것인데, 아이들의 여러 성격 특징, 이 를테면 유난히 강한 고집도 여기에서 비롯되는 경우가 많다. 이런 아이들은 상식과는 다른 자기만의 사고방식(사적인 논리)를 만들어낸다. 예를 들어, 몹시 고집스럽고 제멋대로인 네 살짜리 아이가 어머니가 가져다준 오렌지를 바닥에 던지며 "엄마가 주는 건 싫어. 내가 먹고 싶을 때 먹을 거야."라고 말하는 식이다.

모든 것을 가질 수 없다고 단념한 게으른 아이들은 점점 더 백일몽과 공상 속에 머무른다. 물론 그렇다고 해서 그런 아이들을 너무 빨리 포기해서는 안 된다. 지나치게 예민한 아이들은 자신이 만든 상상의 세계가 상처를 막아줄 것이라고 믿기 때문에 현실에서 벗어나려 하는 것인데 그것이 곧 완전한 부적응을 뜻하는 것은 아니다.

현실과 어느 정도 거리를 두는 능력은 작가나 예술가뿐 아니라 과학자에게도 필요하다. 과학자에게도 상상력이 필요하기 때문이다. 백일몽과 공상은 삶의 괴로움이나 실패를 피하려는 하나의 우회로일 뿐이다. 실제로 풍부한 상상력을 지닌 사람이 나중에 그 상상력과 현실을 잘 연결하여 인류의 지도자가 되기도 했다. 그들은 더 나은 교육을 받았기 때문만이 아니라, 삶의 어려움과 맞서 싸울 용기와 자각을 키웠기 때문에 그렇게 될 수 있었다.

위인 전기를 보면, 어린 시절에는 현실에 큰 관심이 없고 학교 성적도 좋지 않았지만, 주변에서 일어나는 일을 놀라울 만큼 예리하게 살펴보는 능력을 기른 경우가 많다. 이들은 현실과 거리를 두는 대신, 관찰하고 사유하는 힘을 키워간 것이다. 그러다가 자신의 능력에 대한 확신이 생기면 비로소 현실로 나와 삶과 정면으로 맞서기 시작한다.

물론 아이를 위대한 사람으로 만드는 정해진 공식은 없다. 하지만 한 가지는 분명하다. 아이를 거칠게 다루어서는 안 된다. 아이는 언제나 격려받아야 한다. 그리고 공상과 현실 사이에 너무 큰 틈이 생기지 않도록, 실제 삶이 왜 중요한지 꾸준히 알려주어야 한다.

제9장
준비된 아이

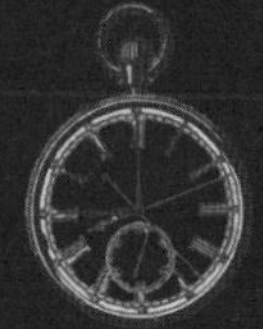

인간의 정신적 삶(psychic life)은 하나의 통일체인 동시에 연속체이기도 하다. 통일체라는 것은, 어느 한 시점에서 드러나는 성격 특성들이 서로 긴밀하게 연결되어 있다는 뜻이다. 연속체라는 것은, 인격이 시간 속에서 갑작스러운 도약 없이 펼쳐진다는 뜻이다. 현재와 미래의 행동은 언제나 과거의 성격과 이어져 있다.

그렇다고 해서 개인의 삶에서 일어나는 모든 일이 과거와 유전에 의해 기계적으로 결정된다는 뜻은 아니다. 다만 미래와 과거는 단절되지 않고 이어져 있다는 뜻이다. 우리는 하룻밤 사이

　제9장 준비된 아이

에 자기 본성을 벗어나 완전히 딴사람이 될 수 없다. 물론 그 본성과 가능성이 실제 행동으로 드러나기 전까지는, 자신이 어떤 사람인지—자신 안에 어떤 잠재력이 있는지—온전히 알 수 는 없다.

이처럼 기계적 결정론 없이도 연속성이 존재한다는 사실에는 두 가지 중요한 의미가 있다. 하나는 교육과 향상, 변화와 개선의 가능성이고, 다른 하나는 어느 시점에서든 그 사람의 성격 발달 상태를 가늠할 수 있다는 가능성이다. 사람은 새로운 상황에 들어서면 숨겨져 있던 성격 특성을 드러낸다. 만약 개인을 직접 실험할 수 있다면, 새롭고 예기치 않은 상황에 놓아봄으로써 그의 발달 상태를 알아낼 수 있을 것이다. 그런 상황에서 보이는 행동은 과거의 성격과 일관성을 지니며, 평소에는 잘 드러나지 않던 방식으로 그 사람의 성격을 보여준다.

아이의 성격을 가장 잘 파악할 수 있는 순간은, 집에서 학교로 옮겨가거나 가정환경이 갑자기 바뀌는 것과 같은 전환기다. 바로 이때, 마치 현상액 속에 담긴 인화지에 사진이 또렷하게 떠오르듯 아이 성격의 한계가 분명하게 드러난다.

한 번은 입양된 아이를 관찰할 기회가 있었다. 이 아이는 손쓰기가 어려울 만큼 문제가 심했고, 분노 발작을 일으켰으며, 다음에 무슨 행동을 할지 예측하기 어려웠다. 아이와 이야기를 나누면 질문과는 전혀 상관없는 말만 늘어놓았다. 전체 상황을 살핀 뒤 나는 이런 결론에 도달했다.

이 아이는 양부모의 집에 몇 달째 살면서도 여전히 그들에게 적대적인 태도를 유지하고 있었다. 그 집이 마음에 들지 않았던 것이다. 그 상황에서 내릴 수 있는 결론은 그것뿐이었다. 양부모는 처음에는 고개를 저으며, 자신들이 아이를 잘 대해주고 있고 실제로도 아이가 예전에 지냈던 어느 곳보다도 더 잘해주고 있다고 말했다. 그러나 그것은 핵심이 아니다. 부모들과 상담하다 보면 이런 말을 자주 듣는다.

"아이에게 할 수 있는 건 다 해봤어요. 다정하게도 대해보고 엄하게도 해봤지만 아무 소용이 없었어요."

친절만으로는 충분하지 않다. 친절한 태도에 좋은 반응을 보이는 아이들도 있다. 그렇다고 해서 우리가 아이를 바꾼 것이라고 착각해서는 안 된다. 아이는 잠시 자신이 유리한 위치에 있다고 느끼고 있을 뿐, 근본적으로는 그대로다. 친절이 사라지면 곧바로 예전 상태로 돌아간다.

중요한 것은 부모가 자신을 어떻게 평가하느냐가 아니라, 아이가 그 상황을 어떻게 느끼고 해석하느냐이다. 그래서 나는 양부모에게, 이 아이는 그 집에서 행복하지 않다고 말했다. 아이의 태도가 옳은지 그른지 단정할 수는 없지만, 아이 안에 그런 증오

  제9장 준비된 아이

를 불러일으킨 어떤 일이 분명 있었던 것이다. 만약 아이의 실수를 교정하고 그의 사랑을 얻어낼 자신이 없다면, 다른 곳으로 보내는 편이 낫다고도 말했다. 아이는 자신이 감금당하고 있다고 느끼는 상황에 대해 계속해서 반항할 것이기 때문이다.

나중에 그 아이가 걷잡을 수 없을 만큼 위험한 존재로 여겨지게 되었다는 소식을 들었다. 좀 더 공감해주었다면 어느 정도 나아졌을지 모르나, 그것만으로는 충분하지 않았을 것이다. 아이가 전체 상황을 제대로 이해하지 못했기 때문이다. 실제 사정은 이러했다. 아이는 양부모의 친자식들과 함께 자라면서, 양부모가 친자식들만큼 자신을 사랑하지 않는다고 생각했다. 그 믿음만으로 분노 발작이 생긴다고 말할 수는 없지만, 아이는 그 집을 떠나고 싶어 했고, 그 목표를 이루는 데 도움이 되는 행동이라면 무엇이든 마다하지 않았다. 다시 말해, 이 아이는 자신이 세운 목표에 맞춰 나름대로는 지적으로 행동한 것이다. (여기서 지능 장애 가능성은 고려하지 않아도 된다.) 가족이 이 점을 이해하고, 아이의 행동을 바꿀 자신이 없다면 다른 곳으로 보내야 한다는 사실을 받아들이기까지는 시간이 걸렸다.

이때 아이가 잘못된 행동을 했다고 해서 벌할 경우, 벌은 오히려 아이에게 계속 반항할 명분을 준다. 자신이 반항하는 것이 옳다는 느낌을 더 굳혀주는 것이다. 이런 관점에서 보면, 아이의 모든 잘못은 환경과의 싸움, 곧 준비되지 않은 채 새로운 상황과 맞닥뜨린 데서 생긴 결과로 이해해야 한다. 이런 실수들이 아이다워 보이는 것은 사실이지만, 어른들 삶에서도 똑같이 유치한 모습이 나타나므로 놀랄 일은 아니다.

몸짓이나 눈에 띄지 않는 미세한 표현을 해석하는 연구는 아직 초기 단계에 머물러 있는데, 이런 표현들을 체계적으로 분류하고 상호 연관성을 탐구하기에 교사만큼 이상적인 관찰자도 드물다. 다만 하나의 표현이 상황에 따라 전혀 다른 의미를 가질 수 있고, 두 아이가 같은 행동을 해도 그 배경 심리가 다를 수 있다는 점을 반드시 유념해야 한다. 문제아의 행동 역시 동일한 심리적 원인에서 비롯되었다고 하더라도 다양하게 나타나는데, 이는 하나의 목표에 이르는 길이 하나만 있는 것은 아니기 때문이다.

여기서 상식의 관점에서 옳고 그름을 따질 수는 없다. 아이들이 실수를 저지를 때는 이미 잘못된 목표를 향해 가고 있는 것이므로 그 목표를 향한 노력에서 나오는 결과 역시 잘못될 수밖에 없다. 인간 본성의 특이한 점은, 실수에 이르는 길은 무수히 많지만 진리는 하나뿐이라는 데 있다.

학교생활에서는 알아채기 어려운, 아이의 내면을 보여주는 아주 중요한 단서가 있다. 대표적인 것이 바로 '잠자는 자세'다. 흥

　　　　　제9장 준비된 아이

미로운 사례가 하나 있다. 프란츠 요제프 1세 황제의 유령이 나타나 자신에게 군대를 조직해 러시아를 공격하라고 명령했다는 환각에 빠진 열다섯 살 소년이 있었다. 어느 날 밤, 아이가 자는 모습을 살펴보다가 인상적인 장면을 발견했다. 소년이 마치 나폴레옹처럼 위풍당당한 자세로 누워 자고 있었던 것이다. 다음 날 낮에 깨어 있을 때의 자세 역시 밤에 보았던 군인 같은 자세와 똑같았다. 소년이 겪는 환각의 내용과 평소 태도 사이에 분명한 연관성이 있어 보였다.

우리는 대화를 통해 황제가 아직 살아 있다는 소년의 맹목적인 믿음을 흔들어보려 했으나, 아이는 전혀 귀를 기울이지 않았다. 그러다 소년이 카페에서 일할 때 작은 키 때문에 손님들에게 늘 놀림을 받아왔다는 사실을 털어놓았다. 나는 소년에게 평소 그와 비슷한 자세로 걷는 사람을 아느냐고 물었다. 잠시 생각하던 소년은 "마이어 선생님이요"라고 대답했다. 소년이 좋아하는 마이어 선생님을 또 다른 '작은 나폴레옹'으로 연결 지어 보면서, 우리는 문제를 풀 결정적인 실마리를 얻을 수 있었다.

무엇보다 중요한 것은 소년의 장래 희망이 교사였다는 점이다. 마이어 선생님은 소년이 가장 따르던 교사였고, 아이는 선생님의 모든 모습을 닮고 싶어 했다. 결국 키가 작아 놀림받던 소년의 콤플렉스와 간절한 삶의 소망 전체가 그의 자세 하나에 고스란히 응축되어 있었던 것이다.

새로운 환경이나 상황은 아이가 내면적으로 얼마나 잘 준비되어 있는지를 가늠하는 시험대와 같다. 준비가 잘된 아이는 낯선 상황 앞에서도 자신감을 잃지 않는다. 반면 준비가 부족한 아이는 새로운 상황을 마주할 때 긴장감을 느끼는데, 이는 곧 스스로 무능하다는 생각으로 이어진다. 자신이 무능력하다고 느끼면 판단력이 흐려지고 상황에 맞는 적절한 대처를 하지 못하게 된다. 즉, 타인이나 공동체를 향한 사회적 관심이 결여된 반응을 보이게 되어 그 상황이 요구하는 역할에 제대로 부응할 수 없는 것이다.

그러므로 아이가 학교생활에 적응하지 못하고 실패하는 이유를 단순히 학교 제도의 비효율성 탓으로만 돌려서는 안 된다. 아이 스스로 새로운 환경에 뛰어들 준비가 얼마나 되어 있었는지 반드시 함께 살펴야 한다.

우리가 새로운 상황 자체에 주목하는 이유는 그것이 아이의 상태를 악화시키는 원인이라고 믿어서가 아니라 아이가 준비되지 않았음을 드러내는 지표로 보기 때문이다. 그런 의미에서 아이가 마주하는 모든 새로운 상황은 그 아이의 심리적 준비 상태를 확인하는 일종의 시험장이라고 할 수 있다.

이러한 맥락을 바탕으로, 이제 설문지(부록 I 참조)의 몇 가지 항목을 다시 한번 살펴보자.

1. 문제가 언제부터 시작되었는가?

이 질문은 우리의 시선을 아이가 마주한 '새로운 상황'으로 이끈다. "학교에 들어가기 전까지는 괜찮았어요."라는 부모의 말은 본인이 생각하는 것보다 훨씬 많은 정보를 담고 있다. 학교라는 낯선 환경이 아이가 감당하기에 너무 벅찼다는 뜻이기 때문이다. 따라서 "3년 전부터요"라고 답해서는 정보를 충분히 전해주지 못한다. 3년 전 아이의 주변 환경이나 신체 상태에 어떤 변화가 있었는지 반드시 짚어봐야 한다.

스스로에 대한 아이의 믿음이 흔들리기 시작할 때 나타나는 첫 번째 신호는 학교생활에 적응하지 못하는 모습이다. 그런데 어른들이 이 첫 실패를 대수롭지 않게 넘겨버리면, 이는 훗날 아이에게 돌이킬 수 없는 재앙이 되기도 한다. 아이가 낮은 성적 때문에 얼마나 자주 체벌을 받았는지, 그 성적과 체벌이 아이의 우월성 추구에 어떤 영향을 미쳤는지 자세히 살펴야 한다. 부모가 "너는 아무짝에도 쓸모없어." 혹은 "이러다가는 사회의 낙오자가 될 거야." 같은 악담을 자주 내뱉는다면, 아이는 자신이 평생 어떤 성취도 이룰 수 없다고 믿어버리게 된다.

실패를 겪고 자극받아 더욱 분발하는 아이도 있지만, 그 무게에 짓눌려 무너져 내리는 아이도 있다. 자기 자신과 미래에 대한 신뢰를 잃어버린 아이일수록 부드럽고 관대하게, 그리고 끝까지 인내심을 가지고 격려해야 한다.

이 밖에도 성(性)에 대해 거칠고 갑작스럽게 설명하는 일 역시 아이를 혼란에 빠뜨릴 수 있다. 또한, 형제나 자매가 거둔 눈부신 성공도 아이가 노력할 의지를 잃게 만드는 요인이 되기도 한다.

2. 이전에도 그런 징후가 있었는가?

이 질문은 아이가 새로운 상황을 맞닥뜨리기 전부터 이미 준비가 부족했다는 신호가 있었는지 확인하기 위한 것이다. 부모들의 대답은 다양하게 나타난다. 예컨대 "아이가 늘 물건을 어질러 놓았어요."라는 대답은 십중팔구 어머니가 아이 대신 모든 일을 다 해주었다는 뜻이다. "언제나 소심했어요."라는 말은 가족에게 지나치게 의존하고 애착을 보였다는 의미다. 또한, 아이가 유독 허약하다는 평가를 받았다면 몇 가지 가능성을 짐작해볼 수 있다. 선천적으로 약하게 태어났을 수도 있고, 그 허약함 탓에 부모가 지나치게 응석을 받아주었을 수도 있으며, 반대로 외모가 예쁘지 않다는 이유로 방치되었을 수도 있다.

더불어 이 질문은 지능 발달의 문제까지 포괄한다. 발달이 유난히 더뎌 지적 능력이 떨어지는 것은 아닌지 의심받았을 가능성도 있기 때문이다. 훗날 아이가 성장하여 그런 상태에서 어느 정도 벗어났다 하더라도, 응석받이로 자랐다거나 행동에 제약을 받았던 기억은 내면에 고스란히 남는다. 이렇게 억눌린 감정은 아이가 새로운 상황을 감당하려는 모든 시도를 훨씬 어렵게 만든다. 만약 아이가 유독 겁이 많고 덤벙댄다는 평가를 듣는다면, 오히려 그런 행동을 통해 타인의 관심을 끌려는 것은 아닌지도 생각해봐야 한다.

이런 상황에서 부모와 교사의 첫 번째 과제는 아이의 마음을 얻는 것이고, 두 번째 과제는 아이의 용기를 북돋워주는 일이다. 만약 아이가 유독 행동이 서툴다면, 우선 왼손잡이는 아닌지부터 살펴볼 필요가 있다. 신체적 원인이 없는데도 지나치게 행동이 서툴다면, 아이가 자신의 '성역할'을 어떻게 받아들이고 있는지 그 내면을 들여다봐야 한다. 가령 여성적인 분위기 속에서 자란 남자아이가 또래 동성 친구들과 어울리기를 피하고 종종 여자아이처럼 취급받으며 놀림을 당한다면, 그 아이는 차라리 여자아이의 역할에 익숙해지는 편을 택하기 쉽다. 하지만 이는 결국 심각한 내적 갈등으로 이어진다. 아직 남녀의 신체적 차이를 정확히 모르는 시기의 아이들은 자신의 성별을 바꿀 수 있다고 믿기도 한다. 그러나 이내 신체 구조는 바꿀 수 없다는 사실

을 깨닫고, 자신이 속하고 싶은 성별에 맞춰 정신적으로 남성성
이나 여성성을 발달시키는 방식으로 보상하려 든다. 이러한 심
리적 성향은 아이의 평소 옷차림이나 행동에도 고스란히 드러난
다.

한편, 어떤 여자아이들은 소위 '여성스럽다'고 여겨지는 일 자
체를 거부하고 싫어하기도 한다. 이는 그런 일들이 가치 없다고
깎아내리는 사회적 통념에 영향을 받은 것이다. 우리 사회의 실
패를 보여주는 대목이다. 우리 사회에는 여전히 남자에게만 허
용되는 특권이 존재한다. 현대사회는 남성에게 더 유리하게 돌
아가며, 남자들이 스스로 부여한 권력을 사회가 암묵적으로 인
정해주는 경향이 있다. 심지어 딸보다 아들의 탄생을 더 반기는
일도 흔하다.

그러나 이러한 차별은 딸과 아들 모두에게 치명적인 해를 끼
친다. 딸은 아주 어릴 때부터 열등감을 느끼며 자라고, 아들은
부모의 과도한 기대라는 무거운 짐을 떠안아야 하기 때문이다.
특히 여자아이는 성장 과정 곳곳에서 다양한 제약과 부딪히게
된다. 물론 미국처럼 사회적 강요가 상대적으로 덜한 나라도 있
으나 그곳조차 남녀의 사회적 관계가 완벽한 균형을 이룬 것은
아니다.

이 대목에서 우리는 아이들의 모습 속에 인류 전체의 정신이

고스란히 반영되어 있음을 마주하게 된다. 사회가 일방적으로 규정한 여성의 역할을 받아들이는 과정은 때로 아이의 내면에 강한 반항심을 불러일으킨다. 이러한 반항심은 흔히 말썽을 피우거나 고집을 부리고, 때로는 무기력하고 나태한 태도로 표출되곤 하는데, 이는 모두 우월성 추구와 맞닿아 있다. 제약이 많은 상황 속에서도 나름의 방식으로 우월해지려는 몸부림인 셈이다. 따라서 여자아이에게서 이런 징후가 나타난다면, 교사나 부모는 아이가 타고난 자신의 성별이나 그에 부여된 역할에 깊은 불만을 품고 있는 것은 아닌지 살펴봐야 한다.

자신의 성별에 대한 불만은 삶의 다른 모든 영역으로 번져나가 삶 전체를 힘들게 만든다. 때로는 성별 구분이 아예 없는 행성에서 살고 싶다는 비현실적인 소망으로 나타나기도 한다. 이렇게 왜곡된 사고방식은 온갖 부적응 행동으로 이어지며, 매사에 무관심해지거나 범죄, 심지어 자살과 같은 극단적인 선택을 부르기도 한다. 이때 아이를 탓하며 벌을 주거나 방치하는 태도는 아이가 느끼는 결핍감만 더 키울 뿐이다.

이러한 불행을 막으려면, 아이가 자연스럽게 남녀의 신체적 차이를 배우면서도 두 성별이 완벽하게 동등한 가치를 지닌다는 사실을 깨닫도록 가르쳐야 한다. 가정에서 보통 아버지는 권력을 쥔 것처럼 비친다. 집안의 주인처럼 행동하고, 규칙을 정하며, 지시를 내리고, 아내에게 무언가를 설명하며 최종 결정을 내리는 식이다. 남자 형제들 역시 누나나 여동생보다 우위에 서려하고, 경멸이나 비판적인 태도로 여자 형제들이 자신의 성별에 불만을 품게 만든다. 하지만 심리학의 관점에서 보면, 남자 형제들의 이런 행동은 사실 자기 내면의 나약함에서 비롯된 방어기제일 뿐이다. 실제로 무언가를 해낼 능력이 있는 것과 그저 유능해 '보이는' 것은 전혀 다른 문제다.

과거에 여자들이 위대한 업적을 남기지 못했다는 주장은 의미가 없다. 그것은 능력의 차이가 아니라, 기회의 차이 때문이기 때문이다. 애초에 여자들은 위대한 일을 해내도록 길러진 적이 없기 때문이다. 남자들은 여자의 손에 꿰맬 양말을 쥐여주며 그것이 여자의 본분이라고 세뇌해왔다. 지금은 이런 노골적인 차별이 어느 정도 사라졌다고는 하나, 여전히 사회가 여자아이들을 교육하는 방식에는 그들에게 어떤 대단한 성취를 기대하는 모습이 담겨 있지 않다.

아이의 준비를 제대로 돕지 않으면서 기대에 못 미친다고 비난하는 것은 매우 근시안적인 태도다. 이런 문제가 쉽게 해결되지 않는 이유는, 아버지뿐 아니라 많은 어머니들 또한 남성의 특권을 당연하게 여기고 그 낡은 관념에 따라 자녀를 키우기 때문이다. 부모가 무의식중에 남성의 권위를 옹호하면, 아들은 특권

　　　　제9장 준비된 아이

을 당연하게 여기며 타인의 순종을 요구하고, 딸은 지레 체념해 버리고 만다. 아이들은 가능한 한 일찍 자신이 어느 성별에 속하는지, 그리고 그 성별은 임의로 바꿀 수 없다는 사실을 명확히 알아야 한다. 앞서 언급했듯, 여성은 남성이 권위와 우월함을 당연하게 독점하는 현실에 깊은 분노를 키워왔다. 이 분노가 지나치게 커진 나머지 자신의 성별을 거부하고 어떻게든 남자처럼 행동하려 드는 심리적 상태를 개인심리학에서는 '남성 항거(masculine protest)'라고 부른다.

신체 기형이나 불완전한 발달 같은 이차적 특징들(가령 여자아이에게 남성적인 신체적 특징이 나타나거나 반대로 남자아이에게 여성적인 특징이 두드러지는 경우)은 어른들조차 아이의 생물학적 성별을 의심하게 만든다. 이러한 오해는 꽤 깊숙이 뿌리내려 있으며, 아이의 체질적인 허약함과도 맞물려 있다. 남성임에도 골격이 작고 앳된 신체 구조를 가졌다고 해서 '여성스럽다'고들 말하지만, 엄밀히 말해 이는 사실이 아니다. 그런 남성은 여성을 닮았다기보다 아이의 몸에 가까울 뿐이다. 하지만 우리 사회는 '완전히 성장한 강건한 남성'을 이상적인 기준으로 삼고, 남성이 여성보다 더 뛰어난 성취를 보여야 한다고 요구한다. 그 결과, 신체 발달이 충분하지 않은 남성은 열등감을 느끼기 쉽다. 여자아이 역시 신체 발달이 더디거나 외모에 대한 평가가 기대에 미치지 못할 때, 자신을 낮게 여기거나 삶을 비관하기 쉽다. 이는 우리 사회가 여성의 외적인 아름다움에 큰 가치를 두기 때문이다.

기질, 성격, 감정은 삼차적 성적 징표로 여겨진다. 사람들은 예민한 남자아이를 '여성적'이라고, 침착하고 당당한 여자아이를 '남성적'이라고 묘사하곤 한다. 그러나 이러한 특성들은 태어날 때부터 정해진 것이 아니며 후천적으로 형성된다. 어릴 적의 경험을 통해 굳어진 성격은 훗날 어른이 되어서도 '나는 어릴 때 유별났다'거나 '내성적이었다' 혹은 '계집아이(또는 사내아이) 같았다'는 회상으로 이어진다. 결국 아이들은 각자가 성 역할을 어떻게 해석하고 받아들였느냐에 따라 지금의 성격으로 발달한 것이다.

성적 발달과 경험이 어느 단계까지 왔느냐는 곧, 아이의 나이에 따라 성에 대해 어느 정도의 이해를 갖출 것이라 기대할 수 있음을 뜻한다. 단언컨대 부모나 교사가 성에 대해 진지하게 설명해줄 즈음, 십중팔구 아이들은 그보다 훨씬 전부터 관련 사실들을 눈치채고 있다. 따라서 성교육에 정답이나 고정된 규칙은 없다. 아이가 어른의 설명을 어떻게 받아들일지, 어디까지 믿을지, 어떤 영향을 받을지 미리 예측할 수 없기 때문이다. 가장 좋은 방법은 아이가 먼저 질문을 던지는 바로 그 순간, 아이의 심리 상태와 이해도를 파악해 알맞게 설명해주는 것이다. 억지스러운 조기 성교육이 해롭다고 단정할 수는 없지만, 굳이 권장할 만한 일도 아니다.

입양아나 재혼 가정의 의붓자녀가 겪는 문제는 훨씬 까다롭다. 이 아이들은 자신이 좋은 대우를 받는 것은 당연시하면서도, 부모가 엄격하게 훈육할 때는 그 원인을 자신들의 특수한 가족 관계 탓으로 돌리려 한다. 친어머니를 잃고 아버지에게만 의지하던 아이가, 아버지가 재혼하자마자 자신이 밀려났다고 느끼며 새어머니와 친해지기를 완강히 거부하는 일도 흔하다. 흥미로운 점은 친부모 밑에서 자라면서도 부모를 마치 계부모처럼 원망하는 아이들도 있다는 사실이다. 이는 당연히 부모의 양육 방식에 대한 아이의 가혹한 비판과 불만을 내포하고 있다.

계부모들이 악당으로 등장하는 옛날 동화들은 이들에 대한 사회적 편견을 키우는 데 한몫했다. 덧붙이자면, 동화가 아이들에게 늘 완벽한 읽을거리는 아니다. 아이들이 동화를 통해 인간의 본성을 배우므로 아예 금지할 수는 없겠지만, 내용에 따라 어른이 올바른 설명을 해줘야 한다. 특히 지나치게 잔인하거나 왜곡된 환상을 심어주는 동화는 가급적 피하는 것이 좋다. 힘센 남자가 잔혹한 짓을 저지르는 이야기는 아이를 강하게 단련시키고 나약한 감정을 억누르려는 목적으로 쓰이곤 했다. 이 역시 그릇된 '영웅 숭배'에서 비롯된 어리석은 생각이다. 그 탓에 남자아이들은 누군가를 동정하고 연민하는 것을 남자답지 못한 행동이라 여긴다. 대체 왜 타인을 향한 부드러운 감정이 조롱과 경멸의 대상이 되어야 하는지 이해하기 어렵다. 지나치게 감상에 빠지는 것만 경계한다면, 다정한 감정은 의심할 여지 없이 소중하고 가치 있는 능력이다.

혼외 자녀들이 처한 상황도 지극히 척박하다. 아버지는 아무런 책임을 지지 않은 채 어머니와 아이만 혼외 출생이라는 무거운 멍에를 짊어지는 것은 두말할 필요도 없이 부당하다. 그리고 그 과정에서 가장 가혹한 대가를 치르는 희생양은 언제나 아이다. 어른들이 나서서 이 아이들을 어떻게든 도우려 애써도 그들의 고통을 완전히 막아주는 것은 불가능하다. 아이 스스로도 세상의 상식에 비춰볼 때 자신의 존재에 무언가 결함이 있다고 느낀다. 아이들은 또래에게 따돌림을 당하고, 가혹한 법적 낙인 탓에 삶의 조건마저 불리해진다. 상처받기 쉬운 예민함 때문에 남들과 자주 다투고, 결국 세상 전체를 향해 적대적인 태도를 키우게 된다. 세계 어느 언어를 막론하고 이런 아이들을 가리키는 모욕적이고 추잡하며 고통스러울 만큼 비하적인 욕설이 존재한다는 사실만 봐도 이들이 감내해야 하는 폭력을 짐작할 수 있다. 비행 청소년이나 범죄자 중에 고아나 혼외 자녀의 비율이 유독 높은 이유도 충분히 이해할 수 있다. 이 아이들이 보이는 반사회

   제9장 준비된 아이

적인 성향을, 타고난 유전자나 선천적인 기질 탓으로 돌려서는
안 된다.

제10장
학교생활과 아이

앞서 살펴보았듯이, 학교에 들어가는 순간 아이는 완전히 새로운 상황과 마주하게 된다. 살면서 겪는 모든 낯선 상황이 그렇듯, 학교 입학 역시 아이가 지금껏 내면적으로 얼마나 잘 준비되어 왔는지를 보여주는 일종의 시험대라고 할 수 있다. 가정에서 건강하게 훈련받은 아이라면 이 시험을 무난하게 통과하겠지만, 그렇지 못한 아이라면 그동안 부족했던 준비의 결함이 어김없이 드러나고 만다.

안타깝게도 유치원이나 초등학교에 입학할 무렵, 아이의 심리적 준비 상태를 제대로 기록해두는 부모가 거의 없다. 하지만 만약 그런 기록이 남아 있다면 훗날 그 아이가 어른이 되었을 때의 행동을 이해하는 데 엄청난 실마리를 제공할 것이다. 이런 의미에서 '새로운 상황이라는 이름의 시험'은 학업 성적표보다 아이에 관해 무한히 더 많은 것을 알려준다.

그렇다면 학교라는 공간은 갓 입학한 아이에게 무엇을 요구하는가? 학교생활이란 본질적으로 교사나 교우들과 어떻게 협력할 것인가, 그리고 학교에서 배우는 다양한 과목에 얼마나 관심을 기울일 것인가를 묻는 과제다.

우리는 이 새롭고 낯선 상황에 아이가 어떻게 반응하는지를 지켜보며, 아이의 협력 능력이 어느 정도인지, 관심의 영역이 어디를 향해 있는지를 가늠할 수 있다. 아이가 특정 과목에 흥미를 느끼는지, 다른 사람의 말에 귀를 기울이는지, 세상 그 무엇에도 관심이 없는지 등을 파악할 수 있다. 아이의 전반적인 태도, 자세와 표정, 남의 말을 듣는 방식, 교사에게 스스럼없이 다가가는지 아니면 멀찌감치 거리를 두는지 등을 주의 깊게 관찰하는 것만으로도 이 모든 사실을 알아낼 수 있다.

이러한 아주 사소한 세부 사항들이 아이의 심리 발달에 얼마나 큰 영향을 미치는지 보여주는 사례가 있다. 직장 생활에서 큰 어려움을 겪다 심리학자를 찾아온 한 남자의 이야기다. 심리학자는 그의 어린 시절을 찬찬히 들여다보았다. 그는 위로 누나들만 있는 딸 부잣집에서 태어났고, 불행히도 부모님은 그가 태어난 직후 세상을 떠났다.

그가 학교에 들어갈 나이가 되었을 때, 그는 자신이 여자학교에 등록해야 하는지, 남자학교에 등록해야 하는지조차 알지 못했다. 결국 누나들의 권유로 여자학교에 등록하려고 했지만, 곧 쫓겨나고 말았다. 이 당혹스러운 사건이 어린 남자아이의 마음에 얼마나 깊은 상처와 혼란을 남겼을지는 굳이 설명하지 않아도 충분히 상상할 수 있을 것이다.

한편, 학교 과목에 대한 아이의 집중력은 교사를 향한 관심에 크게 좌우된다. 따라서 아이가 집중하지 못하는 원인을 재빨리 알아채는 것은 전적으로 교사의 기량에 달려 있다. 현실에는 집중력이라고는 전혀 찾아볼 수 없는 상태로 학교에 오는 아이들이 무척 많다. 이들은 가정에서 응석받이로 자란 탓에, 낯선 사람들로 북적이는 환경에 덩그러니 놓이자 그저 어리둥절한다. 이때 교사가 조금이라도 엄격하게 대하면, 아이들은 백지장처럼 아무것도 기억하지 못하는 모습을 보인다.

그러나 이 기억력 부족 현상은 사람들이 흔히 생각하는 것처럼 단순한 뇌 기능의 문제가 아니다. 교사에게 기억력이 없다고 꾸중을 듣는 아이도 학교 밖의 다른 일들에 대해서는 놀라운 기억력을 발휘하곤 한다. 심지어 고도의 집중력을 보이기도 하는

데, 흥미롭게도 그 집중력은 오직 집에서 응석을 부리던 상황을 재현하는 데만 쏠려 있다. 자신이 다시 응석받이로 대접받고 싶다는 욕구에만 온통 마음을 쏟느라 정작 학교 공부에는 집중하지 못하는 것이다.

아이가 학교생활에 잘 적응하지 못하고 성적이 떨어지며 시험을 망친다고 해서, 꾸짖는 훈육은 아무런 소용이 없다. 비판과 꾸지람만으로는 아이의 굳어진 생활양식을 바꿀 수 없다. 오히려 "나는 역시 학교 체질이 아니야"라는 확신만 굳혀주고, 아이의 내면에 세상에 대한 비관적인 태도만 키우게 될 뿐이다.

응석받이로 자란 아이들이 특정 교사에게 마음을 빼앗기거나 유대감을 형성하면, 종종 훌륭한 모범생으로 돌변한다는 사실은 무척 흥미롭다. 이들은 자신에게 돌아오는 칭찬이나 애정 같은 이득이 확실할 때만 열의를 불태운다. 하지만 안타깝게도 학교라는 공간이 언제나 아이를 응석받이로 대우해주진 않는다. 학년이 올라가 학교나 교사가 바뀌거나, 특정 과목(특히 객관적 논리가 필요한 산수는 응석받이 아이들에게 늘 치명적인 위기를 안겨주는 과목이다)에서 진도가 막히면 이들의 성장은 돌연 멈추고 만다. 모든 것을 힘들이지 않고 쉽게 얻는 데 익숙해진 나머지, 난관을 뚫고 앞으로 나아갈 힘이 없는 것이다. 이 아이들은 어려움에 당당히 맞서 싸우도록 훈련받지 못했고 그 방법조차 모른다. 당연히 의식적인 노력을 기울여 스스로 장애물을 극복해낼 인내심도 턱없이 부족하다.

이제 아이가 학교에 입학하기 위해 갖추어야 할 건강한 준비가 과연 무엇인지 짐작할 수 있을 것이다. 아이가 학교나 사회생활에 대한 준비가 부족한 경우를 들여다보면 일반적으로 어머니의 영향이 크게 작용하고 있다. 어머니는 아이의 내면에 깃든 타인과 세상에 대한 관심을 가장 먼저 일깨워주는 존재이며, 그 관심을 건강한 방향으로 이끌어주어야 할 막중한 책임을 지고 있다. 하지만 이 책임을 다하지 못한 경우, 그 결과는 아이가 학교에서 보이는 부적응 행동으로 드러난다. 물론 아이의 준비 상태에 영향을 미치는 것은 어머니뿐만이 아니다. 아버지의 양육 태도나 형제자매 간의 경쟁 등 가족 내의 복합적인 요인들이 얽혀 있으며, 이는 다른 장에서 이미 분석한 바 있다. 나아가 열악한 환경이나 사회적 편견 같은 외부적 요인들도 존재하는데, 이에 대해서는 다음 장에서 더 자세히 다룰 것이다.

이처럼 아이의 부족한 준비 상태를 설명해주는 수많은 배경을 고려할 때, 단지 눈에 보이는 학업 성적만으로 아이를 섣불리 평가하는 것은 무척 어리석은 일이다. 학교의 성적표나 생활기록부는 아이의 현재 심리 상태를 짚어보는 지표로 활용되어야 한다. 그것이 암시하는 아이의 지능, 관심사, 그리고 집중력의 수준을 꿰뚫어 봐야 한다는 뜻이다. 학교 시험도 지능 검사처럼 과학적으로 해석해야 한다. 어느 쪽이든 우리가 주목해야 할 것은 시험지에 기록된 정답의 개수나 지식의 양이 아니라, 그 결과가 보여주는 아이의 내면과 정신의 상태다.

최근 몇 년 사이 지능 검사는 눈부시게 발전했다. 오늘날 지능 검사는 교육 현장에서 교사들에게 무척 비중 있게 다루어지며, 일반적인 시험으로는 미처 파악할 수 없는 아이의 잠재력을 보여준다는 점에서 분명한 가치가 있다. 때로는 지능 검사가 위기에 처한 아이를 구하기도 한다. 가령 학교 성적이 너무 나빠서 교사가 낮은 반으로 배정하려던 찰나, 지능 검사에서 뜻밖의 높은 점수가 나와 상황이 뒤집히는 식이다. 낙제하는 대신 오히려 한 학년을 건너뛰게 된 아이는 성취감을 맛보고, 이후의 행동과 태도마저 긍정적으로 달라진다.

지능 검사나 IQ의 순기능을 깎아내리고 싶지 않지만, 검사를 진행할 때 IQ 점수를 부모나 아이 본인에게 직접 알려주어서는 안 된다는 점만큼은 분명히 짚고 넘어가야 한다. 부모나 아이는 지능 검사의 진정한 의미와 가치를 제대로 알지 못하기 때문이다. 그들은 IQ 점수를 최종 결론으로 여기며, 이 숫자가 아이의 운명을 결정짓고 한계를 정한다고 생각하기 쉽다. 실제로 지능 검사의 결과를 맹신하고 절대적인 기준으로 받아들이는 태도에는 비판의 여지가 많다. 지능 검사에서 높은 점수를 받았다고 해서 성공적인 삶이 보장되는 것도 아니며, 반대로 사회에서 큰 성취를 이룬 어른들이 어린 시절 지능 검사에서는 형편없는 점수를 받았던 사례도 얼마든지 있다.

개인심리학자들의 임상 경험에 따르면, 지능 검사에서 지적 능력이 부족하다는 결과가 나왔다 하더라도 적절한 방법만 찾는다면 점수를 얼마든지 끌어올릴 수 있다. 효과적인 방법 중 하나는, 아이가 해당 지능 검사 도구를 일종의 놀이처럼 가지고 놀며 자연스럽게 올바른 요령을 터득하도록 돕고 다음 시험을 편안하게 준비할 수 있게 이끌어주는 것이다. 이런 과정을 거치면 아이는 확실한 진전을 보이고 경험치가 쌓여 훗날 치르는 시험에서 훨씬 더 나은 점수를 받게 된다.

오늘날 빽빽한 학교 일정과 과도한 교육과정이 아이들에게 심리적 부담을 주고 있지는 않은지 살펴볼 필요가 있다. 물론 현재 학교에서 가르치는 교과목들의 가치를 폄하하거나, 당장 과목 수를 줄여야 한다고 주장하는 것은 아니다. 다만 아이들이 배우는 지식이 그저 따분하고 추상적인 이론에 불과하다고 느끼지 않도록, 각 과목이 지닌 실용적인 목적과 가치를 일관되게 가르치는 것이 무엇보다 중요하다. 현재 교육계에서는 '아이에게 지식과 사실을 암기시킬 것인가, 아니면 인격을 도야할 것인가'를 두고 치열한 논쟁이 벌어지고 있다. 하지만 개인심리학에서는 이 두 가지 목표를 충분히 결합할 수 있다고 믿는다.

앞서 강조했듯 교과목은 아이들의 흥미를 자극하고 실생활과 맞닿아 있도록 가르쳐야 한다. 가령 수학(산수와 기하학)이라면 건물의 양식이나 구조, 그 공간에 얼마나 많은 사람이 살 수 있는지 등 현실적인 문제와 연결하여 설명해야 한다. 여러 과목을 융합하여 가르치는 것도 좋은 방법이다. 실제로 진보적인 학교에는 각 교과목을 긴밀하게 연관 지어 가르치는 전문가들이 있다. 산책을 하는 시간에는 아이들이 어떤 분야에 더 흥미를 느끼는지 세심히 관찰하고, 식물에 관한 생물 수업을 그 식물의 기원과 기후 등 역사 및 지리와 자연스럽게 연결하여 가르친다. 이렇게 하면 아이가 관심 없던 과목에도 흥미를 느끼게 되고, 교육이 지향해야 할 통합적인 시야를 기를 수 있다.

교육 현장에서 교사들이 간과해서는 안 될 사실이 하나 있다. 바로 교실에 앉아 있는 아이들은 끊임없이 경쟁에 내몰리고 있다는 압박감을 느낀다는 점이다. 이 문제가 왜 그토록 심각한지는 어렵지 않게 짐작할 수 있다. 이상적인 학급이라면 아이들 한 명 한 명이 자신을 전체 공동체의 소중한 일부로 느끼는 유기적인 공동체가 되어야 마땅하다. 따라서 교사는 교실 안의 경쟁심과 개인적인 야심이 건강한 선을 넘지 않도록 세심하게 조율해

야 한다. 아이들은 또래 친구가 자신보다 앞서 나가는 것을 달가
워하지 않는다. 그래서 경쟁자를 이기기 위해 스스로를 가혹하
게 몰아붙이거나, 반대로 깊은 좌절감에 빠져 자기만의 주관적
인 세계로 도피하고 만다. 교사의 따뜻한 조언과 지도가 절대적
으로 중요한 이유가 바로 여기에 있다. 결정적인 순간에 건네는
교사의 적절한 말 한마디는 아이의 에너지를 소모적인 경쟁에서
건강한 협력의 길로 돌려놓을 수 있다.

이러한 맥락에서 학급 내에 학생 자치 제도를, 아이들의 수준
에 맞게 약간 변형하여 도입하는 것도 큰 도움이 된다. 아이들이
자치 제도를 완벽하게 운영할 준비가 될 때까지 마냥 기다릴 필
요는 없다. 처음에는 그저 상황을 지켜보거나 조언을 구하는 정
도의 가벼운 역할부터 맡겨볼 수 있다. 만약 아무런 준비 없이
아이들에게 자치권부터 덜컥 쥐여준다면, 아이들이 오히려 교사
보다 더 엄격하고 가혹한 처벌을 내리거나, 부여받은 정치적 권
력을 개인의 이득과 우월감을 채우는 데 남용하는 안타까운 모
습을 보게 될 것이다.

아이들의 학업 성취와 학교에서의 진급 문제를 다룰 때는 교
사의 관점뿐만 아니라 아이들의 관점도 반드시 함께 고려해야
한다. 흥미로운 점은 아이들 스스로가 이 부분에서 놀라울 만큼
정확한 판단력을 발휘한다는 사실이다. 아이들은 글쓰기나 그림

그리기, 혹은 운동장 달리기에서 누가 가장 뛰어난지 본능적으로 안다. 서로의 능력을 꽤 정확하게 파악하고 있다. 때로는 특정 친구에게 공평하지 못한 평가를 내리기도 하지만, 곧 그 사실을 깨닫고 스스로 공평해지려 노력하는 모습도 보인다.

이 과정에서 아이들이 겪는 가장 큰 난관은 다름 아닌 자기 자신을 과소평가하는 태도다. '나는 이제 아무리 노력해도 저 애들을 절대 따라잡을 수 없어.'라고 지레 짐작하고 믿어버리는 것이다. 당연히 이는 사실이 아니다. 아이들은 언제든 앞선 친구들을 따라잡을 수 있다. 만약 어른들이 아이의 이런 잘못된 판단을 바로잡아 주지 않는다면, 이 패배감은 평생을 지배하는 고착 관념으로 굳어지고 만다. 이런 생각에 갇힌 아이는 앞으로 나아가지 못한 채 늘 제자리에만 맴돌 뿐이다.

실제로 학교에 다니는 대다수의 아이는 늘 비슷한 성적 수준에 머무른다. 최상위권이든, 최하위권이든, 중간이든 한 번 정해진 자리가 좀처럼 바뀌지 않는다. 하지만 이것은 아이의 뇌가 더 이상 발달하지 않아서가 아니라, 심리적 태도에 깊게 밴 관성을 반영하는 것이다. 처음 몇 번의 좌절을 겪은 뒤, 아이 스스로 자신의 한계를 긋고 더 나아질 수 있다는 낙관을 포기해버렸다는 신호다.

그러나 이따금 아이들의 상대적인 위치가 눈에 띄게 뒤바뀌는 현상이 일어나기도 한다. 이는 아이의 지적 능력을 영원히 지배하는 타고난 운명 따위는 존재하지 않음을 증명한다. 아이들 역시 이 사실을 분명히 깨달아야 하며, 그 변화의 가능성이 자신에게도 얼마든지 적용될 수 있음을 이해하도록 어른들이 이끌어주어야 한다.

무엇보다 교사와 부모 모두, 정상적인 지능을 가진 아이의 뛰어난 성취가 특별한 유전자 덕분이라는 미신에서 반드시 벗어나야 한다. 모든 것을 유전 탓으로 돌리는 태도야말로 아동 교육에서 저지르는 가장 치명적인 실수다. 개인심리학이 처음 이 문제를 지적했을 때만 해도, 사람들은 이를 과학적 근거가 없는 순진한 추측이라며 비웃었다. 하지만 오늘날 수많은 심리학자와 정신과 의사들이 이 관점에 크게 동의하고 있다.

솔직히 말해 유전은 부모와 교사, 그리고 아이 모두에게 너무나 편리한 희생양이다. 마땅히 땀 흘려 노력해야 할 어려움에 부딪힐 때마다 "이건 타고난 유전 때문이야."라는 핑계를 대며 모든 책임에서 가뿐히 벗어날 수 있기 때문이다. 그러나 우리에게는 자신을 성장시켜야 할 책임을 회피할 권리가 없다. 그렇기에 우리의 책임을 너무나 쉽게 면제해주는 그럴싸한 이론 앞에서도 늘 의심을 거두지 말아야 한다.

자신이 하는 일의 교육적 가치를 확신하고 교육이란 곧 한 인간의 성격을 빚어내는 훈련이라고 믿는 진정한 교육자라면 유전 결정론을 받아들일 수 없다. 물론 여기서 말하는 유전이 신체적인 특징을 뜻하는 것은 아니다. 우리는 선천적인 신체 기관의 결함이나 육체적 능력의 차이가 어느 정도 유전된다는 사실을 잘 알고 있다. 그러나 특정 신체 기관의 기능과 인간의 복잡한 정신 활동 사이를 어떻게 연결할 수 있을까? 개인심리학은 인간의 정신이 자신의 신체적 능력이 어느 정도인지를 경험하고 이를 고려할 뿐이라고 끊임없이 주장해왔다. 때로는 정신이 신체적 조건을 지나치게 의식해 신체적 결함에 위축되기도 한다. 심지어 의학적 치료로 그 결함이 완전히 사라진 뒤에도, 마음에 남은 두려움은 오래도록 삶에 영향을 미친다.

사람들은 어떤 현상을 보면 그 기원을 거슬러 올라가 원인을 찾으려 한다. 그러나 개인의 성취를 평가할 때 이런 혈통 중심의 시각은 큰 오해를 낳는다. 사람의 삶은 단순히 몇몇 조상에게서 이어진 결과가 아니라, 수많은 관계와 환경 속에서 형성되기 때문이다. 특히 이런 생각은, 가계도를 따져 보면 매 세대마다 두 명의 부모가 존재한다는 가장 기본적인 사실조차 간과하게 만든다. 그럼에도 우리는 일부 조상만을 근거로 개인의 능력이나 가능성을 판단하려는 오류를 반복하곤 한다. 당장 다섯 세대만 거슬러 올라가도 우리에게는 64명의 조상이 존재하며, 그 64명 중에는 후손의 뛰어난 재능을 물려주었다고 칭송할 만한 영리한 인물을 얼마든지 찾아낼 수 있다. 열 세대를 거슬러 올라가면 조상의 수는 무려 4,096명으로 불어나고, 그 수많은 사람 중 압도적으로 유능한 인물 한두 명쯤은 반드시 섞여 있기 마련이다.

게다가 가문에 탁월하게 유능한 인물이 단 한 명이라도 존재하면, 그가 남긴 훌륭한 전통이 마치 핏줄을 타고 흐르는 유전처럼 강력하게 작용한다는 사실도 잊어서는 안 된다. 특정 가문이 다른 가문보다 유능한 인재를 유독 많이 배출하는 이유는, 신비로운 유전의 힘이 아니라 바로 이처럼 명백하고 단순한 환경적 요인 때문이다. 유럽에서 아이가 성인이 되면 아버지의 직업을 의무적으로 물려받아야 했던 과거의 시대적 상황을 떠올려보라. 이처럼 당시의 사회적 제도를 까맣게 잊은 채 숫자만 들여다보면, 유전 통계는 절대적인 것처럼 보이기 십상이다.

유전이라는 잘못된 믿음 다음으로 아이를 가장 힘들게 하는 것은, 나쁜 성적에 뒤따르는 가혹한 처벌이다. 아이가 나쁜 성적표를 받아 들면 당장 학교 교사에게 호감을 얻기란 불가능해진다. 학교에서 온종일 주눅 들어 고통받던 아이가 무거운 발걸음으로 집에 돌아오면, 이번에는 부모가 연출하는 꾸지람이라는 비극이 기다리고 있다. 어머니와 아버지 양쪽에서 번갈아 호된 꾸중을 듣고, 매를 맞기도 한다.

　　　　　　　　　　　제10장 학교생활과 아이

그러므로 학교의 교사들은 아이 손에 들려 보낸 나쁜 성적표가 그 가정에서 어떤 파장을 일으킬지 반드시 헤아려야 한다. 어떤 교사들은 집에 나쁜 성적표를 보여주어야만, 부끄러움을 느껴 다음번엔 더 열심히 노력할 것이라고 순진하게 믿는다. 하지만 그들은 아이가 처한 특수한 가정 환경을 완전히 간과하고 있다. 어떤 가정에서는 부모가 아이를 정신적으로든 신체적으로든 폭력적으로 양육하며, 그런 집에서 자라는 아이는 형편없는 성적표를 부모에게 보여줄지 말지를 두고 수백 번씩 고민하며 피를 말린다. 그 결과 성적표를 아예 숨겨버리거나, 때로는 부모의 체벌에 대한 공포와 극단적인 절망감을 견디지 못하고 스스로 목숨을 끊는 비극적인 선택을 하기도 한다.

교사 개개인에게 기존 학교 제도의 모든 책임을 물을 수는 없다. 하지만 교사는 제도의 비인간적이고 엄격한 잣대를 자신만의 개인적인 공감과 이해로 최대한 누그러뜨릴 필요가 있다. 이렇게 하면 학생의 특수한 가정환경을 배려하여 한결 부드럽게 대할 수 있고, 아이를 절망의 늪으로 밀어넣는 대신 따뜻하게 격려할 수 있다. 늘 형편없는 성적표를 받아들고 꼴찌라는 꼬리표를 달고 살다 보면, 아이의 마음속에는 무거운 짐이 첩첩이 쌓이게 마련이다.

입장을 바꿔 그 아이의 처지가 되어보면, 왜 그토록 학교를 싫어하는지 금방 이해할 수 있다. 이는 지극히 자연스럽고 인간적인 반응이다. 끊임없이 비난받고 나쁜 성적에 시달리며 남들을 따라잡을 일말의 희망조차 보이지 않는 곳을 좋아할 사람은 아무도 없다. 누구든 그곳에서 도망치고 싶을 것이다. 그러니 이런 아이들이 학교를 빼먹고 겉돈다고 해서 너무 놀라거나 동요할 필요는 없다.

아이의 일탈에 놀라지 않는 데서 그칠 것이 아니라, 그 행동이 품고 있는 진짜 의미를 파악해야 한다. 특히 질풍노도의 사춘기에 이런 일이 벌어진다면, 이는 매우 위험한 길로 접어들었다는 경고 신호다. 이 시기의 아이들은 부모의 눈을 속여 성적표를 위조하거나 무단결석을 하는 등 자신을 방어할 만큼 충분히 영리하다. 그러다 결국 거리에서 자신과 비슷한 처지의 아이들을 만나 무리를 짓게 되고 범죄의 늪으로 빠져들고 만다.

하지만 '그 어떤 아이도 구제 불능이거나 절망적이지 않다'는 개인심리학의 관점을 받아들인다면 이 모든 비극을 막을 수 있다. 우리는 아이를 도울 방법이 언제나 존재한다는 굳건한 믿음을 가져야 한다. 아무리 절망적으로 보이는 최악의 상황일지라도, 그 아이의 마음을 여는 특별한 접근법은 반드시 있다. 물론 어른들이 포기하지 않고 그 방법을 기어이 찾아낸다는 전제하에 말이다.

한편, 유급(낙제) 제도가 아이들에게 미치는 치명적인 악영향에 대해서는 두말할 필요조차 없다. 학년이 올라가지 못하고 유급된 아이가 학교와 가정 모두에게 심각한 골칫거리가 된다는 사실은 교사들 역시 인정할 것이다. 물론 모든 사례가 다 그런 것은 아니겠지만 예외는 극히 드물다. 유급을 경험한 아이들 대다수는 만성적인 낙제생으로 전락한다. 이들은 늘 친구들보다 뒤처져 있고 매사에 회피하는 태도로 일관하며, 평생 풀지 못한 문제들을 마음속에 무거운 짐처럼 안고 살아간다.

아이를 어느 시점에 유급시킬지 결정하는 것은 무척 까다로운 문제다. 현명한 교사들은 이 위기를 성공적으로 피해 가기도 한다. 방학 기간을 적극적으로 활용하여 아이를 따로 지도하고, 아이의 잘못된 생활양식에서 원인을 찾아내어 교정한 뒤 무사히 다음 학년으로 진급시키는 것이다. 만약 학교에 이 과정만을 전담하는 특별 교사 제도가 마련되어 있다면, 이런 긍정적인 해법을 훨씬 더 널리 실천할 수 있을 것이다. 현재 학교에는 사회복지사나 순회(방문) 교사는 존재하지만, 아쉽게도 이런 역할을 전담해줄 특별 교사는 없다.

사실 유럽(독일)의 교육 환경에는 방문 교사 제도가 따로 없으며, 굳이 그런 제도가 필수적이지 않은 것처럼 보이기도 한다. 공립학교의 담임교사야말로 아이의 상태를 가장 정확하게 파악할 수 있는 최적의 위치에 있기 때문이다. 교사가 올바른 시각으로 관찰하기만 한다면 외부의 그 누구보다 아이에 대해 훨씬 더 많은 것을 알아낼 수 있다.

일각에서는 한 반의 학생 수가 너무 많아 담임교사가 개별 아이들을 일일이 파악하기란 불가능하다고 주장한다. 하지만 처음 교실 문을 열고 들어오는 아이들의 행동과 태도만 유심히 관찰해도, 아이의 전반적인 생활양식을 금세 간파하고 앞으로 벌어질 수많은 어려움을 미리 막을 수 있다. 이는 아무리 과밀한 학급이라도 충분히 가능한 일이다. 아이들의 내면을 충분히 이해하는 교사는, 그렇지 못한 교사보다 훨씬 더 많은 아이를 훌륭하게 교육해낼 수 있다. 물론 과밀 학급이 축복일 리 없고 가급적 피해야 마땅하지만, 그것이 아이들을 바르게 이해하고 지도하는 데 있어 절대 극복하지 못할 장애물은 아니다.

심리학적인 관점에서 볼 때, 교사가 매년 혹은 심지어 6개월마다 바뀌는 것보다 아이들과 함께 다음 학년으로 올라가며 계속 담임을 맡는 편이 훨씬 낫다. 같은 교실에서 같은 아이들과 2년, 3년, 길게는 4년까지 함께 지낼 수 있다면 이는 교육의 모든 면에서 엄청난 이점이 된다. 교사에게는 반 아이들 한 명 한 명을 자세히 들여다볼 충분한 시간이 주어지며, 아이들 각자가 지닌 생활양식의 치명적인 오류를 정확히 파악하고 바로잡아줄 수 있기 때문이다.

때로는 성적이 우수한 아이들이 학년을 뛰어넘어 월반을 하기도 한다. 그러나 이것이 아이에게 진정으로 이득이 되는지에 대해서는 논쟁의 여지가 많다. 이 아이들은 학년을 건너뛰면서 자신에게 쏟아진 주위의 높은 기대치를 감당하지 못하고 결국 무너지는 경우가 허다하다. 다만, 나이에 비해 너무 오랫동안 학교에 머물렀거나, 과거에는 학업에 뒤처졌지만 이후 눈에 띄게 성장하고 개선된 아이들의 경우에는 월반을 신중하게 고려해볼 필요가 있다. 이때 주의할 점은 학년을 건너뛰는 일이 단지 좋은 성적에 대한 보상으로 주어지거나, 다른 아이들보다 지식이 많다는 사실을 우쭐대며 내세우는 수단으로 쓰여서는 안 된다는 것이다.

사실 유난히 영리한 아이에게는 학년을 앞당기는 것보다 방과후 시간에 미술이나 음악 같은 다양한 공부에 몰두하게 하는 편이 훨씬 유리하다. 이렇게 배운 특별한 재능과 지식은 결국 교실로 돌아와 반 전체에 이로운 영향을 미치고, 다른 친구들에게도 건강한 자극을 주기 때문이다. 반에서 성적이 좋은 학생만 따로 뽑아 진급시키는 것은 바람직하지 않다. 혹자는 항상 영리하고 뛰어난 아이들만을 골라 위로 올려보내야 한다고 강력히 주장하지만, 개인심리학은 그런 주장에 동의하지 않는다. 오히려 우리는 이 영리한 아이들이 반 전체의 분위기를 끌어올리고 친구들을 앞으로 밀어주며, 학급 전체를 발달시키는 강력한 동력이 되어준다고 믿는다.

학교 현장에서 흔히 찾아볼 수 있는 두 가지 유형의 학급, 즉 이른바 우등반과 열등반의 실태를 들여다보면 무척 흥미로운 사실을 발견하게 된다. 놀랍게도 우등반에는 실제로 지능이 떨어지는 아이들이 제법 섞여 있는 반면, 열등반의 자리를 채우고 있는 것은 사람들의 예상과 달리 지능이 부족한 아이들이 아니라 그저 가난한 가정의 아이들인 경우가 대부분이다. 가난한 집안에서 자란 아이들은 흔히 학습 부진아라는 꼬리표를 달게 된다. 이유는 단순하다. 학교생활을 위한 심리적·환경적 준비 상태가 많이 부족하기 때문이다. 부모가 당장 먹고살기 바빠 아이에게 온전히 쏟을 시간이 없었거나, 부모 스스로도 아이를 어떻게 이끌어야 할지 교육받지 못했을 가능성이 크다. 이처럼 단지 심리적인 준비가 부족할 뿐인 아이들을 마치 지능이 모자란 것처럼 뭉뚱그려 열등반에 몰아넣어서는 안 된다. 열등반에 속한다는 사실 자체가 아이에게는 지울 수 없는 낙인이며, 또래 친구들에게 조롱거리가 되기 때문이다.

이 아이들을 따뜻하게 돌보는 훨씬 더 나은 방법은 앞서 언급한 '특별 교사 제도'를 적극적으로 도입하는 것이다. 이 전담 교

　　　제10장 학교생활과 아이

사 외에도 방과 후 클럽 같은 모임을 만들어 아이들이 추가적인 지도를 받을 수 있는 안전한 울타리를 제공해야 한다. 그곳에서 아이들은 친구들과 함께 숙제도 하고, 즐겁게 게임도 즐기며, 책을 읽는 등 다양한 활동을 할 수 있다. 이렇게 하면 아이들은 열등반에 갇혀 무기력과 좌절감을 학습하는 대신, 마음껏 부딪치며 용기를 훈련할 기회를 얻게 된다. 지금보다 아이들이 마음껏 뛰어놀 수 있는 안전한 놀이터와 이런 클럽들이 더 많이 생겨난다면, 아이들을 위험한 거리에서 완전히 떼어놓고 온갖 나쁜 영향력으로부터 든든하게 보호할 수 있을 것이다.

모든 교육의 실천적 방안을 논의할 때면 어김없이 등장하는 단골 주제가 하나 있다. 바로 혼성 교육(남녀공학)의 문제다. 큰 틀에서 본다면 혼성 교육은 원칙적으로 찬성할 만한 제도다. 여자아이와 남자아이가 일상에서 부대끼며 서로를 더 이해하고 존중할 수 있는 아주 좋은 방법이기 때문이다. 그러나 단순히 혼성 교육을 실시한다고 선언하기만 하면 모든 것이 저절로 잘 굴러갈 것이라고 기대하는 것은 대단한 착각이다. 혼성 교육이 품고 있는 특수한 문제들을 세심하게 고려하지 않으면, 제도의 부작용이 장점을 완전히 덮어버리게 된다.

사람들이 간과하는 사실이 하나 있다. 대략 열여섯 살 무렵까지는 여자아이들이 남자아이들보다 신체적·정신적으로 훨씬 더 빨리 발달한다는 점이다. 만약 이 차이를 제대로 깨닫지 못한 채 여자아이들이 자신보다 훌쩍 앞서 나가는 모습을 지켜보기만 한다면, 남자아이들은 심리적 균형을 잃고 여자아이들을 상대로 아주 무의미하고 소모적인 경쟁에 뛰어들고 만다. 교육 행정 당국이나 일선 학교의 담임교사들은 반드시 이러한 남녀의 발달 차이를 고려하여 아이들을 세심하게 이끌어야 한다.

혼성 교육의 가치를 공감하고 그와 관련된 심리적 문제들을 잘 이해하는 교사라면 이 제도를 성공적으로 운영할 수 있다. 하지만 애초에 혼성 교육을 탐탁지 않게 여기는 교사라면 그 제도 자체에 무거운 부담감을 느끼게 될 것이고, 결국 그 교실의 혼성 교육은 처참한 실패로 끝날 확률이 높다.

더욱이 혼성 교육 제도가 허술하게 관리되고 아이들을 올바른 길로 이끌어줄 세밀한 감독이 뒤따르지 않는다면, 자연히 성과 관련된 문제들이 불거질 수밖에 없다. 성 문제에 대해서는 다음 장에서 더 자세히 다루겠지만, 한 가지 짚고 넘어갈 점은 학교 차원에서 이루어지는 단체 성교육이 무척 복잡하고 까다로운 딜레마를 낳는다는 사실이다. 현실적으로 학교의 교실은 섬세한 성 지식을 전달하기에 그리 적합한 장소가 아니다. 교사가 전체 학생들을 앉혀 놓고 일방적으로 성에 관해 설명할 때, 그 자리에 있는 수많은 아이들이 각자의 심리 상태에 따라 그 내용을 어떻게 받아들이고 왜곡할지 도무지 예측할 수 없기 때문이다. 물론 아이가 사적으로 교사를 찾아와 조심스럽게 정보를 묻는 경우라면 이야기가 다르다. 만약 아이가 진지하게 사실을 알고 싶어 질문을 던졌다면, 교사는 반드시 올바르게 대답해주어야 한다.

지금까지 교육의 행정적이고 제도적인 측면으로 잠시 우회했던 시선을 다시 문제의 핵심으로 돌려보자. 결론적으로, 아이의 관심사를 살피고 확실히 성공을 경험할 수 있는 과목을 찾는 순간, 그 아이를 어떻게 교육해야 할지 알 수 있다. 성공은 또 다른 성공을 부른다. 이는 우리 삶의 다른 모든 영역과 마찬가지로 교육의 영역에서도 완벽하게 통하는 진리다. 아이가 어느 한 과목에 흥미를 느끼고 성공을 경험하면, 그 성취감은 다른 과목, 다른 분야로 기꺼이 나아가게 만드는 강력한 자극제가 된다.

따라서 교사는 아이가 경험한 작고 소중한 성공을 더 크고 넓은 지식의 세계로 도약하는 든든한 발판으로 활용할 줄 알아야 한다. 학생 혼자서는 절대 이 원리를 깨우칠 수 없다. 우리 모두 무지의 어둠에서 지식의 빛으로 올라설 때 스스로 동기를 부여하는 요령을 터득해야 하지만 말이다. 다행히 노련한 교사는 아이를 위로 끌어올리는 법을 알고 있다. 교사가 지혜롭게 그 과정을 이끌어준다면, 학생도 어느새 그 요점을 깨닫고 기꺼이 교사와 협력하게 될 것이다.

아이가 어떤 과목에 관심이 있는지 파악하는 원칙은 아이의 감각 기관을 이해하는 데도 똑같이 적용된다. 교사는 아이가 평소에 가장 많이 의존하고 사용하는 감각 기관이 무엇인지, 어떤 종류의 감각적 자극이 아이의 마음을 가장 강렬하게 사로잡는지 유심히 관찰해 찾아내야 한다. 어떤 아이는 무언가를 뚫어지게 보고 관찰하는 시각적 훈련에 최적화되어 있고, 어떤 아이는 타인의 말을 귀 기울여 듣는 청각적 자극에 더 예민하게 반응하며, 또 어떤 아이는 끊임없이 몸을 움직이고 만져보는 신체적 활동에 더 적합한 성향을 띤다. 최근 몇 년 사이 직접 손으로 만지고 만들어보는 수공 학교가 큰 유행을 끌고 있는데, 이는 교과목의 지식을 눈으로 보고 귀로 듣고 손으로 직접 만져보는 감각 훈련과 절묘하게 결합한 매우 건강하고 훌륭한 교육 원리를 잘 보여준다. 이러한 수공 학교들의 눈부신 성공은 아이가 본능적으로 지닌 신체적이고 감각적인 관심사를 교육에 활용하는 것이 얼마나 중요한지를 잘 보여준다.

가령 시각적인 자극에 예민한 유형의 아이를 맡게 된 교사라면, 눈을 적극적으로 사용해야 하는 과목(예를 들어, 지도나 시각 자료가 풍부한 지리학 같은 과목)에서 아이를 가르치기가 훨씬 수월하다는 사실을 단번에 이해해야 한다. 이 아이에게는 그저 교사의 일방적인 강의를 귀로 듣게 하는 것보다 직접 눈으로 보게 하는 편이 훨씬 더 효과적이기 때문이다. 이것은 교사가 개별 학생이 지닌 고유한 특성을 파악할 때 반드시 갖추어야 할 훌륭한 통찰의 아주 작은 예시에 불과하다. 사실 노련한 교사라면 교실 문을 열고 들어오는 아이를 처음 마주하는 바로 그 순간부터 이처럼 무수히 많은 통찰을 얻어낼 수 있다.

요컨대, 이상적인 교사들은 신성하면서도 매혹적인 임무를 어깨에 짊어지고 있다. 그들은 교실에 앉아 있는 아이들의 여린 정신을 아름답게 빚어내고 있으며, 인류의 원대한 미래가 바로 그들에게 달려 있기 때문이다.

하지만 이러한 숭고한 이상을 현실의 실천으로 구체화하려면 대체 어떻게 해야 할까? 그럴싸한 교육적 이상을 머릿속으로 구상하는 것만으로는 턱없이 부족하다. 우리는 그 이상을 실제 교육 현장에서 실현해낼 구체적이고 현실적인 방법을 반드시 찾아내야만 한다. 이미 오래전, 오스트리아 빈(Vienna)에서 나는 바로 그 실천적인 방법을 찾고자 치열하게 고심했고, 그 오랜 노력의 결실로 마침내 일선 학교에 아동을 위한 상담 클리닉과 지도 클리닉을 설립하게 되었다.*

---

* 알프레드 아들러와 그의 동료들이 공동 저술한 『Guiding the Child』(뉴욕 그린버그 출판사)를 참고하기 바란다. 이 책에는 당시 설립된 상담 클리닉의 역사와 구체적인 상담 기법, 그리고 실제 운영 결과가 상세히 담겨 있다.

이 상담 클리닉은 현대 심리학의 지식을 학교 안으로 가져와 실질적인 도움을 주기 위해 마련되었다. 심리학에 정통할 뿐만 아니라 교사와 부모의 삶까지 이해하는 유능한 심리학자가 교사들과 힘을 합쳐 정기적으로 클리닉을 연다.

모임 날이 되면 교사들은 저마다 교실에서 겪는 이른바 '문제아'의 사례를 들고 모인다. 유독 게으른 아이, 반 분위기를 엉망으로 만드는 아이, 심지어 도둑질을 하는 아이 등 다양한 사례가 쏟아진다. 교사가 먼저 자신이 겪은 상황을 생생하게 설명하면, 심리학자는 자신의 풍부한 임상 경험을 덧붙인다. 그리고 본격적인 토론이 시작된다. "문제의 원인은 무엇인가?", "이 상황은 언제부터 시작되었는가?", "우리는 이제 어떻게 대처해야 하는가?" 교사와 심리학자는 아이의 가정생활은 물론 심리적 발달 과정 전체를 꼼꼼하게 분석한다. 이렇게 서로의 지식을 모아, 집단은 그 특정한 아이를 어떻게 다룰지 최선의 방향을 결정한다.

다음 모임에는 아이와 어머니가 함께 클리닉에 참석한다. 사전에 어머니에게 어떻게 접근할지 방식을 정해둔 뒤, 먼저 어머니만 따로 부른다. 어머니는 아이가 왜 학교생활에 실패하고 있는지 심리학자로부터 차분한 설명을 듣는다. 그러고 나면 어머니 역시 자신의 속마음을 털어놓기 시작하고, 심리학자와 어머니 사이에 진지한 대화가 오간다.

　제10장 학교생활과 아이

어머니들은 학교 측이 자기 아이의 문제에 이토록 관심을 기울여준다는 사실에 고마워하며 기꺼이 협력하려 든다. 만약 어머니가 몹시 방어적이고 적대적인 태도를 보인다면, 교사나 심리학자가 비슷한 처지에 놓였던 다른 어머니들의 성공적인 사례를 들려주며 굳게 닫힌 마음의 문을 열어준다.

마침내 아이를 어떻게 이끌어줄지 모든 어른이 합의에 이르면, 아이가 방으로 들어온다. 아이의 눈앞에는 교사와 심리학자가 앉아 있지만, 심리학자는 아이의 잘못이나 실수를 들추어내며 꾸짖지 않는다. 대신 마치 다정한 강의를 들려주듯 아주 객관적으로 (하지만 아이가 충분히 이해할 수 있는 쉬운 언어로) 아이가 지금처럼 올바르게 발달하지 못한 원인이 무엇인지, 그 이면에 어떤 꼬인 문제와 이유, 그리고 엇나간 생각들이 숨어 있었는지 차분히 분석해준다. 그리고 아이가 왜 스스로 끊임없이 억압받고 남들만 사랑받는다고 느꼈는지, 왜 성공을 향한 희망을 잃고 절망의 구렁텅이에 빠지게 되었는지를 아이 스스로 깨닫게 해준다.

이러한 상담 클리닉은 약 15년 동안 현장에서 이어져 왔다. 이 과정에서 훈련된 교사들은 큰 보람을 느끼며, 4년, 6년, 길게는 8년 동안 이어온 이 일을 포기하지 않고 있다.

무엇보다 가장 큰 수혜자는 아이들이다.

아이들은 이 클리닉을 통해 두 배의 커다란 이득을 얻었다. 걷잡을 수 없던 문제아들은 건강한 아이로 되돌아왔고, 타인과 협력하는 법과 세상을 향해 나아갈 용기의 정신을 배웠다.

심지어 클리닉에 불려 오지 않은 평범한 아이들조차 큰 이득을 보았다. 반에서 무언가 골치 아픈 문제가 생기면, 교사는 아이들에게 그 문제를 다 같이 토론해보자고 제안한다. 물론 겉으로는 교사가 부드럽게 대화를 이끌어가지만, 아이들은 저마다 활발하게 참여하며 자신의 생각을 마음껏 표현할 기회를 얻는다.

그들은 게으름 같은 일상적인 문제들조차 그 이면의 진짜 원인이 무엇인지 스스로 분석하기 시작한다. 치열한 토론 끝에 아이들은 훌륭한 결론에 도달하며, 자신이 토론의 주제가 된 줄 꿈에도 모르는 그 게으른 아이조차 친구들의 대화 속에서 엄청나게 많은 것을 깨닫고 배우게 된다.

지금까지 요약한 이 아름다운 풍경은, 심리학과 교육학이 만나 하나의 융합을 이루어낼 때 얼마나 놀라운 가능성이 실현될 수 있는지를 분명하게 보여준다. 본질적으로 심리학과 교육학은 같은 현실과 같은 문제를 바라보는 두 가지의 거울일 뿐이다.

인간의 정신을 바르게 이끌려면, 먼저 그것이 어떻게 작동하는지 알아야 한다. 그리고 그 작동 방식을 이해한 사람이라면,

     제10장 학교생활과 아이

그 지식을 인간을 더 나은 방향으로 이끄는 데 쓰지 않을 도리가 없다.

제11장
외부 환경의 영향

개인심리학이 취하는 심리적·교육적 관점은 아이를 둘러싼 외부의 영향을 수용할 수 있을 만큼 충분히 폭넓다. 과거 구식 내관 심리학(자기 성찰에만 의존하던 심리학)은 그 시야가 너무나 비좁았던 탓에, 심리학자 빌헬름 분트(Wilhelm Wundt)가 그들이 간과한 사실들을 보완하고자 사회심리학이라는 완전히 새로운 학문을 따로 창시해야만 했다. 하지만 개인심리학에서는 굳이 그럴 필요가 없다. 개인심리학은 애초부터 지극히 개인적이면서도 동시에 사회적인 학문이기 때문이다. 이 학문은 한 사람의 내면에 집중하느라 정신을 자극하는 외부 환경을 배제하지 않으며,

  제11장 외부 환경의 영향

반대로 환경에만 몰두하느라 그것이 특정 개인의 마음에 남기는 고유한 의미를 무시하지도 않는다.

그 어떤 교육자도 자기 혼자서만 아이를 가르치고 길러낸다고 착각해서는 안 된다. 수많은 외부 환경의 물결은 직접적으로든 간접적으로든 (즉 부모에게 먼저 영향을 미쳐 그들의 마음가짐을 특정한 상태로 몰아넣고, 그것이 다시 아이들에게 전염되는 방식으로든) 쉼 없이 아이들의 정신 속으로 흘러들어 아이들을 빚어낸다. 이 모든 영향력은 결코 피할 수 없으므로 우리는 이를 반드시 고려해야만 한다.

우선 교육자는 아이가 처한 경제적 상황을 고려해야 한다. 예컨대 여러 세대에 걸쳐 무척 궁핍한 환경에서 살아온 가정이 있다. 이들은 쓰라린 가난과 슬픔을 온몸으로 견디며 하루하루를 버텨낸다. 부모 자신이 이런 고단함에 짓눌려 있다 보니, 아이의 내면에 건강하고 협력적인 태도를 길러줄 여력이 없다. 늘 생존의 한계선 위에서 아슬아슬하게 살아가는 사람들은 닥쳐올 내일에 대한 공포에 사로잡혀 타인과 건강하게 협력할 수 없다.

또한 굶주림에 가까운 빈곤이나 열악한 경제 상황이 오래 지속되면, 부모와 아이의 신체적 건강이 망가지고 이것이 결국 심각한 심리적 충격으로 이어진다는 사실도 잊어서는 안 된다. 전쟁이 끝난 직후의 유럽에서 태어난 아이들의 모습만 봐도 이를 알 수 있다. 그 아이들을 키우기는 이전 세대의 아이들보다 훨씬 더 까다롭고 힘들다.

경제적 상황뿐만 아니라, 부모가 위생과 건강 관리에 관한 무지함도 간과할 수 없는 문제다. 이는 아이를 지나치게 애지중지하고 소심하게 대하는 부모의 태도와 짝을 이룬다. 과잉보호하는 부모는 아이를 마냥 응석받이로 키우려 들며 아이가 조금이라도 아픈 것을 극도로 두려워한다. 한편 무지한 부모는 너무 무심한 나머지, 아이의 척추가 휘어가는 것을 보고도 크면 다 괜찮아질 거라고 여긴다. 제때 의사를 부르지 않고 병을 방치하는 것이다. 이는 명백한 실수이며, 언제든 병원을 찾을 수 있는 도시에 살면서 이런 태도를 보이는 것은 더더욱 변명의 여지가 없다. 적절한 시기에 교정하지 않고 내버려둔 신체적 결함은 훗날 치명적이고 위험한 질병으로 이어질 수 있으며, 이는 아이의 마음에 지울 수 없는 상처를 남기게 된다. 모든 질병은 심리적으로 매우 '위험한 모퉁이'와 같으므로 가능한 한 피하는 것이 상책이다.

물론 살다 보면 이 위험한 모퉁이를 완전히 피할 수는 없다. 하지만 아이의 내면에 용기를 심어주고 타인을 향한 사회적 관심의 태도를 길러준다면, 질병이 주는 심리적 위험성을 훨씬 줄일 수 있다. 실제로 아이가 앓는 질병이 심리적으로 얼마나 큰 타격을 주는지는, 그 아이에게 사회적 관심이 얼마나 부족한가에 정비례한다고 해도 과언이 아니다. 평소 자신을 공동체의 소중한 일원으로 여기며 건강하게 자란 아이는, 제멋대로 자란 응석받이 아이가 겪는 심리적 충격과 붕괴를 겪지 않는다.

우리는 상담 사례 기록을 통해 백일해, 뇌염, 헌팅턴 무도병(진행성 퇴행성 뇌 질환. – 역자주) 같은 심한 질병을 앓고 난 뒤 심리적인 문제가 시작되는 아이들을 수없이 목격했다. 흔히 사람들은 질병 자체가 심리적 문제를 일으킨 직접적인 원인이라고 짐작하지만, 사실 질병은 아이의 내면에 꽁꽁 숨겨져 있던 성격적 결함을 겉으로 드러내는 계기가 될 뿐이다.

아이는 아파서 누워 있는 동안 자신이 엄청난 힘을 가졌다는 사실, 즉 온 가족을 자기 마음대로 통제하고 지배할 수 있다는 사실을 깨닫는다. 부모의 얼굴에 서린 공포와 불안을 읽고, 그 모든 감정이 자신을 향해 있다는 것을 알아챈다. 그래서 병이 다 나은 뒤에도 아이는 여전히 온 집안의 관심 한가운데 서고 싶어 하며, 끝없는 변덕과 무리한 요구로 부모를 지배하려 든다. 당연한 말이지만 이런 일은 평소 사회적으로 올바르게 훈련받지 못한 아이에게만 일어난다. 내면에 도사리던 이기적인 우월감의 욕구가 고개를 내밀 그럴싸한 핑곗거리만 필요했을 뿐이다.

하지만 무척 흥미롭게도, 때로는 질병이 아이의 성격을 긍정적으로 바꿔놓는 결정적인 전환점이 되기도 한다. 어느 교사 부부는 유독 엇나가는 둘째 아들 때문에 고민하며 어찌할 바를 몰랐다. 소년은 툭하면 집을 나갔고 학교 성적은 늘 꼴찌를 맴돌았다. 급기야 아버지가 아들을 감화원(소년원)에 보내기로 결심한 바로 그날, 뜻밖에도 아이가 심각한 고관절 결핵을 앓고 있다는 사실이 밝혀졌다. 이 병은 아주 오랫동안 부모의 지극한 보살핌을 필요로 했다. 기나긴 투병 끝에 소년이 마침내 건강을 회복했을 때, 놀랍게도 그는 온 집안에서 가장 다정하고 착한 아이로 변해 있었다.

소년의 내면이 그토록 간절히 원했던 것은 부모의 특별한 애정과 관심이었다. 그동안 소년이 끝없이 엇나가고 말을 듣지 않았던 실제 이유는, 매사에 뛰어난 형의 짙은 그늘에 가려져 심한 열등감을 느꼈기 때문이다. 형처럼 인정받지 못한다는 억울함에 분노하며 세상과 싸우려 들었던 것이다. 그러나 투병 생활은 소년에게 자신도 형 못지않게 부모의 사랑과 인정을 듬뿍 받을 수 있다는 확신을 주었고, 그제야 아이는 선하고 다정하게 행동하는 법을 배웠다.

질병에 관해 또 하나 주목해야 할 사실은, 심한 병을 앓았던 경험이 아이의 여린 정신에 너무나 깊이 각인된다는 점이다. 어린아이들은 이 세상에 그토록 끔찍한 고통과 죽음이 존재한다는

 제11장 외부 환경의 영향

사실에 소스라치게 놀란다. 마음에 새겨진 이 서늘한 흉터는 훗날 어른이 된 뒤의 삶에서 다양한 방식으로 나타나는데, 세상에는 오직 병과 죽음의 문제에만 집착하는 사람들이 꽤 많다. 이들 중 일부는 죽음에 대한 공포와 관심을 긍정적인 방향으로 활용해 훌륭한 의사나 간호사가 되기도 한다. 하지만 안타깝게도 다른 수많은 사람은 평생 죽음의 그림자 앞에서 벌벌 떨고, 질병에 대한 과도한 집착이 일상을 마비시켜 의미 있는 삶을 살아가는 데 방해물이 되기도 한다. 실제로 백 명이 넘는 여자아이들의 생애를 추적해본 결과, 그중 절반 가까운 아이들이 "내 삶에서 가장 두려운 것은 병에 걸려 죽는 것"이라고 고백했다.

따라서 부모는 어린 시절의 투병 경험이 아이의 영혼에 지나치게 어두운 그림자를 드리우지 않도록 각별히 보살펴야 한다. 아이가 세상의 고통과 죽음이라는 현실을 마주할 때 그 충격을 부드럽게 완충해주고 차분히 마음의 준비를 할 수 있도록 도와야 한다. 인간의 삶이 유한할지라도 여전히 아름답고 살아갈 가치가 충분하다는 따뜻한 인상을 심어주어야 한다.

어린 시절에 마주치는 또 다른 위험한 모퉁이는 바로 낯선 사람, 부모의 지인, 혹은 가족의 친구들과 만나는 순간이다. 이들과의 만남이 종종 아이에게 치명적인 실수가 되는 이유는, 사실 그 방문객들이 아이의 내면이나 성장에 아무런 진지한 관심이 없기 때문이다. 그들은 단지 그 순간의 분위기를 즐겁게 만들려고 아이를 과장되게 칭찬하거나, 짧은 시간 안에 아이의 환심을 사기 위해 온갖 자극적인 행동을 한다. 그 결과 아이는 콧대가 높아져 자만심에 빠지고, 순식간에 버릇없는 응석받이가 되어 정작 일상에서 아이를 가르쳐야 할 양육자(부모나 교사)들에게 골칫거리를 안겨준다. 이런 상황은 무조건 피해야 한다. 낯선 사람이나 손님이 부모의 일관된 교육 원칙과 훈육 방식에 함부로 끼어들게 내버려두어서는 안 된다.

게다가 낯선 사람들은 어린아이의 성별을 착각하여 남자아이에게 "어머, 예쁜 여자아이네."라고 부르거나 반대로 여자아이를 사내아이처럼 대하는 말실수를 흔히 저지른다. 앞서 사춘기에 관해 논의한 바 있듯, 아이의 성 정체성에 혼란을 주는 이러한 언행 역시 철저히 경계해야 한다.

가족이 속한 일반적인 환경의 분위기도 당연히 엄청난 중요성을 띤다. 가족이 타인과 섞여 어떻게 사회생활을 해나가는지를 관찰하는 것이야말로, 아이가 세상의 협력에 대해 갖는 첫 번째 인상이기 때문이다. 늘 외부와 담을 쌓고 고립되어 살아가는 가정에서 자란 아이들은 '우리 가족'과 '외부인'을 아주 날카롭게 선 긋는다. 마치 집과 바깥세상 사이에 건널 수 없는 깊은 심연이 놓여 있는 것처럼 느끼고, 집 밖의 모든 세계를 적대적이고 위험한 곳으로 여긴다. 이렇게 폐쇄적인 가족생활은 아이가 외부와 건강한 사회적 관계를 맺는 것을 가로막고, 매사에 타인을 의심하며 오직 자기 잇속만 챙기는 이기적인 태도를 키운다. 가장 중요한 사회적 관심이 자라날 싹을 짓밟아버리는 것이다.

적어도 세 살 무렵이 되면 아이는 동네의 다른 아이들과 어울려 놀 준비가 되어 있어야 하며, 낯선 사람을 마주쳐도 뒤로 숨거나 겁먹지 않아야 한다. 만약 이 시기에 이런 준비를 마치지 못하면, 나중에 유독 수줍음이 많고 남의 눈치를 심하게 보며 타인에게 무턱대고 적대감을 품는 성격으로 자라기 십상이다. 이런 배타적인 특성은 집에서만 오냐오냐 자란 응석받이 아이들에게서 흔히 나타난다. 이들은 자신이 속한 작은 세계 밖의 다른 사람들을 늘 배제하고 밀어내려 든다.

부모가 아이의 이런 배타적인 태도를 일찍부터 알아채고 교정해준다면, 훗날 아이가 겪어야 할 수많은 인생의 난관을 덜어줄 수 있다고 확신해도 좋다. 생애 첫 3~4년 동안 부모의 올바른 보살핌 속에서 밖으로 나가 또래들과 신나게 뛰어놀고 공동체의 규칙에 기꺼이 참여하도록 훈련받은 아이는, 수줍음이나 이기심에서 벗어날 뿐만 아니라 나아가 온갖 신경증이나 치명적인 정신적 질환까지 넉넉히 피해 갈 수 있다. 정신병이나 신경증은 오직 세상과 고립된 채 타인에게 아무런 애정도 관심도 품지 않고,

다른 사람들과 손잡고 협력하는 방법을 전혀 모르는 사람들에게만 찾아오기 때문이다.

가족의 환경이라는 주제를 조금 더 파고들자면, 집안의 경제적 상황이 급변할 때 아이가 겪는 엄청난 혼란도 빼놓을 수 없다. 아이가 아주 어릴 때 집안이 부유했다가 갑자기 파산하여 재산을 모두 잃는다면, 이는 아이의 영혼에 엄청난 시련이 된다. 특히 집안의 온갖 특권을 누리며 응석받이로 자란 아이일수록 그 고통은 이루 말할 수 없이 크다. 예전처럼 자신이 세상의 중심이 되어 관심받고 대접받지 못하는 서러운 현실을 도무지 받아들이지 못하기 때문이다. 아이는 과거의 화려했던 시절만을 애타게 그리워하며 매일같이 현실을 원망하고 한탄하게 된다.

반대로 집안에 갑자기 큰돈이 생겨 졸부가 된 경우에도 자녀 양육에는 치명적인 위기가 닥친다. 벼락부자가 된 부모들은 갑자기 쏟아진 그 많은 돈을 어떻게 가치 있게 써야 할지 내면적인 준비가 전혀 되어 있지 않은데, 특히 자녀 교육에서 가장 치명적인 실수를 저지른다. 그동안 못 해준 것을 보상하려는 마음에 "이제 돈이라면 아쉬울 게 없으니 우리 아이에게 최고만 주겠다"며 아이를 한없이 나약하고 버릇없는 응석받이로 망쳐놓기 일쑤다. 그 결과, 우리는 돈 많은 벼락부자 집안에서 그 누구도 손댈 수 없는 문제아들이 탄생하는 모습을 아주 흔하게 목격한다. 돈과 권력에 취한 졸부 아버지의 거만한 아들이야말로 이 유형을 대표하는 가장 전형적인 골칫거리다.

하지만 아무리 위태로운 경제적 위기나 환경의 변화라 할지라도, 아이가 어릴 적부터 타인과 협력하는 훈련을 단단히 받아왔다면 이 모든 재앙을 거뜬히 피할 수 있다. 앞서 열거한 모든 불행한 외부 상황들은 결국 건강한 협력의 훈련을 가로막고 회피하게 만드는 열린 문과도 같다. 그러므로 우리는 아이가 그 파멸의 문으로 도망치지 않도록 늘 세심하게 주의를 기울여야 한다.

아이들은 갑작스러운 가난이나 부유함 같은 물질적인 상황의 이변뿐만 아니라, 가족 내에 존재하는 특수한 심리적 상황의 변화에도 엄청난 영향을 받는다. 우리는 특정 가족의 상황에서 피어오르는 심리적 편견을 늘 염두에 두어야 한다. 이러한 편견은 부모의 지극히 개인적인 행실에서 비롯된다. 가령 아버지나 어머니가 사회적으로 몹시 불명예스러운 범죄나 잘못을 저질렀다고 상상해보자. 이때 아이의 마음은 크게 흔들린다. 아이는 두려움과 불안에 떨며 미래를 비관하게 된다. 세상과 또래 친구들로부터 자신을 숨기고 싶어 하며, 혹시라도 누군가 자신을 그 죄인의 자식으로 알아볼까 봐 공포에 시달린다.

부모에게는 단지 아이가 학교에 다니며 읽고 쓰고 셈하는 법을 배우도록 지원할 책임만 있는 것이 아니다. 자신의 아이가 다른 평범한 아이들보다 더 가혹하고 불필요한 시련을 겪지 않도록, 건강하고 안정적인 심리적 발달의 기반을 단단히 다져줄 책임이 있다. 따라서 아버지가 매일 술에 취해 난동을 부린다거나 유독 성미가 거칠고 폭력적이라면, 그 모습 하나하나가 아이의 여린 영혼에 고스란히 새겨진다는 사실을 기억해야 한다. 부모의 결혼생활이 불행하고 부부가 매일같이 원수처럼 다투면, 결국 그 잔인한 대가를 치르는 희생양은 다름 아닌 아이다.

이처럼 힘든 어린 시절의 경험은 아이의 마음 깊이 오래도록 지워지지 않는다. 물론 아이가 어릴 적부터 타인과 건강하게 협력하는 훈련을 받아왔다면 이 비극적인 상처를 거뜬히 딛고 일어설 수 있다. 하지만 아이러니하게도, 아이를 이런 시련 속으로 밀어넣은 바로 그 파괴적인 가정환경 탓에 부모로부터 제대로 된 협력 훈련을 받을 기회마저 완벽하게 박탈당하고 만다. 최근 몇 년 사이, 일선 학교에 아동의 마음을 보살피는 상담(지도) 클리닉을 조직하자는 공동 연대 운동이 일어난 이유가 바로 여기에 있다. 부모가 어떤 이유로든 자녀에 대한 애정과 훈육을 다하지 못하고 방치한다면, 교사는 그 책임을 이어받아 아이를 건강하게 성장하도록 이끌어야 한다.

부모의 개인적인 일탈이나 환경에서 비롯된 편견 외에도, 국적이나 인종, 또는 종교의 다름 때문에 생겨나는 사회적 편견도 존재한다. 놀랍게도 이런 차별적인 편견은 그로 인해 굴욕과 상처를 받는 약자 아이들에게만 영향을 미치는 것이 아니다. 약자를 향해 잔인하게 굴욕을 안겨주는 공격적인 가해자 아이들의 영혼마저도 똑같이 병들게 만든다. 우월감에 취한 아이들은 한없이 오만하고 거만해지며, 자신들이 무슨 대단한 특권을 지닌 집단에 속해 있다고 맹신하게 된다. 하지만 결국 그들은 자신들이 세운 그 헛된 특권의 기준에 스스로를 억지로 꿰맞추려다 실패와 몰락을 맞이할 뿐이다.

우리가 흔히 목격하는 국가 간, 인종 간의 증오와 편견은 전쟁을 일으키는 씨앗이다. 인류가 쌓아올린 문화와 진보가 살아남으려면, 인간이 만들어낸 가장 거대한 재앙인 전쟁부터 단호하게 뿌리 뽑아야 한다. 따라서 교사의 진정한 의무는 아이들에게 전쟁이 얼마나 참혹한 비극인지 그 적나라한 진실을 가르쳐주는 데 있다. 아이들의 손에 장난감 총과 칼을 쥐여주며, 헛된 우월성 추구의 욕망을 너무나 쉽고 폭력적인 방식으로 발산하도록 방치해서는 안 된다. 군대식 놀이는 수준 높은 문화적 삶을 살아가기 위한 올바른 준비 과정이 될 수 없다. 물론 어린 시절부터 혹독한 군사 교육을 받고 훗날 직업 군인의 길을 걷는 아이들도 꽤 많다. 하지만 군대에 들어가지 않은 나머지 수많은 아이들은, 평생토록 어릴 적 주입된 폭력성과 편견이라는 심리적 장애를 안고 살아가야 한다. 그들은 마치 당장이라도 적과 싸워야 하는 전사처럼 긴장하며 살아가느라 정작 다정한 이웃과 조화롭게 어울리는 법을 영영 배우지 못한다.

크리스마스를 비롯해 아이들에게 장난감을 선물하는 시즌이 다가오면, 부모들은 아이 손에 어떤 종류의 장난감과 게임이 들려 있는지 각별히 주의를 기울여 살펴야 한다. 각종 무기와 전쟁놀이 도구, 그리고 전쟁 영웅이나 잔혹한 전투 행위를 미화하고 숭배하는 모든 책은 과감히 내다버려야 한다.

아이에게 적합한 장난감을 고르는 법에 관해서는 숱하게 많은 조언을 덧붙일 수 있겠지만, 가장 중요한 핵심 원칙은 오직 하나다. 바로 아이의 내면에 깃든 타인과 협력하고 무언가를 건설하려는 활동성을 자극하는 장난감을 고르는 것이다. 아이가 직접 손을 움직여 무언가를 조립하고 높이 쌓아 올릴 수 있는 장난감과 게임은, 완성된 인형이나 강아지 모형처럼 그저 쓰다듬는 일밖에 할 수 없는 기성품 장난감보다 아이의 성장에 더 큰 가치를 지닌다.

부수적으로 동물에 대해서도 짚고 넘어갈 점이 있다. 우리는 아이들에게 동물이 한낱 장난감이나 오락거리가 아니라 우리와 함께 살아가는 동료 생명체라는 사실을 단단히 가르쳐야 한다. 동물을 무턱대고 두려워해서도 안 되지만, 함부로 지배하려 들거나 잔인하게 괴롭혀서도 안 된다. 만약 아이가 동물에게 가학적이고 잔인한 태도를 보인다면, 이는 곧 자기보다 약한 존재를 지배하고 억압하려는 위험한 욕구가 도사리고 있다는 강력한 경고로 봐도 무방하다. 집에서 새, 개, 고양이 같은 반려동물을 키운다면, 아이가 그 동물들 역시 인간처럼 기쁨을 느끼고 고통을 견디는 생명체로 바라보도록 가르쳐야 한다. 동물과 다정하게 온기를 나누는 올바른 동지애를 기르는 것은, 훗날 사람들과 건강하게 어울리는 사회적 협력을 위한 아주 훌륭한 준비 단계라고 볼 수 있다.

아이를 둘러싼 환경에는 부모 외에도 다양한 친척들이 존재한다. 그중에서도 가장 먼저 마주하는 존재가 바로 조부모다. 우리는 조부모가 처한 심리적 처지와 씁쓸한 상황을 아주 공정하게 헤아려 볼 필요가 있다. 현대 문화권에서 조부모가 처한 위치는 다소 비극적이기까지 하다. 무릇 인간이란 나이가 들수록 자신의 삶을 주도적으로 통제하고 확장해 나갈 여유가 생겨야 마땅하며, 더 많은 일거리를 갖고 다양한 세상사에 깊은 관심을 기울일 수 있어야 한다.

하지만 안타깝게도 현대 사회에서는 이와 정반대의 일이 벌어진다. 나이 든 사람들은 세상의 중심에서 저만치 밀려나 지독한 소외감을 느낀다. 사실 이들에게 건강하게 일하고 노력할 기회만 조금 더 주어졌더라면, 지난 세월의 경륜을 발휘해 훨씬 더 많은 성취를 이루고 무한히 더 행복한 여생을 보낼 수 있었을 것이다. 단지 예순, 일흔, 심지어 여든 살이 되었다는 이유만으로 평생 몸담아온 일터에서 무작정 물러나라고 등 떠밀어서는 안 된다. 평생 지켜온 생활양식을 하루아침에 송두리째 바꾸는 것보다, 늘 해오던 일을 익숙하게 계속해 나가는 편이 노인들에게는 훨씬 자연스럽고 쉬운 일이다.

그러나 이 사회의 아주 잘못된 관습은 여전히 삶의 활력이 펄펄 넘치는 노인들을 마치 다 쓴 물건처럼 먼지 쌓인 선반 위에 올려놓고 만다. 스스로를 표현하고 가치를 입증할 기회를 완전히 빼앗아버린 것이다. 그 가혹한 처사의 결과는 대체 무엇인가? 사회가 조부모에게 저지른 실수의 화살은 결국 돌고 돌아 아무 죄 없는 손자녀들에게 날아가 꽂힌다. 조부모는 자신이 아직 이 세상에서 여전히 쓸모 있고 의미 있는 존재라는 사실을 끊임없이 증명해야 한다는 강박증에 시달린다. 굳이 그럴 필요가 없는데도 말이다.

자신의 쓸모를 필사적으로 증명하려는 조부모는 결국 자식들의 영역인 '손자녀 교육'에 깊숙이 끼어들고 만다. 자신이 아직 아이 하나쯤은 거뜬히 훌륭하게 키워낼 능력이 있음을 보여주기 위해 아이들을 응석받이로 망쳐놓는 것이다. 이는 참으로 비극

    제11장 외부 환경의 영향

적이고 재앙적인 방법이 아닐 수 없다.

물론 우리는 가족을 위해 평생 헌신해온 이 착하고 다정한 노인들의 마음에 섣불리 상처를 주어서는 안 된다. 그들에게 활력을 불어넣어줄 건강한 활동 기회를 충분히 제공해야 한다. 하지만 그와 동시에 진실 한 가지는 반드시 짚고 넘어가야 한다. 아이들은 그 누구의 소유물도 아닌 독립적인 한 명의 인간으로 성장해야 하며, 어른들의 헛된 자존심을 채워주기 위한 한낱 장난감으로 전락해서는 절대 안 된다는 사실이다. 어른들끼리의 복잡한 가족 정치에 아이가 볼모로 잡히고 착취당하는 일은 있어서는 안 된다. 조부모와 부모 사이에 자녀 양육 방식을 두고 다툼이 벌어질 수는 있지만, 그 갈등의 승패를 떠나 아무것도 모르는 어린아이들을 억지로 자기편으로 끌어들이려 해서는 안 된다.

심리적 어려움을 겪는 사람들을 연구하다 보면, 어린 시절 조부모로부터 유별난 총애를 받으며 자란 사례를 얼마나 자주 발견하게 되는지 모른다! 이 각별한 사랑이 훗날 아이가 겪는 수많은 문제에 어떤 식으로 영향을 미쳤는지는 쉽게 짐작할 수 있다. 조부모의 맹목적인 애정은 아이를 구제 불능의 응석받이로 만들거나, 형제자매들 사이에 치열한 질투와 경쟁심을 부추기는 불씨가 된다. 할아버지나 할머니의 넘치는 사랑을 독차지하며 자란 아이는 무의식중에 "나는 당연히 사랑받아야 할 특별한 존재야."라고 믿게 되며, 집 밖에서 다른 사람들에게 그만큼의 대접과 총애를 받지 못하면 상처를 받고 좌절한다.

가족 내에서 큰 영향을 미치는 또 다른 골칫거리는 바로 뛰어난 사촌들의 존재다. 때로 이 사촌들은 머리가 비상할 뿐만 아니라 외모까지 눈부시게 아름답다. 늘 어른들에게 "너희 사촌은 저렇게 똑똑하고 예쁜데….”라는 말을 듣고 자란 아이의 내면에 어떤 심각한 문제가 싹트게 될지는 불 보듯 뻔한 일이다.

만약 아이에게 굳건한 용기와 타인을 향한 사회적 관심이 자리 잡고 있다면, 아이는 사촌의 뛰어난 능력이 단순히 자기보다 더 잘 훈련받은 결과일 뿐임을 담담하게 이해할 것이다. 그리고 어떻게 하면 자신도 노력해서 그 뛰어난 사촌을 따라잡을 수 있을지 건강한 방법을 찾아낼 것이다. 하지만 대다수의 평범한 아이들처럼, 똑똑함이나 재능이 날 때부터 주어지는 자연의 축복이자 유전이라고 믿어버린다면 상황은 달라진다. 아이는 스스로를 한없이 열등한 존재로 깎아내리며, 운명이 자신만 불공평하게 대우했다고 원망하게 된다. 이렇게 체념해버린 아이의 전체적인 발달은 걷잡을 수 없이 지연되고 만다.

'아름다움(외모)'의 문제도 마찬가지다. 아름다움이 자연이 준 선물인 것은 맞지만, 우리는 이를 너무나 과대평가하고 숭배한

  제11장 외부 환경의 영향

다. 유독 눈부시게 아름다운 사촌 곁에서 열등감에 시달리며 짜증 내는 아이의 모습을 들여다보면, 그 아이가 형성해나가는 생활양식의 치명적인 오류를 발견할 수 있다. 놀랍게도 이런 상처를 받은 아이는 스무 해가 훌쩍 지난 뒤에도 어린 시절 그 예쁜 사촌에게 느꼈던 시기심을 여전히 생생하게 기억한다.

우리 사회에 만연한 외모 지상주의의 폐해를 극복하는 유일한 방법은 아이들에게 아주 명확한 진실을 가르치는 것뿐이다. 외적인 아름다움보다 내면의 건강함, 그리고 동료들과 다정하게 어울리는 협력의 능력이 수천 배는 더 중요하다는 사실 말이다. 물론 아름다움 자체가 가치 있는 것이며 사람들에게 기쁨을 준다는 사실을 굳이 부인할 필요는 없다. 그러나 우리의 합리적인 삶의 계획 안에서 어떤 특정한 가치(외모) 하나만을 뚝 떼어내어 인생의 최고 목표로 추앙해서는 안 된다. 오늘날 아름다움을 대하는 사람들의 태도가 바로 그렇다.

외적인 아름다움만으로는 훌륭하고 합리적인 삶을 보장할 수 없다는 사실은, 소년 범죄자들 사이에 유독 잘생긴 아이들이 많다는 통계만 봐도 명백히 증명된다. 이 잘생긴 소년들이 어쩌다 범죄의 길로 빠져들었는지는 어렵지 않게 짐작할 수 있다. 이들은 어릴 적부터 자신이 잘생겼다는 사실을 무기 삼아, 굳이 땀 흘려 노력하지 않아도 세상 모든 것을 너무나 쉽게 얻을 수 있다고 착각하며 자랐다. 그 결과 현실의 삶을 제대로 살아갈 어떤 준비도 하지 못했다. 훗날 어른이 되어 고된 노력과 인내 없이는 세상의 문제를 해결할 수 없다는 냉혹한 진실을 마주했을 때, 이들은 가장 저항이 적고 쉬운 범죄의 길을 택해버린 것이다. 옛 로마의 시인 베르길리우스(Virgil)가 "지옥으로 떨어지는 길은 쉽고도 부드럽다(facilis descensus Averno)"라고 통탄했던 것처럼 말이다.

아이들이 일상에서 접하는 읽을거리에 대해서도 한마디 덧붙여야겠다. 과연 어떤 책을 아이들의 손에 쥐여주어야 할까? 동화는 어떻게 읽혀야 하며, 성경처럼 심오한 책은 또 어떻게 다루어야 할까? 여기서 어른들이 흔히 간과하는 가장 치명적인 실수는, 아이들이 책을 읽고 받아들이는 방식이 어른의 이해 방식과 완전히 다르다는 것이다. 또한 아이들은 똑같은 이야기를 읽어도 각자 자신이 가진 특수한 관심사와 심리 상태에 따라 철저히 다르게 해석한다. 매사에 겁이 많고 소심한 아이라면, 웅장한 성경 구절이나 신비로운 동화 속에서조차 어떻게든 자신의 소심함을 정당화해줄 구실을 찾고 세상은 늘 온갖 위험으로 가득하다며 두려움에 떨 핑계만 찾아낸다. 따라서 아이에게 동화나 성경을 읽힐 때는 어른의 올바른 해석과 부연 설명이 반드시 뒤따라야 한다. 아이가 자신만의 주관적이고 왜곡된 공상에 빠져 허우

제11장 외부 환경의 영향

적대지 않고, 그 이야기가 품고 있는 의미를 정확히 꿰뚫어 보도록 곁에서 도와주어야 한다.

물론 동화는 아이들에게 즐거움을 주는 훌륭한 읽을거리이며, 때로는 어른조차 깊은 깨달음을 얻을 수 있다. 그러나 동화를 읽어줄 때 반드시 바로잡아야 할 한 가지 맹점은, 이야기의 배경이 되는 특정한 시대나 장소에 대한 거리감이다. 아이들은 그 동화가 쓰였던 시대적 배경과 오늘날의 문화적 차이를 알지 못한다. 완전히 다른 세계관에서 쓰인 동화를 읽으면서도 그 가치관의 간극을 고려하지 못하는 것이다. 동화 속에는 늘 화려하게 장식된 잘생긴 왕자가 등장하고, 온 세상의 찬사를 받는 매력적인 성격의 소유자로 묘사된다. 하지만 그런 완벽한 상황은 현실에 존재하지 않으며, 단지 왕이라는 권력자를 무조건 숭배해야만 했던 특정 시대가 만들어낸 허구적인 우상화일 뿐이다. 어른들은 아이들에게 이런 시대적 배경을 정확히 알려주어야 한다. 그 화려한 마법 뒤에 숨은 허상을 깨닫지 못하면, 아이는 현실을 도피하는 방법만 찾으며 자랄 수 있다. "커서 무엇이 되고 싶니?"라는 질문에 너무나 진지한 표정으로 "마법사가 될 거예요!"라고 대답했던 열두 살 소년의 사례처럼 말이다.

이렇듯 어른이 곁에서 적절한 해석과 설명을 곁들여준다면, 동화는 아이의 내면에 협력의 정신을 심어주고 세상을 바라보는 시야를 넓혀주는 훌륭한 매개체가 될 수 있다.

영화나 연극 같은 미디어 매체는 어떨까? 갓 돌이 지난 아기를 데리고 극장에 가는 것은 (아무것도 이해하지 못하므로) 큰 위험이 없지만, 그보다 큰 아이들은 스크린에서 벌어지는 일들을 거의 예외 없이 오해하고 왜곡한다. 심지어 아이들을 위해 만든 아동극조차 심각하게 오해하곤 한다. 어느 네 살배기 아이는 극장에서 우연히 백설공주 연극을 본 뒤, 몇 년이 훌쩍 지난 후에도 길거리 어딘가에 독이 든 사과를 파는 무서운 마녀가 진짜로 존재한다고 믿었다. 대부분의 아이들은 작품의 주제를 이해하지 못한 채 아주 단편적인 장면만으로 세상을 일반화해버린다. 따라서 아이들이 이야기의 진실을 올바르게 이해할 때까지, 부모는 인내심을 갖고 끝까지 차분하게 설명해주어야 한다.

우리가 무심코 넘기는 '신문' 역시 아이들의 교육에 있어서는 가급적 배제하는 편이 훨씬 낫다. 평범한 일간지는 오직 어른들의 시각에 맞춰 쓰여 있으며 아이의 세계를 배려하지 않는다. 일부 지역에서 발행하는 어린이를 위한 특별한 신문이라면 아주 유익하겠지만, 일반적인 신문은 아직 준비되지 않은 아이의 마음속에 세상을 향한 몹시 왜곡된 그림을 심어준다. 아이들은 매일 쏟아지는 자극적인 기사들을 보며, 이 세상 전체가 살인과 범죄, 잔혹한 사고로만 가득 찬 지옥이라고 믿게 된다. 특히 끔찍한 사고를 다룬 기사들은 어린아이들의 영혼을 깊은 우울감에 빠뜨린다. 어릴 적 우연히 신문에서 읽은 대형 화재 기사 때문에 평생토록 불의 공포에 사로잡혀 살아야 했던 수많은 어른의 고백을 들어보면 그 심각성을 알 수 있다.

지금까지 열거한 몇 가지 예시들은 부모와 교육자가 아이를 기를 때 짚고 넘어가야 할 수많은 외부 환경의 영향 중 지극히 일부분에 불과하다. 그러나 이는 아이의 성장에 가장 치명적인 영향을 미치는 핵심적인 요소들이며, 우리가 세상을 살아갈 때 반드시 지켜야 할 일반적인 원리를 아주 명확하게 보여준다. 개인 심리학자는 이 모든 복잡한 문제들 앞에서도 언제나 사회적 관심과 용기라는 두 가지 핵심적인 경구를 쉼 없이 부르짖을 수밖에 없다. 아이를 둘러싼 외부 환경의 문제를 다룰 때에도, 결국 우리를 구원하는 슬로건은 늘 똑같기 때문이다

제12장
사춘기와 성교육

사춘기라는 주제 하나만으로도 거대한 도서관을 가득 채울 수 있을 만큼 수많은 책이 쓰였다. 사춘기가 아이의 삶에서 무척 중요한 시기인 것은 분명한 사실이지만, 사람들이 흔히 상상하는 것과는 그 결이 조금 다르다. 세상의 모든 사춘기 아이들이 다 똑같은 모습으로 이 시기를 겪어내는 것은 아니다. 매사에 열의를 불태우며 분발하는 아이, 유독 어색하고 서툰 아이, 늘 단정하게 차려입는 아이, 반대로 구제 불능일 만큼 지저분한 아이 등 참으로 다양한 아이들이 존재한다. 심지어 어른이나 노인 중에도 마치 사춘기 소년 소녀처럼 생각하고 행동하는 사람들이 있

   제12장 사춘기와 성교육

지 않은가. 개인심리학의 관점에서 보면 이는 전혀 놀라운 일이 아니다. 그저 이 어른들이 심리적 발달의 특정 단계에 꼼짝없이 멈춰 서 있다는 단순한 사실을 뜻할 뿐이다.

실제로 개인심리학에서는 사춘기를 그저 '모든 개인이 삶에서 거쳐야 하는 하나의 평범한 발달 단계'로 바라본다. 어떤 특정한 발달 단계나 새로운 상황이 사람의 본성 자체를 완전히 뒤바꿀 수 있다고는 생각하지 않는다. 그러나 사춘기는 아주 강력한 시험대로 작용한다. 과거 어린 시절부터 켜켜이 쌓아온 성격적 특성들이, 사춘기라는 새롭고 강렬한 상황을 맞아 폭발하듯 드러나는 것이다.

예컨대 아주 어릴 적부터 부모에게 일거수일투족을 면밀히 감시당하고 관찰받느라 자기 삶의 주도권을 쥐어본 적도 없고 원하는 것을 마음껏 표현하지도 못했던 아이가 있다고 치자. 이 아이가 생물학적·심리적 발달이 급격하게 이루어지는 사춘기에 접어들면, 마치 오랫동안 묶여 있던 쇠사슬에서 풀려난 것처럼 거침없이 행동하기 시작한다. 아이는 무서운 속도로 돌진하며 자신의 인격을 건전하고 건강한 방향으로 발달시켜 나간다.

반면, 어떤 아이들은 사춘기에 접어들어 돌연 걸음을 멈추고 과거만 뒤돌아본다. 자꾸만 뒤를 돌아보느라 현재 자신이 걸어가야 할 올바른 길을 찾지 못한 채 멍하니 서 있는다. 이런 아이들은 삶에 대한 흥미를 잃고 지독하게 내성적인 사람으로 변해 간다. 이들에게 사춘기란 억눌렸던 어린 시절의 건강한 에너지가 해방되는 시기가 아니다. 그저 지나치게 응석받이로 자라느라 스스로 삶을 마주할 제대로 된 준비를 전혀 하지 못했음이 드러나는 시기다.

한 사람의 고유한 생활양식을 읽어내기에 사춘기만큼 완벽한 시기는 없다. 어린 시절보다 인생의 무대에 한 걸음 더 가까이 다가선 시기이기 때문이다. 이때 아이를 관찰하면, 과학이나 학문을 대하는 태도는 어떠한지, 친구를 스스럼없이 잘 사귀는지, 다른 사람들에게 사회적 관심을 품고 따뜻하게 협력하는 동료가 될 수 있을지까지 알 수 있다.

때로는 사회적 관심이 아예 없는 것을 넘어, 그것이 너무나 기형적으로 과장되게 표현되는 사춘기 아이들을 만나기도 한다. 이들은 심리적인 균형 감각을 잃은 채 맹목적으로 남을 위해 자신의 목숨이라도 바치려 든다. 소위 사회에 과잉 적응해버린 셈인데, 이 역시 올바른 발달을 가로막는 심각한 장애물이 된다. 타인에게 진정한 관심을 기울이고 공동의 대의를 위해 헌신하려면, 가장 먼저 자기 자신부터 단단하게 돌볼 줄 알아야 한다. 남에게 건네는 사랑이 의미를 가지려면, 먼저 자신의 내면이 충분히 채워져 있어야 한다.

다른 한편으로는, 14세~20세 사이의 수많은 청소년이 사회적으로 철저히 고립되었다는 단절감에 시달린다. 열네 살쯤 정든 학교를 떠나면서 오랜 친구들과의 연결 고리가 끊어지고, 완전히 새로운 유대 관계를 맺기까지는 꽤 오랜 시간이 걸리기 때문이다. 그 어설픈 과도기 동안 아이들은 온 세상에 홀로 남겨진 듯한 고립감에 빠진다.

직업 선택이라는 중대한 문제도 마찬가지다. 사춘기는 아이가 어떤 태도로 직업을 선택하는지를 통해 그 아이의 굳어진 생활양식을 드러낸다. 어떤 청소년들은 놀라울 만큼 독립적으로 자신이 해야 할 일을 척척 해낸다. 이미 올바른 발달의 궤도에 확고하게 올라서 있음을 증명하는 것이다. 그러나 다른 아이들은 바로 이 시기에 멈춰 서고 만다. 자신에게 딱 맞는 직업이 무엇인지 갈피를 잡지 못하고 이 직업, 저 학교를 전전하며 끝없이 방황한다. 심지어 아예 아무것도 하지 않으려 들고, 일하는 것 자체를 병적으로 꺼리기도 한다.

이러한 부적응 증상들은 사춘기가 되어서 갑자기 생겨난 것이 아니다. 다만 이 시기에 이르러 그 문제점들이 모습을 드러냈을 뿐이다. 그 모든 징후는 이미 어린 시절부터 켜켜이 쌓여온 것이다. 아이를 이해하고 있다면, 그 아이가 어린 시절의 억압과 감시에서 벗어나 조금 더 자유롭게 자신을 표현할 수 있는 사춘기에 접어들었을 때 어떤 식으로 행동할지 충분히 예측할 수 있다.

이제 인생이 던지는 세 번째 근본 문제, 즉 '사랑과 결혼'의 영역으로 넘어가보자.

사춘기 아이들이 사랑이라는 중대한 문제에 내놓는 대답은 그 아이의 인격에 대해 무엇을 말해줄까? 사춘기에 접어들었다고 해서 이전의 성향과 갑자기 단절되는 것은 아니다. 다만 아이의 심리적 활동이 이전보다 훨씬 더 역동적이고 뚜렷해지면서, 그 대답의 밑바탕에 깔린 본성이 명확하게 드러날 뿐이다. 어떤 사춘기 아이들은 사랑에 빠졌을 때 자신이 어떻게 행동해야 할지 아주 확신에 차 있다. 로맨틱한 낭만을 즐기거나 무척 용감하게 다가선다. 어쨌든 이들은 이성을 대하는 자신만의 올바른 행동 기준을 건강하게 찾아낸다.

반면, 이 문제에서 완전히 반대 극단에 서 있는 아이들은 이성이나 성 문제 앞에서 매우 수줍어한다. 사랑이라는 인생의 무대 전면에 가까워지자, 그동안 준비가 턱없이 부족했음이 적나라하게 들통나는 것이다. 우리가 사춘기 아이들의 행동을 통해 얻어내는 인격의 지표들은 훗날 그들이 어른이 되었을 때 어떻게 살아갈지 판단하는 근거가 된다. 만약 그 아이의 암울한 미래를 바꾸고 싶다면 지금 당장 무엇을 해야 할지 정확히 알 수 있다는 뜻이다.

　　　　　　　　　　　　　　　제12장 사춘기와 성교육

가령 이성에 대해 매우 부정적이고 공격적인 사춘기 아이를 만났다면, 그의 과거를 거슬러 올라가보라. 십중팔구 어린 시절 내내 거칠게 싸움을 일삼던 아이였을 것이다. 아마도 부모가 자신이 아닌 다른 형제만을 편애하는 바람에 깊은 우울감과 분노에 빠졌던 아이였을 가능성이 크다. 그 상처의 결과, 이 아이는 지금이라도 세상에 강하게 맞서 자신을 내세워야 하며, 거만하게 굴면서 타인의 감정적인 요구(사랑과 애정)를 모두 거부하고 무시해야만 자신이 살아남을 수 있다고 믿는다. 사춘기 아이가 성과 사랑에 대해 취하는 태도는 어린 시절 겪었던 경험의 반사경이다.

또한 사춘기에는 집을 뛰쳐나가고 싶어 하는 강렬한 욕구를 흔하게 목격하게 된다. 이는 현재의 가정 상황에 전혀 만족하지 못하는 아이가 인생에서 처음으로 부모와의 끈끈한 유대를 끊어버릴 절호의 기회를 갈망하기 때문이다. 아이는 부모에게 더 이상 기대고 부양받고 싶어 하지 않는다. 하지만 그럴더라도 부모는 끝까지 아이를 경제적·심리적으로 지원해주는 것이 최선이다. 만약 부모가 지원을 끊어버린 상태에서 아이가 비뚤어진 길로 빠지기라도 한다면, "부모가 나를 도와주지 않아서 내 인생이 망가진 거야!"라는 아주 그럴싸한 실패의 알리바이만 만들어주는 꼴이 되기 때문이다.

가출하지 않고 얌전히 집에 머무르는 아이들 중에서도 도피 경향을 보이는데 조금 다른 형태로 나타난다. 틈만 나면 밤늦게까지 밖으로 나돌며 집 밖을 배회하는 것이다. 조용히 집에 있는 것보다 밤거리에 나가 자극적인 일들을 즐기는 편이 훨씬 흥미진진한 일일 것이다. 사실 이는 가정을 향한 아이의 암묵적이고 강렬한 비난이라고 볼 수 있는데, 집에서는 숨막히고, 언제나 부모에게 옥죄이고 감시당한다고 느낀다는 신호다. 이 아이들은 집안에서 건강하게 자신을 표현하거나, 스스로 실수를 저지르고 깨달을 기회를 단 한 번도 허락받지 못했다. 사춘기가 이런 엇나간 방향으로 싹트기 시작하는 것은 무척 위험한 일이다.

상당수의 아이들은 사춘기에 접어들면 세상으로부터 자신이 인정받지 못한다는 사실을 그 어느 때보다 날카롭고 예민하게 받아들인다. 예전에는 학교에서 모범생으로 불리며 교사들의 칭찬을 한 몸에 받다가, 갑자기 새로운 학교나 낯선 사회 환경, 혹은 전혀 다른 직업의 세계로 내던져지며 그 알량한 인정마저 잃어버렸을 수 있다. 우리는 초등학교 시절 1등을 도맡아 하던 최고 우등생들이 정작 사춘기가 되어서는 그 자리를 지키지 못하고 추락하는 모습을 무수히 봐왔다. 겉으로는 사춘기 때문에 아이가 갑자기 달라진 것처럼 보이지만, 실제로는 달라진 것이 없다. 다만 낯설고 힘든 상황 속에서 아이의 취약한 모습이 드러났을 뿐이다.

지금까지의 이야기를 종합해보면, 사춘기에 들이닥칠 수많은 문제를 막아낼 최고의 예방책 중 하나는 바로 건강한 우정의 형성임을 알 수 있다. 아이들은 서로에게 믿음직한 친구이자 따뜻한 동료가 되어야 한다. 이는 가족 구성원은 물론 집 밖의 모든 타인에게도 똑같이 적용되는 원칙이다. 가족이란 서로를 신뢰하는 단단한 울타리가 되어야 마땅하다. 아이는 부모와 교사를 전적으로 믿을 수 있어야 한다. 실제로 사춘기라는 위태로운 시기에 아이를 이끌어줄 수 있는 진정한 지도자는, 오직 그 전부터 아이와 공감하며 든든한 동료로 곁을 지켜온 부모와 교사뿐이다. 평소 아이 위에서 권위적으로 군림하던 부모나 교사라면 사춘기 아이의 마음속에서 단번에 매몰차게 배제당하고 만다. 아이는 그런 어른들에게 절대로 자신의 은밀한 비밀을 털어놓지 않으며, 그들을 완벽한 외부인이나 심지어 적으로까지 여긴다.

한편, 여자아이들 중에는 바로 이 사춘기 무렵부터 여성의 역할에 강한 혐오감을 드러내며 어떻게든 남자아이처럼 행동하려는 유형이 나타난다. 흡연, 음주, 무리 지어 다니기 등 소위 남자아이들의 나쁜 악덕을 흉내 내는 것은, 땀 흘려 열심히 일하고 공부하는 고된 미덕을 실천하는 것보다 훨씬 쉽다. 더욱이 이들은 "남자아이들의 관심을 끌려면 나도 그들처럼 행동해야 해."

라는 그럴싸한 변명을 내세우기도 한다.

　이러한 사춘기 여자아이의 심리적 '남성 항거'를 들여다보면, 사실 그 아이가 아주 어릴 적부터 자신에게 부여된 여성의 역할을 달가워하지 않았음을 알게 된다. 그저 지금껏 그 깊은 혐오감이 얌전하게 가려져 있었을 뿐, 사춘기에 이르러서야 폭발하듯 겉으로 드러난 것이다. 그렇기에 이 시기에 여자아이들이 보이는 특정한 행동을 세심히 관찰하는 일은 무척 중요하다. 이를 통해 훗날 그 아이가 자신의 성 역할과 삶을 어떤 태도로 마주할지 정확히 예측할 수 있다.

　반대로 이 나이 또래의 남자아이들은 세상 누구보다 현명하고, 용감하며, 매사에 자신감 넘치는 완벽한 '진짜 남자'의 역할을 연기하고 싶어 한다. 그러나 또 다른 부류의 남자아이들은 삶의 문제 앞에서 잔뜩 겁을 집어먹고 "나는 도저히 저런 진짜 남자가 될 수 없어."라며 스스로를 불신한다. 만약 어린 시절 남성의 역할을 가르치는 과정에 어떤 치명적인 결함이 있었다면, 바로 이 시기에 그 상처가 터지게 될 것이다. 이 아이들은 억지로 여성스럽게 꾸미고 여자아이처럼 새침하게 행동하며, 짐짓 요염하게 굴거나 과장된 포즈를 취하는 등 이른바 여성성의 악덕만을 교묘하게 흉내 낸다.

　이처럼 여성적 극단으로 도피하는 남자아이들이 있는가 하면,

정반대로 지나치게 수컷의 특성만 두드러지게 과시하며 악덕으로 치닫는 남자아이들도 있다. 이들은 무리하게 술을 마시고 성적인 일탈을 일삼는다. 심지어 자신이 얼마나 거칠고 남자다운지 증명하기 위해 기꺼이 범죄까지 저지른다. 남들보다 우월해지고 싶고 무리의 절대적인 우두머리가 되어 또래 친구들의 기를 꺾어놓고 싶은 허세 가득한 남자아이들에게서 이런 폭력적인 악덕이 발견된다.

하지만 겉으로는 허세와 야심을 내뿜는 이 아이들의 내면 깊은 곳에는 놀라울 만큼 은밀하고 나약한 비겁함이 숨어 있다. 최근 미국을 발칵 뒤집어 놓았던 힉만(Hickman) 사건(1927년 미국 로스앤젤레스에서 19세의 윌리엄 에드워드 힉먼이 12세 소녀를 유괴한 뒤 살해한 사건으로, 범인의 냉혹하고 반사회적인 태도 때문에 당시 미국 사회에 큰 충격을 주었다. - 역자주)이나 레오폴드와 롭(Leopold and Loeb) 사건(1924년 시카고에서 부유한 대학생 네이선 레오폴드와 리처드 롭이 '완전범죄'를 실험한다는 명목으로 14세 소년을 살해한 사건으로, 지적 우월감과 도덕적 결핍이 결합된 대표적 사례로 논의된다. - 역자주) 같은 악명 높은 범죄 사례들이 이를 완벽하게 증명한다. 이 소년범들의 성장 배경을 살펴보면, 하나같이 온실 속에서 편안하게 자랐으며 늘 가장 쉬운 방법으로 성공하려 들었다는 공통점을 발견할 수 있다. 이들은 행동력은 넘치지만 내면의 진정한 용기는 턱없이 부족하다.

넘치는 활동성과 비겁함, 이 두 가지야말로 범죄를 저지르기에 가장 완벽하게 들어맞는 최악의 심리적 조합이다.

사춘기 아이들이 반항심에 차올라 자기 부모에게 폭력을 휘두르는 충격적인 상황도 종종 목격한다. 겉으로 드러난 행동 뒤에 숨겨진 성격의 통일성을 들여다볼 줄 모르는 사람이라면, "그토록 착했던 아이가 사춘기 때문에 갑자기 악마로 변해버렸다."며 경악할 것이다. 그러나 아이의 과거를 찬찬히 돌아보면, 인격 자체는 예전이나 지금이나 다르지 않다는 것을 알 수 있다. 다만 어린 시절보다 신체적으로 더 강해졌고, 스스로 행동할 수 있는 범위가 넓어졌을 뿐이다.

이 시기에 우리가 놓치지 말아야 할 또 하나의 중요한 사실은, 모든 사춘기 아이들이 자신의 눈앞에 어떤 거대한 시험대가 놓여 있다고 느끼며 더 이상 어린애가 아니라는 것을 증명해야 한다는 강박에 시달린다는 점이다. 물론 이는 매우 위험한 심리 상태다. 사람은 누군가에게 자신의 능력을 기어코 증명해 보여야 한다는 압박감에 사로잡힐 때마다, 무리수를 두며 너무 멀리 나아가기 십상이기 때문이다. 사춘기 아이들 역시 마찬가지로 너무 멀리 엇나가 버린다.

이처럼 무언가를 증명하려는 강박은 사춘기의 가장 흔하고도 중요한 증상이다. 이에 현명하게 대처하는 방법은 아주 간단하

　　　　　　　　　제12장 사춘기와 성교육

다. 청소년들에게 "네가 더 이상 어린아이가 아니라는 사실을 굳이 우리에게 증명하고 설득할 필요가 없단다. 우리는 이미 그 사실을 잘 알고 있거든." 하고 다정하게 설명해주는 것이다. 어른들이 이렇게 확신을 심어주기만 해도, 아이가 어른인 척하려 애쓰는 과장되고 위험한 행동들을 충분히 막을 수 있다.

한편, 여자아이들 중에는 성적인 관계에 지나치게 집착하며 이른바 남자광이 되어버리는 유형이 있다. 이들은 일상에서 끊임없이 어머니와 부딪치며 자신이 지독하게 억압받고 있다고 믿는다(물론 실제로 억압받았을 수도 있다). 이들은 오직 어머니를 화나게 만들겠다는 분노 하나로, 자신에게 다가오는 남자라면 누구와든 쉽게 성관계를 맺는다. 엇나간 자신의 행동을 어머니가 알게 되면 가슴이 찢어지게 아플 것이라는 사실을 너무나 잘 알기에, 오히려 그 고통을 기꺼이 즐기는 것이다. 실제로 수많은 사춘기 여자아이가 어머니와 격렬하게 다투거나 지나치게 엄격한 아버지의 폭언을 견디지 못해 집을 뛰쳐나간 바로 그날 밤, 홧김에 생애 첫 성관계를 맺곤 한다.

부모는 아이를 착하고 훌륭한 여자로 키우겠다는 명목으로 억압하지만, 결국 부모의 그 무지한 심리적 통찰력 때문에 아이가 돌이킬 수 없는 나락으로 떨어져버린다는 사실은 비극적인 아이러니다. 이런 경우, 비극의 책임을 져야 할 사람은 엇나간 여자

아이가 아니라 전적으로 부모다. 부모가 아이를 낯선 세상의 상황에 맞게 제대로 훈련시키지 못한 탓이다. 사춘기가 되기 전까지 아이를 과잉보호하며 온실 속에 가둬두느라, 정작 아이 스스로 상황을 판단하고 삶을 책임질 자립심을 발달시킬 기회를 완전히 빼앗아버린 것이다.

물론 이런 어려움 중 일부는 사춘기를 무사히 넘긴 뒤, 훗날 결혼을 하고 나서야 뒤늦게 터져 나오기도 한다. 언제 터지느냐의 차이일 뿐 그 밑바탕에 깔린 심리적 원리는 완벽하게 똑같다. 그저 사춘기 시절에 치명적인 위기를 촉발할 만한 불리한 상황을 마주치지 않았던 운 좋은 경우였을 뿐이다. 그러나 인생을 살다 보면 어떤 식으로든 불리한 상황은 조만간 반드시 닥쳐오게 마련이며, 우리는 언제나 그 위기에 맞설 마음의 준비를 단단히 갖추고 있어야 한다.

사춘기 여자아이가 겪는 심리적 문제를 아주 구체적으로 보여주는 사례가 하나 있다. 지독하게 가난한 가정에서 자란 열다섯 살 소녀의 이야기다. 불행히도 이 소녀에게는 늘 몸이 아파서 어머니가 온종일 곁에 붙어 돌봐야만 하는 오빠가 하나 있었다. 소녀는 아주 어릴 적부터 부모가 자신과 오빠에게 쏟는 관심의 차이를 잘 알고 있었다. 상황을 더 꼬이게 만든 것은, 소녀가 태어났을 무렵 아버지마저 병상에 눕는 바람에 어머니가 아픈 아버지와 오빠를 동시에 돌봐야 했다는 사실이다. 소녀는 다른 가족이 돌봄과 관심을 받는 모습을 보며 자랐고, 자신도 그런 인정을 받고 싶다는 마음이 커졌다. 하지만 가족 안에서는 그 바람이 이루어지지 않았다. 엎친 데 덮친 격으로 막내 여동생까지 태어나면서, 소녀가 그나마 쥐꼬리만큼 누리던 관심마저 모조리 빼앗기고 말았다. 얄궂은 운명처럼 막냇동생이 태어났을 때는 아버지의 병이 완전히 나은 뒤여서, 아기는 소녀가 어린 시절 받았던 것보다 훨씬 더 큰 사랑과 관심을 독차지했다. 아이들은 이런 미묘한 차이를 기가 막히게 눈치챈다.

소녀는 집에서 채우지 못한 관심의 결핍을 학교에서 악착같이 공부하는 것으로 보상하려 했다. 죽어라 노력한 끝에 반에서 1등을 차지했고, 교사들에게 모범생으로 인정받아 고등학교까지 진학하라는 권유를 받았다. 그러나 고등학교에 올라가자 모든 것이 달라졌다. 새로운 교사가 아직 소녀의 진가를 알아보지 못하고 충분히 인정해주지 않자 성적은 곤두박질쳤다. 소녀는 간절히 인정받고 싶었지만 이제 집에서도 학교에서도 그 갈증을 채울 수 없었다. 결국 어딘가 다른 곳에서 자신을 인정해줄 대상을 찾아야만 했다.

소녀는 밖으로 나가 자신에게 관심을 보여주는 낯선 남자와 무작정 동거를 시작했다. 그러나 불과 2주 만에 남자는 소녀에게 싫증을 내고 떠나버렸다. 충분히 예상할 수 있는 결말이었다. 그제야 소녀는 그것은 자신이 바라던 진짜 인정이 아니었다는 사실을 깨달았다. 그사이 가족들은 애가 타서 소녀를 찾아 헤맸다. 그러다 갑자기 소녀에게서 편지 한 통이 날아왔다. "저 독을 마셨어요. 걱정하지 마세요. 저는 지금 행복해요." 인정받으려던 시도가 처참하게 실패로 돌아가자, 다음으로 꺼낸 카드는 자살이었다. 하지만 소녀는 진짜로 죽을 생각은 없었다. 그저 자살로 위협하여 부모의 관심과 용서를 구하려 했을 뿐이다. 소녀는 어머니가 자신을 애타게 찾아다니다 집으로 데려갈 때까지 밤거리를 정처 없이 헤매고 다녔다.

만약 이 소녀가 (심리학자처럼) 자기 삶 전체가 오직 '인정받으려는 맹목적인 추구'에 지배당하고 있다는 사실을 스스로 깨달았더라면 이런 일은 일어나지 않았을 것이다. 고등학교 교사가 이 아이의 내면을 꿰뚫어 보고, 이 소녀에게는 따뜻한 인정과 칭찬 한마디가 필요하다는 사실을 눈치챘더라면 이 비극은 일어나지 않았을 것이다. 꼬리에 꼬리를 무는 이 불행의 사슬 속에서, 한 순간만이라도 누군가 소녀의 마음을 제대로 다독여주었다면 파멸로 향하는 길을 충분히 막을 수 있었다.

이 사례는 우리에게 매우 중요한 성교육 문제를 제기한다. 최근 들어 성교육이라는 주제는 지나칠 정도로 과장되어 있다. 성

교육에 광적으로 집착하는 듯한 사람들이 세상에 너무나 많다. 그들은 아이의 나이를 불문하고 무작정 성교육을 들이밀며, 성적인 무지가 낳을 위험성을 잔뜩 부풀려 겁을 준다. 그러나 우리 자신의 어린 시절이나 주변 사람들의 삶을 돌아봐도, 그들이 상상하는 것만큼 엄청난 위기나 파국은 찾아보기 힘들다.

개인심리학의 풍부한 임상 경험은 우리에게 아주 분명한 원칙을 가르쳐준다. 아이가 만 2세 무렵이 되면 자신이 남자아이인지 여자아이인지 명확히 알려주고, 성별은 임의로 바꿀 수 없으며 남자아이는 자라서 남자가 되고 여자아이는 자라서 여자가 된다는 평범한 사실을 차분히 설명해주면 된다. 이렇게만 해주어도 훗날 아이가 겪을 성 지식의 부족은 그다지 위험한 문제가 되지 않는다.

"여자아이는 남자아이처럼 길러지지 않으며, 남자아이도 여자아이처럼 길러지지 않는다."는 사실을 깨닫게 되면, 성 역할은 아이의 마음속에 자연스럽게 자리 잡고 아이는 정상적으로 발달하며 훗날 자신의 역할을 건강하게 준비할 것이다.

그러나 반대로 어떤 특별한 요령이나 마법을 쓰면 성별을 바꿀 수 있다고 믿게 놔둔다면, 그때부터 심각한 문제가 터져 나온다. 심지어 부모가 아이의 성별을 제 마음대로 바꾸고 싶어 할 때도 비극이 벌어진다. 문학 작품『고독의 우물(The Well of

Loneliness)』은 바로 이런 비극적인 상황을 아주 훌륭하게 묘사하고 있다. 어떤 부모들은 멀쩡한 딸을 억지로 사내아이처럼 키우려 들거나 반대로 아들을 딸처럼 키우고 싶어 한다. 아이에게 반대 성별의 옷을 입혀놓고 사진을 찍어대며 즐기기도 한다. 때로는 여자아이가 너무 사내아이처럼 행동하는 바람에 주변 사람들이 아이의 성별을 착각해 잘못 부르는 일도 생긴다. 이는 아이의 여린 내면에 엄청난 혼란을 일으킨다. 조금만 주의를 기울이면 얼마든지 피할 수 있는 문제다.

특히 여성성을 깎아내리고 남성만이 우월하다고 가르치는 폭력적인 대화는 반드시 피해야 한다. 아이들은 남녀라는 두 성별이 완벽하게 동등하고 가치 있다는 사실을 이해해야 한다. 이는 억압받는 성별이 품게 될 열등감 콤플렉스를 막기 위해서뿐만 아니라, 우월감을 주입받은 남자아이들이 입을 치명적인 악영향을 막기 위해서도 절대적으로 필요하다. 남성이 우월하다고 배운 남자아이들은 훗날 여성을 동등한 인격체가 아닌 단순한 욕망의 대상으로만 바라보게 된다. 하지만 두 성별이 함께 이뤄나가야 할 미래의 과업을 올바르게 이해한다면, 성관계를 추잡하고 저급한 쾌락으로 여기지 않을 것이다.

성교육의 핵심은, 아이들을 앉혀놓고 성관계의 생물학적이고 생리학적인 구조를 적나라하게 설명하는 데 있지 않다. 사랑과 결혼을 대하는 아이의 전체적인 삶의 태도를 건강하게 준비시키는 것이야말로 성교육의 진정한 목표다. 이는 결국 타인과 세상에 적응하는 사회적 적응 문제와 맞닿아 있다. 세상과 건강하게 관계 맺지 못할수록 성 문제를 가볍게 여기고, 자신의 쾌락을 위한 수단으로만 보는 경향이 있다.

안타깝게도 이런 비극은 우리 주변에서 너무나 흔하게 벌어지며, 이는 우리 사회와 문화가 안고 있는 심각한 결함을 고스란히 비춰주는 거울이다. 현재의 문화권에서는 남성이 주도권을 쥐고 권력을 행사하기가 훨씬 쉽기 때문에 수많은 여성이 고통을 받는다. 그러나 정작 남자들 역시 자신들이 거머쥔 그 헛된 가짜 우월감 때문에 인간으로서 지녀야 할 근본적인 가치를 송두리째 잃어버리고 만다.

성관계의 신체적인 측면에 관해서라면, 굳이 아이들에게 서둘러 가르칠 필요가 없다. 아이가 스스로 호기심을 품고 무언가 구체적인 것을 알고 싶어 할 때까지 여유롭게 기다려라. 평소 아이에게 깊은 관심을 쏟는 부모라면, 아이가 너무 수줍어서 차마 입 밖으로 꺼내지 못할 때, 자연스럽게 다가가 설명해줄 완벽한 타이밍을 본능적으로 알아챌 것이다. 아이가 부모를 든든한 동지로 느낀다면 언젠가 반드시 질문을 던질 것이고, 부모는 바로 그때 아이의 이해 수준에 딱 맞게 진실을 대답해주면 된다. 물론 아이의 성적인 충동을 불필요하게 자극하는 묘사는 철저히 피해야 한다.

이러한 맥락에서 덧붙이자면, 아주 어린 유아에게서 성적인 본능이 겉으로 발현되는 것처럼 보인다고 해서 너무 놀라거나 겁먹을 필요는 없다. 사실 인간의 성적인 발달은 아주 일찍, 엄밀히 말해 태어난 지 첫 주부터 시작된다. 갓난아이가 자신의 몸에서 성적인 쾌감을 경험하고 그 성감대를 인위적으로 자극하려 든다는 것은 부인할 수 없는 사실이다. 부모는 아이의 이런 행동을 보고 지레 겁먹지 말아야 하며, 너무 심각하고 대단한 일로 여기지도 말되 자연스럽게 아이의 주의를 다른 곳으로 돌려 중단시켜야 한다. 만약 부모가 자신의 이런 행동에 기겁하며 과도하게 걱정한다는 사실을 아이가 눈치채면, 아이는 부모의 관심을 끌기 위해 고의로 그 행동을 계속 이어갈 것이다. 겉으로는 아이가 통제 불능의 성 충동에 빠진 희생자처럼 보일지 모르지만, 실상은 그저 부모의 관심을 독차지하고 자신을 과시하기 위한 도구로 자신의 생식기를 이용하는 것뿐이다. 병에 걸린 척 꾀병을 부리는 심리와 완벽하게 똑같다. 아프면 평소보다 훨씬 더 응석받이로 대접받고 부모의 사랑을 듬뿍 받는다는 것을 아이들이 너무나 잘 알기 때문이다.

부모는 아이에게 키스나 포옹을 퍼부어 신체적으로 자극해서

 제12장 사춘기와 성교육

는 안 된다. 특히 감수성이 예민한 사춘기 아이에게 이런 식의 과도한 스킨십은 폭력에 가깝다. 또한 정신적으로도 성적인 주제를 노출하여 아이를 자극해서는 안 된다. 아이들이 아버지의 서재나 서랍에서 경박하고 외설적인 그림을 몰래 발견하는 경우가 허다하다. 심리 상담 클리닉에서는 이런 사례가 끊임없이 쏟아져 들어온다. 아이들이 자신의 나이와 이해 수준을 훌쩍 넘어서는 성적인 책에 손대지 못하게 막아야 하며, 성적인 요소를 자극적으로 다룬 영화나 매체에도 노출되지 않도록 보호해야 한다.

만약 부모가 이런 모든 형태의 이른 성적 자극을 현명하게 차단할 수 있다면, 아이의 성교육에 대해 크게 두려워할 필요가 전혀 없다. 아이가 궁금해하는 바로 그 적절한 시기에, 아주 간단하고 명료한 말로 차분하게 설명해주기만 하면 된다. 아이의 말초적인 호기심을 자극하지 말고, 언제나 진실하고 단순하게 대답해야 한다. 무엇보다 아이와의 굳건한 신뢰를 지키고 싶다면, 성에 관해 어설픈 거짓말을 꾸며내서는 안 된다. 아이가 부모를 신뢰한다면, 또래 친구들이나 길거리에서 주워들은 온갖 천박하고 왜곡된 설명들(사실 인류의 90퍼센트가 또래 집단으로부터 잘못된 성 지식을 얻는다)을 과감히 무시하고 오직 부모가 들려준 진실만을 믿을 것이다. 이처럼 부모와 아이 사이에 흐르는 따뜻한 협력과 굳건한 동지애야말로, 시중에 떠도는 여러 임기응변식 답변보다 훨씬 더 중요하다.

어린 시절에 성적인 경험을 너무 많이 하거나 지나치게 일찍 눈을 뜬 아이들은, 역설적이게도 훗날 성을 극도로 꺼리고 혐오하게 된다. 그렇기에 부모가 사랑을 나누는 행위를 아이들이 알아채지 못하게 하는 것이 좋다.

물리적으로 가능하다면 아이가 부모와 같은 방, 특히 같은 침대에서 잠을 자지 않도록 분리해야 한다. 남매나 형제 역시 가급적 같은 방을 쓰지 않는 편이 바람직하다. 부모는 아이들이 일상에서 올바르게 행동하는지 애정 어린 눈으로 지켜보면서도, 바깥세상의 불건전한 외부 영향이 아이에게 스며들지 않도록 늘 깨어 경계해야 한다.

지금까지 길게 설명한 내용이 성교육에서 부모가 기억해야 할 가장 중요한 핵심이다. 교육의 모든 측면을 통틀어, 우리는 결국 '가족 안에서 싹트는 협력과 따뜻한 친근감'이 지니는 절대적이고 지배적인 중요성을 다시금 확인하게 된다. 이러한 굳건한 협력이 바탕이 되고 자신의 성 역할과 남녀의 평등함에 대한 올바른 지식이 일찍부터 자리 잡는다면, 아이는 살아가면서 마주치게 될 그 어떤 무서운 위험 앞에서도 끄떡없이 자신을 지켜낼 준비를 마치게 된다. 그리고 무엇보다도, 건강하고 당당하게 자신

　　　　제12장 사춘기와 성교육

만의 인생 과업을 훌륭히 완수해낼 훌륭한 어른으로 성장할 것
이다.

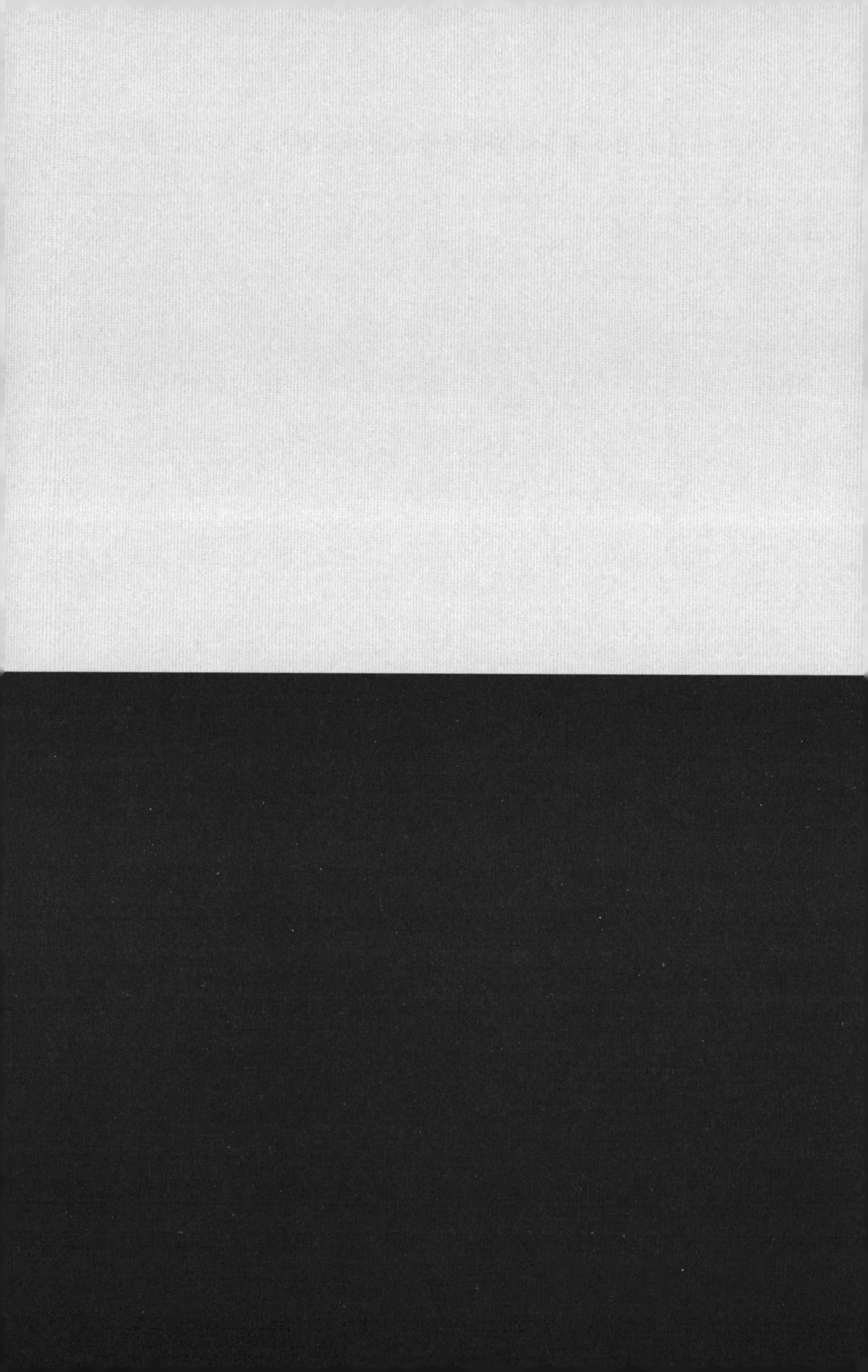

제13장
교육에서
흔히 져지르는 실수들

아이를 기를 때 부모나 교사가 낙담해서는 안 되는 몇 가지 원칙이 있다.

첫째, 아무리 애를 써도 즉각적인 성공이 눈에 보이지 않는다고 해서 섣불리 절망해서는 안 된다.

둘째, 아이가 구제 불능일 정도로 무기력하거나 무관심하고 지독하게 수동적인 태도를 보인다고 해서 지레 패배를 단정지어서도 안 된다.

셋째, 세상에는 재능을 타고난 아이와 그렇지 못한 아이가 따로 정해져 있다는 어리석은 미신에 휩쓸려서는 안 된다.

개인심리학은 이 모든 편견에 맞서 단호하게 주장한다. 우리는 모든 아이의 내면에 더 많은 용기와 자신감을 심어주어 그들의 억눌린 정신적 능력을 힘껏 자극해야 한다. 살면서 부딪히는 수많은 어려움을 절대 넘을 수 없는 절망적인 장애물이 아니라, 기꺼이 맞서 싸워 정복해낼 도전 과제로 바라보도록 가르쳐야 한다.

물론 이런 눈물겨운 노력들이 늘 100퍼센트 성공을 거두는 것은 아니다. 하지만 그중 한 번의 찬란한 성공 사례만으로도, 눈에 띄는 결과를 얻지 못했던 수많은 좌절과 노력을 충분히 보상받고도 남는다.

다음은 부모와 교사의 포기하지 않는 노력이 기적 같은 성공을 거둔 무척 흥미로운 사례다.

이 사례의 주인공은 초등학교 6학년에 재학 중인 열두 살 소년이다. 소년은 학교 성적이 늘 형편없었지만 정작 본인은 그 사실에 전혀 동요하지 않았다. 아이의 과거 이력은 비정상적일 만큼 불행했다. 극심한 구루병을 앓은 탓에 세 살이 될 때까지 제 발로 걷지도 못했고, 세 살이 다 끝날 무렵에야 겨우 입을 떼어 몇 마디를 중얼거렸을 뿐이다. 아이가 네 살이 되던 해, 지푸라기라도 잡는 심정으로 찾아간 아동 심리학자는 어머니에게 "이 아이는 절망적입니다."라는 가혹한 선고를 내렸다.

하지만 어머니는 그 잔인한 진단을 믿지 않고 아이를 아동 지도 전문 기관에 맡겼다. 아이는 기관에서 그리 눈에 띄는 큰 도움을 받지는 못했지만, 그럼에도 아주 천천히 자기만의 속도로 발달해 나갔다. 여섯 살이 되자 마침내 일반 학교에 들어갈 수 있다는 판정을 받았다. 입학 후 처음 2년 동안은 방과 후에 집에서 끊임없이 특별 지도를 받은 덕분에 무사히 시험을 통과했고, 3학년과 4학년도 어떻게든 겨우겨우 넘기며 진급했다.

당시 아이가 처한 학교와 집안의 상황은 이러했다. 소년은 학교에서 극심한 게으름으로 눈에 띄는 골칫거리였다. 교사는 아이가 수업에 전혀 집중하지 못하고 남의 말을 주의 깊게 듣지도 않는다고 불평했다. 또래 친구들과도 겉돌며 어울리지 못했고, 늘 다른 아이들보다 체구가 작고 약한 탓에 툭하면 놀림의 대상이 되었다. 수많은 반 친구 중에서 오직 단 한 명의 친구만 각별히 좋아해서 그 아이와만 산책을 다녔다. 나머지 친구들에게는 몹시 불쾌한 태도를 보이며 아예 접촉조차 하지 못했다. 교사는 아이가 산수에 너무 취약하고 글씨도 엉망으로 쓴다고 지적하면서도, 한편으로는 마음만 먹으면 이 아이도 다른 친구들만큼 충분히 해낼 수 있다고 믿고 있었다.

우리는 소년이 살아온 과거의 이력과 그동안 해낸 일들을 찬찬히 훑어본 뒤, 지금까지 어른들이 아이에게 취해온 방식이 완전히 잘못된 진단에서 비롯되었음을 확신했다. 이 아이는 너무나도 격렬한 열등감 콤플렉스에 병들어 있었다. 소년에게는 매사에 뛰어난 우등생 형이 하나 있었다. 부모는 늘 "형은 집에서 공부를 하나도 안 하고도 고등학교에 척척 붙었단다"라며 입버릇처럼 말했다. 부모들은 자기 아이가 굳이 책상에 앉아 끙끙대지 않아도 천재처럼 척척 해낸다고 자랑하기를 좋아하고, 아이들 역시 그런 천재적인 이미지를 뽐내기 좋아한다. 그러나 이 세상에 전혀 공부하지 않고 저절로 지식을 배우는 마법 같은 일은 불가능하다. 아마 형은 수업 시간에 높은 집중력으로 교사의 말을 빠짐없이 받아들이고, 학교에서 배운 내용을 그대로 기억하는 방식으로 공부했을 것이다. 반대로 수업에 충분히 집중하지 못한 아이라면, 집에 돌아와 그만큼 따로 공부해야 한다.

그런데 이 두 형제의 처지는 너무나 극명하게 달랐다! 우리의 불쌍한 소년은 늘 잘난 형보다 자신이 한없이 무능하며 세상에 쓸모없는 존재라는 지독한 압박감에 짓눌려 살았다. 어머니가 화가 나서 소리칠 때, 혹은 형이 자신을 향해 "이 바보, 멍청이 같은 놈아!"라고 조롱할 때마다 이 모멸감은 더욱 각인되었을 것이다. 어머니의 고백에 따르면, 형은 동생이 자기 말을 고분고분 듣지 않을 때면 폭력적으로 발로 걷어차기 일쑤였다고 한다.

그 환경의 결과물이 바로 지금 우리 눈앞에 서 있었다. 스스로를 타인보다 한없이 가치 없는 존재라고 믿어버린, 잔뜩 웅크린 한 인간 말이다. 게다가 아이가 마주한 현실의 삶은 그 믿음을 끊임없이 확인시켜주었다. 교실의 친구들은 언제나 자신을 얕잡아보고 비웃었으며, 학교 성적은 엉망진창이었고, 어른들은 매일같이 "너는 왜 이렇게 집중을 못 하니?"라며 혀를 찼다. 아이는 삶에서 마주치는 아주 사소한 어려움 앞에서도 지레 겁을 먹고 얼어붙었다. 심지어 교사는 가끔 무심코 "이 아이는 우리 반이나 학교 수준에 전혀 맞지 않는 것 같아요."라는 말을 내뱉기도 했다. 이런 절망적인 굴레 속에서, 아이가 자신을 옭아맨 상황에서 영영 벗어날 수 없으며 "내가 쓸모없는 멍청이라는 저들의 말이 모두 옳아."라고 체념해버린 것은 어찌 보면 너무도 당연한 일이다. 자신의 다가올 미래에 대해 단 한 줌의 믿음조차 품지 못하는 아이의 삶이 얼마나 비극적이고 안타까운가?

이 아이가 자기 자신에 대한 믿음을 완전히 잃어버렸다는 사실은, 단지 우리가 밝고 다정하게 말을 건넸을 때 아이가 창백하게 질려 부들부들 떨었다는 표면적인 이유 때문만이 아니었다. 우리는 아이가 무심코 흘리는 아주 작은 신호에 늘 주목해야 한다. 어느 날 우리가 아이에게 나이를 물었다(물론 우리는 아이가 열두 살이라는 사실을 정확히 알고 있었다). 그러자 아이는 망설임 없이 "열한 살이요."라고 대답했다.

아이의 이 엉뚱한 대답을 그저 어쩌다 나온 단순한 실수로 가볍게 넘겨서는 안 된다. 세상의 대다수 아이들은 자기 나이쯤은 아주 정확하게 알고 있다. 이런 기묘한 실수에는 반드시 그럴 만한 무의식적 이유가 숨어 있기 마련이다. 이 아이가 살아온 험난한 삶의 궤적을 돌아보며 그 대답의 의미를 곱씹어보면, 아이가 지금 필사적으로 과거로 도망치려 한다는 강렬한 인상을 받게 된다. 지금처럼 세상의 요구에 짓눌리지 않고, 그저 무력하고 연약해서 어른들의 보살핌과 돌봄을 마음껏 받을 수 있었던 그 어린 시절로 간절히 되돌아가고 싶은 것이다.

지금까지 모은 사실들만으로도 우리는 아이의 심리적 방어 체계를 충분히 재구성할 수 있다. 이 아이는 또래 친구들처럼 과제를 훌륭히 해내며 자신을 증명하려 들지 않는다. 그저 자신이 남들보다 발달이 더뎌서 도저히 경쟁할 수 없다고 믿고 그에 맞춰 행동할 뿐이다. 남들보다 뒤처졌다는 이 열등감은 곧 '나이를 깎아내리는 방식'으로 표현된다. 아이는 누가 나이를 물으면 태연하게 열한 살이라고 대답하고, 특정한 상황에서는 마치 다섯 살짜리 어린아이처럼 굴기도 한다. 자신이 한없이 부족하고 무능하다는 확신에 사로잡힌 나머지, 세상의 모든 활동을 그 뒤처진 상태에 맞춰 억지로 끌어내리려 하는 것이다.

심지어 이 아이는 대낮에도 오줌을 지리거나 배변을 조절하지

못하는 증상까지 보였다. 이는 자신이 아직 아기라고 믿거나 남
들에게 아기로 보이고 싶어 할 때 전형적으로 나타나는 퇴행 증
상이다. 소년이 지금 필사적으로 과거에 매달리고 있으며, 아무
것도 책임지지 않아도 되는 아기 시절로 돌아가려 한다는 우리
의 분석을 완벽하게 확인시켜 준다.

집에는 소년이 태어나기 전부터 일해온 가정교사가 한 명 있
었다. 그녀는 아이에게 깊은 애착을 느끼며 가능한 한 어머니의
빈자리를 채워주려 애쓰며 든든한 지지자가 되어주었다. 여기서
우리는 더 많은 결론을 끌어낼 수 있다. 소년은 유독 아침 일찍
일어나는 것을 싫어했다. 아침마다 침대에서 빠져나오기까지 얼
마나 오랜 시간이 걸리는지, 아주 진저리를 치는 역겨운 몸짓으
로 설명해줄 정도였다. 결론은 몹시 단순하다. 아이가 그토록 학
교에 가기 싫어한다는 뜻이다. 또래 친구들과 전혀 어울리지 못
하고 늘 무시당하며 "나는 아무것도 제대로 해낼 수 없어."라고
믿는 소년이 대체 왜 학교에 가고 싶겠는가? 그 결과 아이는 어
떻게든 학교 시간에 맞춰 일어나는 것을 피하려 든 것이다.

그러나 가정교사의 증언은 조금 달랐다. 최근 아이가 아파서
누워 있을 때, 오히려 학교에 꼭 가게 해달라며 간절히 애원했다
는 것이다. 겉보기엔 모순 같지만, 사실 이는 우리의 분석과 전
혀 어긋나지 않는다. "아니, 가정교사가 어떻게 아이의 마음을

이렇게 착각할 수 있죠?"라는 질문에 대한 답은 무척 명확하고도 재미있다. 아이는 자신이 아플 때 학교에 가고 싶다고 아무리 떼를 써도, 가정교사가 "안 돼, 넌 지금 아파서 학교에 갈 수 없어."라며 단호하게 말려줄 것을 이미 다 알고 있었기 때문이다. 하지만 가족들은 이런 겉모습의 모순을 알아차리지 못한 채, 아이를 어떻게 대해야 할지 몰라 혼란스러워했다. 우리는 가정교사가 아이의 복잡한 마음속에서 진짜로 어떤 일이 벌어지고 있는지 도무지 이해하지 못하는 모습을 아주 자주 관찰하곤 한다.

소년을 결국 우리 클리닉으로 데려오게 만든 결정적인 사건이 하나 더 터졌다. 아이가 고작 사탕을 사 먹으려고 가정교사의 돈을 훔친 것이다. 이 역시 철없는 어린 아기처럼 행동한 아주 극단적인 사례다. 사탕을 사려고 푼돈을 훔치는 것은 기가 막힐 정도로 유치한 짓이다. 오직 사탕에 대한 눈먼 탐욕을 조절하지 못하는 유아들이나 저지르는 행동이기 때문이다. 이는 배변을 스스로 조절하지 못하는 경우와 같은 심리적 맥락에 있다. 이 도둑질이 담고 있는 의미는 "나를 지켜봐 주세요. 그렇지 않으면 내가 어떤 행동을 할지 알 수 없어요."라는 무의식적인 신호다. 소년은 스스로에 대한 일말의 믿음도 없었기에, 타인이 자신에게 끊임없이 간섭하고 관심을 쏟을 수밖에 없는 아슬아슬한 상황을 일부러 만들어냈다. 집과 학교에서의 상황을 비교해보면 그 연결 고리는 너무나도 명백했다. 집에서는 꾀병이나 장난으로 얼마든지 어른들의 관심을 끌 수 있었지만 학교에서는 그게 통하지 않았다. 하지만 대체 그동안 누가 이 불쌍한 아이의 엇나간 행동을 제대로 바로잡아주려 했단 말인가?

소년이 우리를 찾아오기 전까지, 아이는 늘 발달이 뒤처지고 구제 불능인 열등한 아이라는 차가운 시선 속에서 대우받았다. 하지만 아이는 그런 취급을 받을 이유가 없었다. 잃어버린 자신에 대한 믿음만 되찾는다면, 또래 친구들 못지않게 자기 몫을 거뜬히 해낼 수 있는 완벽하게 정상적인 아이였기 때문이다. 그저 세상 모든 것을 비관적으로 바라보며 단 한 걸음을 내딛기도 전에 미리 패배를 기정사실로 받아들였을 뿐이다. 아이의 극심한 자신감 부족은 모든 위축된 몸짓에 고스란히 담겨 있었고, 교사의 평가 기록(“집중력 전혀 없음, 기억력 약함, 주의 산만, 친구 없음 등”)에서도 적나라하게 확인되었다. 아이의 실패와 좌절이 분명하게 보였기에 누구도 그 사실을 외면할 수 없었고, 상황이 워낙 최악으로 치닫다 보니 어른들조차 아이를 바라보는 비관적인 관점을 바꾸기가 어려웠다.

우리는 개인심리학 설문지를 꼼꼼히 작성한 뒤 본격적인 상담에 돌입했다. 소년 본인뿐만 아니라 아이를 둘러싼 여러 주변 인물과의 깊은 면담이 필요했다. 가장 먼저 어머니를 만났다. 어머

　　　　　제13장 교육에서 흔히 저지르는 실수들

니는 이미 아이를 완전히 포기한 채 그저 겨우 일상생활만 유지할 수 있도록 애쓰는 상태였다. 둘째 형 역시 자기 동생을 심하게 경멸하고 무시했다.

우리가 아이에게 “너는 커서 어떤 사람이 되고 싶니?”라고 묻자, 아이는 아무런 대답도 하지 못했다. 반쯤 자란 청소년이 자신의 장래 희망을 정말로 하나도 모른다는 것은 무척이나 특징적인 증상이다. 물론 사람들이 어린 시절 꿈꿨던 그 직업을 꼭 가지는 것은 아니지만 그건 중요하지 않다. 건강한 아이라면 적어도 무언가 매력적인 아이디어에 이끌리게 마련이다. 아주 어린 꼬마들조차 멋진 자동차 운전사나 경찰관, 차장처럼 눈에 보이는 활기찬 직업을 꿈꾼다. 그러나 아이에게 그 어떤 물리적인 인생 목표조차 없다는 것은, 아이가 다가올 미래에서 고개를 홱 돌려버린 채 자꾸만 과거로 도망치려 하며, 미래에 닥쳐올 모든 문제와 책임을 회피하려 든다는 아주 강력한 의심을 불러일으킨다.

이런 아이의 모습은 언뜻 보기에 인간은 누구나 우월성을 추구한다는 개인심리학의 아주 기본적인 핵심 주장과 정면으로 모순되는 것처럼 보인다. 우리는 늘 모든 아이가 자신의 가능성을 활짝 펼치고 남들보다 더 큰 존재가 되어 무언가를 성취하려 한다고 굳게 믿어왔기 때문이다. 그런데 난데없이 그와 정반대로 행동하는 아이가 나타난 것이다. 끊임없이 뒷걸음질 치고, 한없이 작아지려 하며, 그저 타인에게 전적으로 의지하려고만 드는 아이 말이다. 이 모순을 대체 어떻게 설명해야 할까?

인간의 정신적인 움직임은 단순하고 일차원적이지 않다. 그 이면에는 소름 돋을 만큼 복잡한 배경이 얽혀 있다. 이처럼 복잡한 상황을 마주했을 때 섣불리 단순한 결론을 내려버리면 오답을 내놓게 된다. 이런 복잡성을 풀어내는 데는 고도의 요령이 필요하다.

"소년이 자꾸만 뒤로 물러서서 과거로 도망치는 이유는, 사실 갓난아기라는 가장 완벽하고 안전한 위치를 차지함으로써 자기 나름의 가장 큰 우월감을 누리려는 것이다." 이렇게 설명하는 변증법적 시도는, 전체의 그림을 완벽하게 이해하지 못하는 사람에게는 그저 혼란스러운 말장난처럼 들릴 것이다. 그러나 놀랍게도 이 아이들의 기묘한 논리는 자기들만의 세상 안에서는 완벽하게 옳은 것이다.

생각해보라. 한없이 작고 나약하며 무력해서 세상 그 누구도 자신에게 어떤 책임이나 과업을 요구하지 않을 때야말로, 아이는 가장 안전하게 타인을 지배하고 통제할 수 있지 않은가? 자기 자신에 대한 믿음이 없는 이 소년은 세상에 나가 아무것도 제대로 해내지 못할까 봐 죽을 만큼 두려웠다. 그렇다면 다가올 미래가 자신에게 무언가 거창한 것을 기대하고 요구할 때 과연 그것을 기꺼이 맞이하려 들겠는가? 절대 아니다. 자신의 진정한 힘과 능력만으로 냉정하게 평가받아야 하는 모든 위험한 상황을 어떻게든 필사적으로 피해야만 한다. 그 결과 소년은 스스로 자기 활동의 반경을 극도로 쪼그라뜨려, 세상이 자신에게 거의 아무것도 기대하지 않도록 만들어버렸다. 이렇게 해서 아이의 내면에 남은 것은, '의존적이고 불쌍한 어린 아기로서 받는 인정'이라는 아주 작고 왜곡된 우월감의 파편뿐이었다.

소년을 구하기 위해 우리는 교사와 어머니, 형은 물론이고 아버지와 주변 또래 친구들까지 일일이 만나 상담을 진행해야 했다. 이렇게 꼬리에 꼬리를 무는 연쇄 상담은 엄청난 시간과 에너지를 요구하는 일이다. 만약 우리가 교사를 단번에 설득할 수만 있다면 그 엄청난 노동의 절반은 훌쩍 아낄 수 있다. 그것이 완전히 불가능한 일은 아니지만 생각만큼 그리 간단하지도 않다. 수많은 교사가 여전히 구시대적인 교육 방식과 낡은 믿음에 고집스럽게 집착하며, 심리학적인 개입을 뭔가 특별하고 유별난 것으로 치부하기 때문이다. 어떤 교사들은 심리학자가 개입하는 것을 두고 자신들의 권력이 침해당하거나 교권에 대한 부당한 간섭이라고 두려워한다. 물론 이는 어불성설이다. 심리학은 단숨에 완벽하게 통달할 수 있는 마법이 아니며 현장에서 치열하게 연구하고 실천해야 하는 학문이다. 그러나 교사가 처음부터 단단히 잘못된 편견을 가지고 있다면 그 모든 노력은 물거품이 되고 만다.

특히 교사라는 직업에는 관용이라는 자질이 그 무엇보다 절실하게 요구된다. 비록 자신이 평생 믿어온 확고한 견해와 정면으로 부딪히는 것처럼 보일지라도, 새로운 심리학적 통찰과 아이디어에 기꺼이 마음의 문을 열어두는 것이 훨씬 현명한 태도다. 오늘날의 교육 현장에서는 심리학자가 교사의 의견을 무턱대고 반박하거나 강요할 권리가 없다. 그렇다면 교사가 요지부동인 이런 난감한 상황에서는 대체 어떻게 해야 할까?

우리의 풍부한 임상 경험에 비추어볼 때, 이런 경우에는 아이를 그토록 가혹했던 상황에서 아예 물리적으로 빼내는 것, 즉 아이를 다른 학교로 전학시키는 것 말고는 뾰족한 방법이 없다. 이렇게 환경을 바꿔주면 그 누구도 다치거나 상처받지 않는다. 주변 사람들은 무슨 일이 일어났는지 거의 눈치채지 못하지만, 그 순간 소년의 짓눌렸던 어깨에서는 엄청난 무게의 짐이 내려앉는다. 아이는 자신의 치욕스러운 과거를 아무도 모르는 완전히 새로운 세상으로 조심스럽게 발을 내딛는다. 그곳에서는 타인이 자신을 덮어놓고 나쁜 아이로 보지 않게 만들 수 있고, 더 이상 경멸당하지 않을 새로운 기회를 얻게 된다.

　　　　　　　　　　제13장 교육에서 흔히 저지르는 실수들

　물론 전학 이후의 일이 어떻게 풀려나갈지 명쾌하게 설명하기란 쉽지 않다. 아이가 속한 새로운 가족의 상황이 결정적인 역할을 하기 때문이다. 아마도 세상의 모든 사례는 저마다 조금씩 다른 섬세한 대처를 필요로 할 것이다. 하지만 개인심리학의 따뜻한 통찰에 공감하는 훌륭한 교사들이 점점 더 많아져서, 상처받은 아이들을 이해와 연민의 눈으로 바라보고 기꺼이 손을 내밀어 준다면, 이 모든 눈물겨운 구원의 과정은 지금보다 무한히 더 쉬워질 것이다.

제14장
부모도 교육이 필요하다

이 책은 여러 차례 밝혔듯 부모와 교사 모두를 독자로 삼고 있다. 부모든 교사든 아이의 복잡한 정신생활을 꿰뚫어 보는 새로운 심리적 통찰을 통해 똑같이 큰 도움을 받을 수 있기 때문이다. 궁극적으로 아이의 진정한 발달과 교육이 부모의 보살핌 아래서 이루어지든, 교사의 보살핌 아래서 이루어지든 그 자체는 그리 중요하지 않다. 어떻게든 아이가 올바르고 건강한 교육을 받기만 하면 그만이다. 물론 여기서 말하는 교육이란 단순한 교과목 지식이 아니라 인격의 발달, 즉 교육에서 가장 치명적이고 중요한 영역을 뜻한다.

 제14장 부모도 교육이 필요하다

가정에서 놓친 결함을 학교의 교사가 메워줄 수도 있고, 반대로 학교의 결함을 가정에서 부모가 바로잡아 줄 수도 있다. 그러나 현대 대도시의 복잡한 사회적·경제적 조건을 고려할 때, 아이 교육의 막중한 책임은 결국 교사의 어깨에 더 크게 지워질 수밖에 없다. 일반적인 부모는 교사만큼 교육에 전문적으로 참여하기 어렵기 때문에, 새로운 교육 방식이나 심리학적 통찰을 충분히 받아들이기 힘들다. 그래서 개인심리학은 아이들의 성장을 위한 변화의 출발점을 학교와 교사에게 두고 있다. 그렇다고 해서 부모들의 자발적인 협력을 거부하거나 외면하는 것은 아니다.

교사가 교실에서 교육적 과업을 수행하다 보면, 학부모와 피할 수 없는 갈등에 부딪히곤 한다. 교사가 아이의 잘못된 점을 바로잡으려 애쓰는 과정 자체가 결국 부모의 양육 실패를 어느 정도 전제로 깔고 있기 때문이다. 이는 부모의 입장에서 보면 대단히 노골적인 비난으로 들릴 수밖에 없고, 실제로 많은 부모가 깊은 모멸감을 느낀다. 이처럼 팽팽하고 난감한 상황에서 교사는 대체 부모를 어떻게 대해야 할까?

다음에 이어지는 조언들은 바로 이 문제에 대한 해답이다. 물론 이 조언은 철저히 교사의 관점에서 쓰였으며, 부모의 행동 자체를 하나의 심리적 문제로 다루고 있다. 그렇다고 해서 이 책을 읽는 학부모 독자들이 불쾌해할 필요는 전혀 없다. 여기서 말하는 비판은 교육에 대한 깊은 성찰이 부족한 일부 부모들에게서 비롯되며, 이는 교사가 현장에서 일상적으로 겪는 어려움에 해당한다.

수많은 현장 교사들이 입을 모아 호소하는 어려움이 있다. 엇나가는 문제아 본인보다 그 문제아의 부모에게 접근하는 일이 수백 배는 더 까다롭다는 것이다. 이 사실은 교사가 부모를 대할 때 항상 고도의 재치를 발휘해야 함을 일깨워준다. 우선 교사는 아이의 나쁜 행동과 성격적 결함이 100퍼센트 부모의 탓만은 아니라는 너그러운 가정하에 대화를 시작해야 한다. 사실 부모는 숙련된 교육 전문가가 아니며, 그저 대대로 내려온 낡은 양육의 관습에만 의지해 아이를 키웠을 뿐이다.

아이가 학교에서 말썽을 피워 소환장을 받은 부모는, 학교 문을 넘어서는 순간 이미 죄를 지은 범죄자처럼 잔뜩 주눅 들어 있다. 이렇게 내면 깊숙이 자리 잡은 죄책감과 방어적인 기분을 다루기 위해서는 교사의 세련되고 재치 있는 접근이 필요하다. 따라서 교사는 부모의 잔뜩 굳은 마음을 다정하고 편안하게 풀어주어야 하며, 자신을 부모를 탓하는 심판관이 아니라 기꺼이 돕고자 하는 든든한 조력자로 내세워야 한다. 무엇보다 부모가 아이를 잘 키우고자 하는 선의만큼은 진심이라는 사실을 믿어주어

     제14장 부모도 교육이 필요하다

야 한다.

아무리 교사의 말이 100퍼센트 옳고 정당한 이유가 있다 하더라도, 절대 부모를 가르치려 들거나 꾸짖어서는 안 된다. 부모와 따뜻한 협정을 맺고, 그들 스스로 마음을 열어 우리의 새로운 교육 방식을 따르도록 부드럽게 설득할 때 무한히 더 큰 성과를 거둘 수 있다. 부모가 과거에 저지른 양육의 결함을 조목조목 따지며 들추어내는 것은 아무런 소용이 없다. 우리의 목표는 부모가 긍정적이고 새로운 대처법을 기꺼이 받아들이게 만드는 것이다.

만약 교사가 대놓고 “어머니, 이 부분은 명백히 잘못하셨습니다”라고 꼬집으면, 부모는 단박에 불쾌감을 느끼고 협력하려는 의지를 완전히 거두어버린다. 아이의 상태가 악화된 것은 어느 날 갑자기 일어난 일이 아니며, 그 이면에는 길고 긴 과거의 역사가 얽혀 있다. 부모 역시 학교에 불려 올 때면 “내가 그동안 우리 아이를 키우며 뭔가 큰 실수를 했구나.”라고 속으로 자책하고 있다. 우리가 그들의 실수를 눈치채고 비난하고 있다는 사실을 절대 티 내서는 안 되며, 단정적이거나 교조적인 말투로 몰아세워서도 안 된다.

부모에게 무언가를 제안할 때는 권위적인 태도를 보여서는 안 된다. 교사의 입에서 나오는 문장은 늘 “아마도”, “어쩌면”, “가능하다면”, “~해보시는 건 어떨까요?”처럼 한없이 부드럽고 여유로워야 한다. 설령 교사가 부모의 치명적인 실수를 정확히 꿰뚫어 보고 그 완벽한 해결책까지 알고 있다 해도, 그것을 정답이랍시고 부모에게 직설적으로 들이밀고 강요해서는 안 된다. 물론 모든 교사가 이런 센스를 타고나는 것은 아니며, 하루아침에 뚝딱 얻어지는 기술도 아니다. 미국 건국의 아버지인 벤저민 프랭클린의 자서전에 이와 완벽하게 일치하는 지혜로운 일화가 담겨 있다는 사실은 무척 흥미롭다. 그는 자서전에 이렇게 적었다.

어느 날 퀘이커 교도인 내 오랜 친구가 나에게 친절하게 조언해주었다. 사람들이 나를 평소에 아주 교만하고 오만한 사람으로 생각한다고 일러주면서, 내 대화 방식에 거만한 태도가 자주 묻어나고, 남들과 논쟁할 때면 단순히 내가 옳다는 사실만으로 만족하지 못하고 끝까지 상대를 짓누르며 몹시 고압적으로 군다고 했다. 그가 내가 저지른 몇 가지 무례한 사례들을 짚어가며 끈질기게 설득하자, 나는 내 안에 깃든 악덕과 어리석음을 기어이 고쳐내리라 굳게 결심했다. 나는 내가 실천해야 할 미덕의 목록에 '겸손'이라는 단어를 새롭게 추가하고, 그 단어에 아주 넓고 깊은 의미를 부여했다.
솔직히 말해, 내가 겸손을 충분히 갖추었다고 말하기는 어렵다. 하지만 적어도 겉으로 드러나는 태도를 바꾸는 데는 상당한 성공을 거두었다. 나는 다른 사람의 의견에 다짜고짜 정면으로 반박하거나, 내 의견만이 유일한 정답인 양 단정적으로 우겨대는 짓을 일절

   제14장 부모도 교육이 필요하다

하지 않기로 다짐했다. 이른바 낡은 대화의 법칙에 따라 "확실히", "의심의 여지 없이" 같은 꽉 막힌 단어들의 사용을 내 입에서 완전히 금지했다. 대신 "나는 ~라고 생각합니다", "제가 이해하기로는 이렇습니다", "아마도 ~일 것 같군요", "현재 제 생각에는 그렇게 보입니다만" 같은 부드러운 표현들을 적극적으로 채택했다.

누군가 내가 보기에 명백히 틀린 주장을 펼칠 때도, 불쑥 끼어들어 반박하거나 그 명제가 얼마나 어리석고 부조리한지 당장 증명해 보이려 들지 않았다. 대신 대답할 차례가 오면, "물론 다른 특별한 상황이라면 당신의 의견이 백번 옳을 수 있겠지만, 지금 우리가 마주한 이 상황에서는 약간의 차이가 있어 보입니다.", 혹은 "제 눈에는 조금 다르게 보입니다만….." 하고 조심스럽게 말문을 열었다. 나는 내 대화 방식에 찾아온 이 놀라운 변화의 이점을 아주 빠르게 깨달았다. 내가 참여한 모든 대화가 이전보다 더 부드럽고 즐겁게 흘러갔다. 내 의견을 한껏 낮춰 겸손하게 제안하니 사람들은 내 말을 훨씬 더 쉽게 받아들였고 반발하는 사람도 눈에 띄게 줄었다. 내가 실수로 틀렸을 때도 덜 모욕당했고, 내가 옳았을 때는 타인들이 자신들의 고집을 꺾고 기꺼이 내 의견에 동의하며 내 편으로 넘어오게 만들 수 있었다.

물론 처음에는 내 타고난 거친 성향을 억누르느라 마치 스스로에게 폭력을 가하는 것처럼 몹시 고통스러웠다. 하지만 그 고된 훈련은 결국 너무나 자연스럽고 편안한 습관으로 내 몸에 굳어졌고, 지난 50년의 세월 동안 내 입에서 그토록 교조적이고 오만한 표현이 단

한 번도 새어 나오지 않았다고 감히 장담할 수 있다. 맹세컨대 나의 청렴함 다음으로 나를 성공으로 이끈 것은 바로 이 겸손한 화법의 습관이었다. 이 화법 덕분에 내가 새로운 법안을 내놓거나 낡은 제도를 바꾸자고 제안할 때 수많은 시민이 내 의견에 큰 무게를 실어주었고, 훗날 의회 의원이 되었을 때는 공적인 회의 자리에서 막강한 영향력을 발휘할 수 있었다. 사실 나는 몹시 형편없는 연설가다. 단 한 번도 화려하게 달변을 토해낸 적이 없고, 늘 적당한 단어를 고르느라 쭈뼛거리며, 언어의 정확성도 턱없이 부족하다. 그럼에도 불구하고 나는 대체로 이 겸손한 태도 하나로 내가 원하는 주장을 끝까지 관철해냈다. 실제로 인간이 타고난 수많은 열정 중 자만심만큼 억누르기 힘든 것도 없을 것이다. 아무리 겹겹이 위장하고, 치열하게 싸우고, 꾹꾹 내리누르고, 억지로 질식시키고, 가혹하게 괴롭혀도 이 끈질긴 놈은 기어코 살아남아 불쑥불쑥 고개를 내민다. 이 책의 곳곳에서도 그 흔적을 자주 발견할 수 있을 것이다. 설령 내가 이 자만심을 완벽하게 극복했다고 장담하는 순간조차, 나는 내 겸손함을 또다시 자랑스러워하고 있을 테니 말이다.

물론 프랭클린의 이 말이 우리 삶의 모든 상황에 완벽하게 들어맞는 만능열쇠는 아니다. 그럴 것이라 기대하거나 요구할 수도 없다. 그러나 그의 태도는 누군가를 향해 공격적으로 날을 세우고 반대하는 것이 얼마나 어리석고 부적절하며 효과 없는 짓인지를 생생하게 보여준다. 세상의 모든 일에 들어맞는 단 하나의 완벽한 기본 법칙이란 존재하지 않는다. 어떤 훌륭한 규칙이라도 결국 한계에 부딪혀 돌연 작동을 멈추는 순간이 오기 마련이다. 때로는 아주 강하고 단호한 말이 유일한 정답인 상황도 분명 존재한다.

그러나 아이 문제로 이미 깊은 굴욕감을 맛보았고, 언제든 또다시 굴욕당할지 몰라 잔뜩 긴장하고 웅크린 부모를 마주한 교사의 입장이 되어보자. 부모의 진심 어린 협력 없이는 아이를 위해 단 한 발짝도 나아갈 수 없다는 현실을 고려할 때, 프랭클린이 보여준 저 부드럽고 겸손한 태도야말로 아이를 돕기 위한 논리적이고도 유일한 방법이다.

물론 자신이 옳다는 것을 뽐내거나 지적 우월성을 과시하려는 욕망을 꾹 누른 채, 오직 아이를 돕기 위해 험난한 길을 닦아야 하는 이 과정에는 당연히 수많은 어려움이 따른다. 많은 부모가 교사의 제안을 귀담아듣고 싶어 하지 않는다. 교사가 불쑥 자신과 아이를 불쾌한 상황으로 몰아넣었다며 놀라고 분개하며, 참을성 없이 적대적인 태도로 일관한다. 이런 부모들은 그동안 아이의 심각한 결함을 애써 눈감고 불편한 현실을 외면하려 필사적으로 노력해 온 사람들이다. 그러다 갑자기 누군가에 의해 강제로 눈을 뜨게 된 것이다. 그 모든 상황이 부모에게는 불쾌하기 짝이 없다. 이런 부모에게 교사가 갑작스럽게 몰아붙이거나 지나치게 에너지를 쏟으며 다가가면, 부모를 우리 편으로 끌어들일 소중한 가능성을 완전히 날려버리게 된다.

심지어 교사를 향해 걷잡을 수 없는 분노의 말들을 폭포수처럼 쏟아내며 아예 접근조차 못 하게 막아서는 부모들도 많다. 이런 경우에는 교사가 한발 물러서서 "아이를 위해 어머님(아버님)의 도움이 꼭 필요합니다."라며 진심을 보여주고, 흥분한 부모를 차분히 진정시켜 교사와 다정하게 대화를 나누도록 이끄는 편이 훨씬 낫다. 많은 부모가 낡고 억압적인 구시대적 양육의 그물에 너무나 꽁꽁 얽매여 있어 스스로 빠져나오기조차 힘겹다는 사실을 잊어서는 안 된다.

예컨대 아주 오랫동안 험한 말과 무서운 표정으로 아이를 짓누르고 주눅 들게 했던 아버지가 있다고 치자. 10년이 지난 어느 날, 아버지가 갑자기 표정을 싹 바꾸고 다정하게 말을 건넨다고 해서 하루아침에 모든 것이 달라지기는 어렵다. 만약 아버지가 아이를 대하는 태도를 돌연 180도 바꾼다면, 아이는 처음엔 절대 그 진심을 믿지 않는다. 오히려 무언가 속임수가 숨어 있을 거라고 의심하며 잔뜩 경계한다. 아이가 부모의 달라진 태도에 진정한 신뢰를 품기까지는 아주 길고 험난한 시간이 필요하다.

이는 고도로 지적인 교육을 받은 사람이라도 예외가 아니다. 어느 고등학교 교장 선생님의 사례가 그렇다. 그는 끊임없는 비판과 날 선 잔소리로 자기 아들을 거의 파멸 직전까지 몰고 갔다. 우리와 깊은 상담을 나눈 끝에 자신의 잘못을 깨달았지만, 막상 집에 돌아가서는 아들을 붙잡고 또다시 가차 없고 숨 막히는 설교를 늘어놓았다. 아들이 게으르다며 다시 불같이 화를 낸 것이다. 아들이 제 마음에 들지 않는 행동을 할 때마다 아버지는 여지없이 화를 내며 잔인한 독설을 퍼부었다. 스스로를 훌륭한 교육자라 믿는 지식인조차 이렇게 바로 무너지는데, 하물며 아이가 실수할 때마다 매를 들어 벌하는 것을 당연한 진리처럼 믿고 자란 평범한 부모들은 오죽하겠는가? 그러므로 교사는 자신이 동원할 수 있는 모든 외교적인 기술과 가장 세련되고 재치 있는 표현들을 총동원하여 부모와의 대화에 임해야 한다.

특히 가난하고 소외된 계층일수록 아이를 가르칠 때 가혹한 매와 체벌이 뒤따르는 폭력적인 관습이 널리 퍼져 있다는 사실을 명심해야 한다. 이런 가정에서는 아이가 학교에서 교사와 긍정적인 상담을 마치고 집에 돌아가도, 곧바로 부모의 무자비한 매가 기다리는 비극이 펼쳐진다. 아이를 올바른 길로 이끌려던 우리의 눈물겨운 교육적 노력이, 가정에서 벌어지는 부모의 어리석고 폭력적인 대우 탓에 한순간에 물거품이 되는 경우가 너무나 많다. 이런 상황에 처한 아이들은 하나의 같은 실수를 두고 학교와 집에서 두 번이나 벌을 받게 된다. 우리의 생각에 아이는 단 한 번의 벌조차 받을 필요가 없는데 말이다.

이중 처벌은 부정적인 결과를 낳는다. 형편없는 성적표를 들고 집으로 가야 하는 아이의 사례를 떠올려보라. 집에서 기다리는 매가 너무 두려워 부모에게 성적표를 아예 보여주지 않고 숨기다가, 이번에는 성적표를 내지 않아 학교에서 받을 처벌이 두려운 나머지 무단결석을 감행하거나 부모의 서명을 어설프게 위조하고 만다. 우리는 이 비극적인 사실을 간과하거나 가볍게 여겨서는 안 된다. 아이를 판단할 때는 늘 그 아이를 둘러싼 환경의 수많은 요소가 어떻게 거미줄처럼 얽혀 있는지 넓은 시야로 바라봐야 한다. 교사는 늘 스스로에게 이렇게 물어야 한다. "내가 지금 부모에게 다가가면 아이의 삶에 어떤 파장이 일어날까? 이 아이에게 과연 어떤 영향을 미치게 될까? 내 개입이 확실히 긍정적인 효과를 낼 것이라는 굳건한 확신이 있는가? 아이가 이 무거운 짐을 견뎌내고 무언가 건설적인 것을 배울 수 있을까?"

우리는 아이와 어른이 삶의 어려움에 반응하는 방식이 근본적으로 다르다는 것을 안다. 아이의 어긋난 행동을 바로잡고 재교육할 때는 세상 그 무엇보다 신중해야 하며, 아이가 굳혀 온 삶의 패턴을 완전히 뒤흔들기 전에 반드시 합리적이고 객관적인 확신이 서야 한다. 교육과 재교육의 현장에서 언제나 신중함을 잃지 않고 상황을 객관적으로 판단할 줄 아는 사람만이 자신의

 제14장 부모도 교육이 필요하다

노력이 맺을 결실을 가장 정확하게 예측할 수 있다.

물론 아이를 교육하는 험난한 과정에는 끝없는 실천력과 무한한 용기가 절대적으로 필요하다. 나아가 아무리 절망적으로 보이는 최악의 상황일지라도 아이가 무너지는 것을 막아낼 방법은 반드시 존재한다는 확고한 믿음 역시 필수적이다. "올바른 길로 이끌기 시작하기에 너무 이른 때란 없다."는 아주 오래되고 현명한 규칙을 기억하라. 인간을 조각난 존재가 아니라 하나의 통일된 인격으로 바라보고, 아이의 문제 행동(증상)을 그 안의 일부로 이해할 수 있는 사람이 진정한 교육자다. 이런 교사는 겉으로 드러난 행동만 보고 판단하는 교사, 예를 들어 숙제를 하지 않았다는 이유로 곧바로 부모에게 알리는 교사보다 아이를 더 깊이 이해하고 바르게 이끌 수 있다.

바야흐로 우리는 아이의 교육에 전에 없던 새롭고 놀라운 아이디어와 방법, 그리고 따뜻한 이해를 쏟아붓는 찬란한 시대로 접어들고 있다. 눈부시게 발전한 심리 과학이 낡고 폭력적인 양육의 관습과 전통을 산산이 부수고 있다. 우리가 새롭게 얻은 이 지식은 교사들의 어깨에 그 어느 때보다 무거운 책임을 지우고 있다. 그러나 그 대가로, 교사들은 어린 시절의 복잡한 문제들에 대해 무한히 깊은 통찰력을 얻게 되었고, 자신을 거쳐가는 수많은 아이를 따뜻하게 돕고 구원할 수 있는 위대한 능력을 품게 되었다. 마지막으로 꼭 기억해야 할 가장 중요한 사실은 이것이다. 아이의 문제 행동 하나만 따로 떼어 분석하는 것은 의미가 없으며, 그 아이를 하나의 전체로 보고 이해할 때 비로소 그 마음을 제대로 알 수 있다.

부록 1
개인심리학 질문지

AN
INDIVIDUAL
PSYCHOLOGICAL
QUESTIONAIRE

문제아의 이해와 치료를 위해 개인심리학 국제 학회가 작성함.

1. 문제 행동이나 불만이 처음 제기된 것은 언제부터인가? 아동의 결함이 처음으로 눈에 띄기 시작했을 무렵, 아이가 처해 있던 환경적·심리적 상황은 어떠했는가?

다음과 같은 변화들을 세심히 살펴보는 것이 중요하다. 갑작스러운 환경의 변화, 유치원이나 학교생활의 시작, 동생의 탄생, 형제자매의 유무, 학교 성적의 급락, 담임교사나 학교의 교체, 새로운 친구들과의 만남, 아이의 큰 질병, 부모의 이혼이나 재혼, 혹은 부모의 사망.

2. 어린 시절부터 두드러지게 나타난 정신적·신체적 징후들이 있는가? 아이가 유독 소심하거나 부주의하고, 까다롭거나 행동이 서투르지는 않았는가? 형제나 타인에 대한 시기심과 질투심이 강했는가? 밥 먹기, 옷 입기, 씻기, 잠자리에 들기 같은 일상적인 행동에서 타인에게 지나치게 의존하지는 않았는가? 혼자 남겨지는 것이나 어둠을 유난히 두려워했는가? 자신의 성역할을 올바르게 이해하고 있는가? 신체적으로 1차, 2차, 3차 성징은 어떠한가? 이성을 어떤 시각으로 바라보며, 성역할에 관한 교육을 어느 정도 받았는가? 아이가 의붓자식, 혼외자, 입양아, 혹은 고아에 해당하는가? 만약 그렇다면 양부모나 보호자가 아이를 어떻게 대우했으며 지금도 원만

한 연락을 주고받고 있는가? 아기 때 옹알이를 하고 걸음마를 떼는 과정이 제 시기에 무난히 이루어졌는가? 젖니는 정상적으로 났는가? 글씨 읽기, 그림 그리기, 노래 부르기, 수영 배우기 등에서 뚜렷한 어려움을 겪었는가? 아버지, 어머니, 조부모, 혹은 다른 양육자 중 유독 누구에게 강한 애착을 보였는가?

이 밖에도 아이가 세상을 향해 맹목적인 적대감을 품고 있지는 않은지, 내면에 자리한 열등감의 뿌리는 무엇인지, 직면한 어려움을 자꾸 회피하려는 경향이 있는지, 지나친 이기심이나 예민함을 보이지는 않는지 꼼꼼히 파악해야 한다.

3. 아이에게 손이 많이 가는가? 무엇을·누구를 제일 무서워하는가? 밤에 깨어 울기를 자주 하는가? 야뇨증이 있는가? 약한 다른 아이들에게나, 더 강한 아이들에게까지 지배적인가? 부모 침대에서 자고 싶어 하는 욕구가 강했는가? 몸놀림이 능숙하지 못했는가? 구루병을 앓았는가? 지적 능력은 어떤가? 많이 놀림과 조롱을 받았는가? 머리, 옷, 신발 등에 대해 자만적인 태도를 보이는가? 손톱 깨물기, 코 푸는 습관이 있는가? 먹는 것이 탐욕스러운가?

또한, 우선적 지위를 얻기 위해 어느 정도 용감하게 투쟁하는지, 고집이 행동 충동을 막는지 살펴봐야 한다.

4. 아이가 타인과 쉽게 친구가 되고 관계를 맺는가? 사람이나 동물

에게 다정하고 관용적인 태도를 보이는가, 아니면 잔인하게 괴롭히는 경향이 있는가? 잡동사니를 수집하고 뭉쳐두려는 성향이 있는가? 매사에 인색하고 탐욕스러운가? 아니면 무리에서 아이들을 적극적으로 이끄는 리더 역할을 하는가? 혼자 고립되어 있는 것을 더 편안해하고 좋아하는가?

이 질문들은 아이가 세상과 '사회적 접촉'을 형성하는 능력이 얼마나 되는지, 그리고 내면의 좌절감이 어느 정도인지를 명확하게 설명해준다.

5. 앞선 질문들을 종합해볼 때, 현재 아이가 학교에서 보이는 상태는 어떠한가? 학교생활 전반에서의 태도는 어떠한가? 학교 가는 것을 진심으로 즐거워하는가? 등교 시간을 잘 지키는가? 아침에 학교 갈 준비를 할 때 설레어하는가, 아니면 늘 쫓기듯 허둥대는가? 책이나 가방, 노트를 자주 잃어버리는가? 체육 시간이나 시험을 앞두고 지나치게 긴장하며 굳어버리는가? 숙제를 번번이 깜빡 잊거나 아예 할 생각조차 하지 않는가? 시간을 무의미하게 흘려보내고 게으름을 피우는가? 수업 시간에 집중력이 떨어지고 분위기를 방해하는가? 교사를 어떤 존재로 바라보는가? 툭하면 비판적이고 오만하게 구는가, 아니면 아예 철저히 무관심한가? 수업 중 모르는 것이 생기면 스스로 도움을 청하는가, 아니면 누군가 다가와 도와줄 때까지 마냥 입을 닫고 기다리는가? 체조나 스포츠 같은 신체 활동에서 돋보이려는 성취욕이 강한가? 아이 스스로 자신의 재능을 평가

 　　　　　　　부록 1 개인심리학 질문지

할 때 "나는 무능해." 혹은 "나는 완전히 쓸모없어."라고 깎아내리는가? 독서를 지나치게 좋아하는가? 만약 그렇다면 어떤 종류의 문학과 이야기에 빠져드는가?

이 질문들은 아이가 학교라는 작은 사회에 융화될 준비가 얼마나 되어 있는지, 낯선 환경에 놓였을 때의 반응, 그리고 인생의 어려움을 대하는 전반적인 태도를 파악하게 해준다.

6. 아이를 둘러싼 가정 환경에 대한 객관적인 정보는 어떠한가? 가족 내에 심각한 질병, 알코올 중독, 범죄 이력, 신경증 환자가 있는가? 신체적으로 유독 허약하거나 매독, 간질 같은 유전적·만성적 질환이 있는가? 전반적인 경제적 수준은 어떠한가? 가족 중에 누군가 사망한 일이 있는가? 만약 있다면 그때 아이의 나이는 몇 살이었는가? 고아인가? 집안에서 가장 주도권을 쥐고 권력을 행사하는 인물은 누구인가? 가정 내의 훈육 방식이 몹시 엄격하고 잔소리와 비판으로 가득한가, 아니면 반대로 통제 없이 방종하게 내버려두는가? 가족들이 세상을 살아가는 우울한 태도가 혹시 아이에게 삶에 대한 두려움을 심어주고 있지는 않은가? 부모의 감독과 보살핌은 어떤 방식으로 이루어지는가?

아이의 출생순위와 부모의 태도를 종합하면, 아이가 세상으로부터 어떤 인상을 받으며 자라왔는지 정확히 추정할 수 있다.

7. 아이의 출생순위는 어떻게 되는가? 맏이인가, 막내인가, 혹은 외동아이인가? 형제들 틈에서 유일한 남자아이, 혹은 유일한 여자아이인가? 형제자매들 사이에 치열한 경쟁심은 없는가? 작은 일에도 툭하면 울음을 터뜨리거나, 타인의 불행에 악의적인 웃음을 흘리거나, 남을 끊임없이 깎아내리려는 성향은 없는가?

이 정보는 아이의 성격을 이해하는 데 중요하며, 앞으로 타인을 어떻게 대할지도 짐작하게 해준다.

8. 장래의 직업 선택이나 삶의 방향에 대해 어느 정도 뚜렷한 생각을 품고 있는가? 훗날 자신이 꾸릴 결혼생활에 대해서는 어떻게 상상하는가? 현재 가족 구성원들은 각각 어떤 직업에 종사하고 있는가? 아이가 지켜본 부모의 결혼생활은 행복한가, 불행한가?

이 대답들을 통해 아이가 다가올 미래를 향해 얼마나 건강한 용기와 자신감을 품고 있는지 가늠할 수 있다.

9. 아이가 일상에서 가장 즐기는 놀이나 이야기, 혹은 역사나 소설 속에서 가장 동경하는 인물은 누구인가? 다른 아이들이 신나게 즐기는 놀이를 교묘하게 망쳐놓고 흥미를 느끼는 고약한 경향이 있는가? 상상력이 유독 풍부한가? 매사에 차갑고 냉정하게 사고하는 유형인가? 지나치게 비현실적인 공상에 몰두하는가?

이 질문들은 아이가 현실의 삶 속에서 어떻게든 영웅이나 구원자의 역할을 독차지하려 애쓰고 있지는 않은지 나타낸다. 아이의 평소 행동 양식이 지나치게 극단적이고 들쭉날쭉하다면, 이는 내면에 쌓인 깊은 좌절감을 알리는 경고로 봐야 한다.

10. 아이가 기억하는 생애 가장 오래된, 첫 번째 기억은 무엇인가? 하늘을 날거나, 아득한 곳으로 추락하거나, 온몸이 묶인 듯한 무력감에 시달리거나, 기차역에 간발의 차로 늦게 도착하는 등 극도의 불안감을 동반한 꿈을 반복해서 꾸지는 않는가?

이런 강렬한 꿈과 초기 기억들은 종종 아이가 세상과 담을 쌓으려는 고립의 경향, 스스로에게 보내는 경고의 메시지, 은밀하게 품은 야심가적 성향, 혹은 특정 인물이나 시골 생활 등에 대한 유별난 집착과 선호를 고스란히 보여준다.

11. 아이는 구체적으로 삶의 어느 지점에서 가장 깊은 좌절을 느끼고 있는가? 스스로가 세상이나 가족들로부터 완전히 소외되고 버림받았다고 생각하는가? 타인의 작은 관심과 칭찬 한마디에 병적으로 예민하게 반응하는가? 맹목적이고 미신적인 신념에 기대려 하는가? 맞서야 할 어려움을 습관적으로 피하는가? 여러 가지 일을 의욕적으로 시작했다가 이내 금방 포기해 버리는가? 자신의 미래에 대해 극도로 불안해하는가? 못난 유전자가 자신의 발목을 잡고 있다는 해로운 미신을 믿는가? 주변 사람들에게 지속

적이고 체계적으로 억압당하고 좌절을 겪었는가? 세상을 바라보는 시선이 한없이 비관적인가?

이 질문들에 대한 대답은 아이가 스스로에 대한 굳건한 신뢰를 완전히 잃어버렸으며, 지금 당장 무언가 잘못된 방향으로 위태롭게 걸어가고 있다는 사실을 명백하게 확인시켜준다.

12. 남들이 이해하기 힘든 별난 버릇이나 고약한 습관이 있는가? 예를 들어, 습관적으로 우스꽝스럽게 얼굴을 찡그리거나, 일부러 멍청한 사람처럼 바보같이 굴거나, 나이에 맞지 않게 어린 아기처럼 혀 짧은소리를 내거나, 마치 코미디언처럼 과장되게 행동하지는 않는가?

언뜻 우스워 보이는 이런 행동들은 사실 억눌린 아이가 주변 사람들의 관심을 필사적으로 끌어모으기 위해 아주 비뚤어진 방식으로 발휘하는 애처로운 용기의 또 다른 모습이다.

13. 언어 발달 과정에 뚜렷한 장애나 말더듬이 있는가? 아이의 외모가 유독 못생겼는가? 굽은 발이나 휜 다리, 구루병의 흔적, 심각한 성장 지연, 지나친 비만이나 깡마른 체구 등 신체의 비율이 눈에 띄게 비정상적인가? 눈이나 귀에 선천적인 결함이 있는가? 지능 발달이 또래보다 뒤처졌는가? 왼손잡이인가? 밤마다 심하게 코를 고는가? 아니면 반대로 유별날 정도로 외모가 눈부시게 잘생겼는가?

위의 모든 외적 조건들은 아이가 자신의 삶을 비관하고 과대 해석하게 만들며, 결과적으로 평생을 짓누르는 좌절의 원인이 된다. 심지어 눈부시게 매력적이고 아름다운 아이조차 예외가 아니다. 이 아이들은 오직 잘난 외모 하나만 믿고 "나는 굳이 땀 흘려 노력하지 않아도 세상 모든 것을 쉽게 손에 넣을 수 있어."라는 치명적인 집착에 빠지기 쉬우며, 그 탓에 독립적인 삶을 건강하게 준비할 귀중한 기회를 모두 날려버린다.

14. 아이가 입버릇처럼 "나는 너무 무능해." 혹은 "나는 공부나 일, 그리고 삶 전체에 아무런 재능이 없어."라고 말하며 자신을 깎아내리는가? 내면 깊은 곳에 자살 충동을 품고 있지는 않은가? 실패와 번거로운 일들이 한꺼번에 쓰나미처럼 덮친 적이 있는가? 운 좋게 얻어걸린 겉보기 성공을 지나치게 부풀려 과대평가하는가? 남들 앞에서 한없이 비굴하게 굴거나, 반대로 매사에 교조적이고 거칠게 반항하는가?

이러한 모습들은 아이가 견딜 수 없는 극도의 좌절 상태에 빠져 있음을 보여주는 비명이다. 아이 나름대로는 눈앞의 거대한 어려움을 어떻게든 극복해보려고 죽을힘을 다해 노력했지만, 그 노력이 번번이 실패로 돌아가고 곁에 있는 어른들조차 아이의 마음을 전혀 이해해주지 않았기 때문에 빚어진 결과다. 그러나 남들보다 우월해지고 인정받고 싶은 인간의 본능적인 욕구는 어딘가에서 어떤 방식으로든 반드시 충족되어야만 한다. 결국 무너진 아이는 건강한 경쟁을 포기하고 자신이 이기기 훨씬 쉬운 엉뚱한 활동 무대(이른바 '이양 전장')로 도망쳐 그곳에서 엇나간 우월감을 채우려 든다.

15. 그럼에도 불구하고 이 아이가 유독 잘해내고 성공하는 분야는 무엇인가?

아이가 유일하게 빛을 발하는 이 긍정적인 성취는 아이를 구원할 가장 결정적이고도 중요한 단서를 제공한다. 아이의 진정한 흥미와 재능, 그리고 심리적인 준비 상태는 어른들이 억지로 밀어붙이던 방향이 아니라 전혀 다른 새로운 방향을 가리키고 있을 가능성이 무척 크기 때문이다.

위의 열다섯 가지 질문들에 대한 세밀한 대답들은 (주의할 점은, 질문지 순서대로 기계적이고 딱딱하게 취조하듯 묻기보다는 언제나 아이와 부모의 마음을 여는 창조적이고 따뜻한 대화 속에서 자연스럽게 이끌어내야 한다) 한 아이가 지닌 정확하고도 고유한 인격과 생활양식의 생생한 밑그림을 완성해준다. 이 그림 속에서 적나라하게 드러나는 아이의 모든 실패와 부적응 행동들은 정당화될 수는 없지만, 우리 어른들은 적어도 그 행동이 어디서부터 꼬였는지 이해하고 명확하게 설명해낼 수 있다. 이렇게 찾아낸 아이의 상처와 잘못은 언제나 한없

     부록 1 개인심리학 질문지

는 인내심을 가지고 아주 다정하고 친절하게 설명하고 다독여주어야 하며, 비난하거나 위협을 가하는 폭력적인 방식으로 다루어서는 안 된다.

는 인내심을 가지고 아주 다정하고 친절하게 설명하고 다독여주어야 하며, 비난하거나 위협을 가하는 폭력적인 방식으로 다루어서는

부록 2
심리 상담 사례 분석

FIVE CASE
HISTORIES
WITH
COMMENTARIES

이 15세 소년은, 열심히 노력한 끝에 평균 이상의 넉넉한 생활 수준을 이룩한 부모의 외동아들이다. 부모는 아이의 육체적 건강에 필요한 것이라면 무엇이든 빠짐없이 챙겨주려 애썼고, 아이는 어린 시절을 무척 건강하고 행복하게 보냈다. 어머니는 선하고 다정한 여성이지만 유독 눈물이 많다. 그녀가 아들에 대해 이야기할 때면 늘 엄청난 힘겨움을 느끼며 수시로 대화가 끊어지곤 했다. 우리는 아버지를 직접 만나지는 못했지만, 어머니의 묘사에 따르면 그는 몹시 정직하고 활동적이며, 가족을 무척 사랑하면서도 자기 자신에 대한 확신으로 똘똘 뭉친 사람이었다.

아이가 아주 어릴 적 말을 듣지 않고 고집을 부리면 아버지는 이렇게 말하곤 했다. "내가 저 녀석의 고집 하나 꺾어놓지 못한다면 이 집안 꼴이 어떻게 되겠소!" 불행히도 아버지가 말한 '고집 꺾기'란 아이에게 좋은 모범을 보여주거나 따뜻하게 가르치는 것이 아니라, 그저 무자비하게 매를 드는 방식일 뿐이었다. 이런 억압 속에서 아이의 어린 시절 반항심은 어떻게든 집안의 주인이 되어 군림하고 싶어 하는 삐뚤어진 욕구로 표출되었는데, 이는 집안의 귀여움을 독차지하고 자란 응석받이 외동아이들에게서 아주 흔하게 나타나는 증상이다. 아주 어릴 때부터 불순종하는 성향이 눈에 띄게 두드러졌고, 아이는 무서운 아버지의 손길이 직접 닿지 않는 한 절대 타인의 말에 순종하지 않는 고약한 습관을 키웠다.

여기서 잠시 멈추고, 이 아이가 훗날 어떤 뚜렷한 성격적 결함을 갖게 될지 한번 질문해보자. 대답은 틀림없이 거짓말일 것이다. 숨 막히는 아버지의 무거운 손아귀에서 빠져나가기 위해 필사적으로 거짓말을 방패 삼을 것이기 때문이다. 실제로 어머니가 우리를 찾아와 털어놓은 가장 큰 불만도 바로 그것이었다. 열다섯 살이 된 지금, 부모는 아이가 대체 언제 진실을 말하고 언제 거짓말을 하는지 도무지 알 수 없는 지경에 이르렀다.

조금 더 과거를 파헤쳐보자. 소년이 한동안 교구 부속 학교에 다닐 무렵, 교사들은 아이의 지독한 불순종과 수업 방해 행위 때문에 쉴 새 없이 불만을 쏟아냈다. 예를 들어 교사가 묻기도 전에 제멋대로 정답을 소리쳐 외치고, 시도 때도 없이 엉뚱한 질문을 던져 수업을 방해했으며, 심지어 수업 중에 곁에 있는 친구와 큰 소리로 뻔뻔하게 떠들기도 했다. 숙제는 도저히 알아볼 수 없을 만큼 엉망진창인 글씨로 휘갈겨 썼는데, 참고로 이 아이는 왼손잡이였다. 아이의 엇나간 행동은 점차 모든 통제 선을 넘어섰고, 잔혹한 아버지의 처벌을 두려워하기 시작한 바로 그 시점부터 거짓말이 눈에 띄게 늘어났다. 부모는 처음엔 어떻게든 아이를 그 학교에 계속 다니게 하려 했지만, 교사마저 더 이상은 이 아이를 감당할 수 없다며 두 손을 들어버리는 바람에 결국 조만간 학교에서 쫓겨날 수밖에 없는 처지가 되었다.

그래도 겉보기엔 무척 활기찬 소년이었고, 아이를 거쳐간 모든 교사가 아이의 지적인 능력만큼은 한결같이 인정했다. 마침내 일반 학교를 졸업하고 고등학교 입학시험을 치러야 할 때가 왔다. 어머니는 애타는 마음으로 시험이 끝나기를 기다렸고, 돌아온 아이는 당당하게 "저 합격

했어요!”라고 말했다. 온 가족이 날아갈 듯 기뻐하며 그해 여름을 시골에서 아주 평화롭게 보냈다. 소년 역시 시골에 머무는 내내 고등학교 생활에 대한 기대를 자주 입에 올렸다. 가을이 되어 드디어 고등학교가 개학했다. 아이는 매일 아침 가방을 챙겨 들고 학교에 갔다가 점심때가 되면 태연하게 집으로 돌아왔다.

그런데 어느 날, 어머니가 길을 가다 우연히 마주친 한 남자가 이렇게 말했다. “어머, 이 소년이 오늘 아침에 저를 역까지 친절하게 안내해주었답니다.” 깜짝 놀란 어머니는 그게 무슨 소리냐며 아이에게 그날 학교를 빼먹었는지 추궁했다. 그러자 아이는 “아니요, 오늘 수업이 10시에 일찍 끝나서 아저씨를 역까지 모셔다드린 것뿐이에요.”라고 천연덕스럽게 대답했다. 하지만 어머니는 그 변명이 왠지 찜찜했고, 나중에 이 사실을 아버지에게 털어놓았다. 아버지는 다음 날 아침 아이의 등굣길을 몰래 뒤쫓아가 보기로 했다. 학교로 향하는 길목에서 아버지가 무섭게 다그치며 집요하게 캐묻자, 그제야 진실이 밝혀졌다. 사실 아이는 입학 시험에서 떨어졌고 그동안 고등학교 문턱조차 밟아본 적이 없으며, 매일 아침 학교에 가는 척 집을 나서서는 며칠 내내 길거리만 쏘다녔던 것이다.

충격을 받은 부모는 곧바로 가정교사를 고용해 악착같이 가르친 끝에 결국 시험에 합격시켰지만, 아이의 엇나간 행동은 조금도 나아지지 않았다. 학교에서는 여전히 수업을 엉망으로 만들었고, 급기야 어느 날부터인가 도둑질까지 시작했다. 어머니의 지갑에서 돈을 훔친 뒤 폭력적일 만큼 뻔뻔하게 거짓말을 늘어놓았고, 결국 경찰에 넘기겠다는 무서운 위협을 받고 나서야 마지못해 반성하는 척했다.

　　　　　　　　　　　　부록 2 심리 상담 사례 분석

이제 우리는 아주 슬프고 참담한 방치의 사례를 마주하게 되었다. 그토록 자존심이 세고 "어린 나무의 잔가지는 내 힘으로 꺾어버릴 수 있다."고 호언장담하던 아버지는, 결국 아들을 절망적인 구제 불능으로 취급하며 완전히 포기해버렸다. 아들은 철저히 혼자 내버려졌고 집안의 그 누구도 아이에게 말을 걸거나 눈길조차 주지 않았다. 부모는 "우리는 더 이상 아이에게 매를 들지 않아요."라며 자신들의 방관을 정당화했다.

우리가 어머니에게 "처음 불만이 생기고 아이에게 문제가 있다고 느낀 것이 언제부터입니까?"라고 묻자, 어머니는 서슴없이 "태어날 때부터요."라고 대답했다. 이런 식의 대답에는 아주 무서운 가정이 숨어 있다. 부모인 자신들은 아이를 바로잡기 위해 할 수 있는 모든 노력을 다했지만 결국 실패했으니, 이 아이의 나쁜 행동은 전적으로 '타고난 악한 본성' 때문이라고 책임을 떠넘기고 싶은 것이다.

"아기 때도 이 녀석은 유별나게 산만했고 밤낮을 가리지 않고 악을 쓰며 울어댔어요. 그런데 정작 의사들을 찾아가면 하나같이 아이가 완벽하게 정상이고 건강하다고만 하는 거예요." 어머니의 이 말은 언뜻 들리는 것처럼 그리 단순한 이야기가 아니다. 사실 갓난아기가 젖을 먹거나 자는 가정 환경에서 칭얼대고 우는 것은 지극히 당연하고 평범한 일이다. 특히 외동아이를 둔 초보 어머니라면 젖을 제때 먹지 못한 아기가 왜 우는지 그 이유를 단번에 알아채지 못할 때가 많다. 그렇다면 이 어머니는 아이가 울 때 대체 어떻게 대처했을까? 그녀는 아기가 조금만 칭얼대도 무조건 품에 안고 어르고 달래며 마실 것을 물려주었다. 그녀가 진짜로 했어야 할 일은 아기가 우는 원인(배고픔, 기저귀, 온도 등)을 찾아내어 편안하게 해준 뒤, 더 이상 과도한 관심을 주지 않고 단호하게 돌아서는 것이었다. 만약 그렇게 했다면 아기는 금세 울음을 멈췄을 것이고, 지금처럼 과거의 삶에 '태어날 때부터 문제아였다'는 검은 얼룩이 남지도 않았을 것이다.

어머니는 또 이렇게 덧붙였다. "말을 배우고 걷는 건 또래들과 똑같이 정상적이었고 치아도 제때 잘 났어요. 다만 새 장난감을 사주면 받자마자 곧장 산산조각 내버리는 고약한 습관이 있었죠." 하지만 아이의 이런 거친 표현이 곧장 나쁜 성격을 의미하는 것은 아니다. 우리가 정말 주목해야 할 문장은 바로 다음 대목이다. "아이는 단 한 가지 일에 오랫동안 끈기 있게 집중하는 걸 도무지 못했어요." 우리는 여기서 어머니가 평소 어떤 방식으로 아이가 스스로 놀도록 가르쳤는지 날카롭게 질문해봐야 한다. 아이가 혼자 노는 법을 터득하게 하는 방법은 세상에 단 하나뿐이다. 어른이 아이의 놀이에 끊임없이 끼어들고 간섭하려는 욕심을 버리고, 그저 아이 혼자 마음껏 놀도록 가만히 내버려두는 것이다. 그러나 우리의 분석에 따르면 이 어머니는 그러지 못했다. 그녀 스스로 고백했듯 늘 아이 곁을 맴돌며 아이가 해야 할 수많은 일을 대신해주었고, 결국 아이가 어머니에게 전적으로 의존하게 만들었다. 이것이 바로 아이를 나약한 응석받이로 망쳐놓은 첫 번째 시도였으며, 아이의 여린 영혼의 두루마리에 새겨진 가장 오래된 흔적이다.

"우리 아이는 단 한 번도 혼자 내버려진 적이 없어요."

어머니는 명백히 자신의 헌신적인 양육을 방어하고 포장하려는 목적으로 이렇게 말했다. "네, 아이는 혼자 남겨진 적이 없어요. 그래서 다른 지금도 단 한 시간조차 혼자 있는 걸 견디지 못하죠. 어릴 적 저녁 시간에는 언제나 누군가 곁에 있었고, 밤에 잠잘 때조차 늘 식구들에게 둘러싸여 있었으니까요." 이 말은 결국 아이가 어머니라는 존재에 얼마나 숨막히게 결박되어 있었는지, 그리고 항상 타인에게 병적으로 의지할 수밖에 없었던 환경을 보여준다.

"우리 아이는 무언가를 두려워해본 적이 없어요. 두려움이라는 감정 자체를 모른다니까요."

어머니의 이 주장은 심리학적인 상식에 정면으로 도전하는 말이자, 우리가 관찰한 사실과도 전혀 들어맞지 않는다. 조금만 더 사실을 자세히 들여다보면 명쾌한 해답이 나온다. 아이는 태어나서 단 한 번도 혼자 남겨져본 적이 없었기에, 굳이 무언가를 두려워할 필요조차 없었던 것이다. 이런 응석받이 아이들에게 두려움이란, 타인을 자기 곁에 계속 묶어두기 위해 써먹는 훌륭한 통제 수단일 뿐이다. 그런데 늘 누군가 곁에 있으니 굳이 두려움이라는 무기를 꺼내 들 필요가 없었다. 만약 아이를 단한 시간이라도 완벽하게 혼자 두었다면, 꽁꽁 숨어 있던 두려움이 즉각 폭발하듯 드러났을 것이다. 자, 이제 또 다른 겉보기 모순이 등장한다.

"그런데 아빠가 드는 지팡이는 너무 무서워해요."

그렇다면 아이에게는 분명 두려움이라는 감정이 존재했던 것 아닌가?

"하지만 그 지독한 매질이 끝나고 나면 금세 언제 그랬냐는 듯 홀홀 털어버리고 다시 씩씩하게 활기를 되찾아요. 때로는 소름 끼치게 심하게 맞을 때도 있었는데 말이죠."

여기서 우리는 한 가정 내에 존재하는 너무나 불행한 양육의 대비를 목격한다. 매사에 맹목적으로 양보하고 오냐오냐하는 어머니와, 그런 어머니의 지나친 부드러움을 폭력으로 교정하려는 엄격한 아버지의 충돌이다. 하지만 아버지의 엄격함과 폭력은 오히려 아이를 어머니의 품으로 더욱 깊숙이 도망치게 만들었다. 다시 말해, 아주 쉽고 싼값에 자신이 원하는 모든 것을 얻어낼 수 있는 온실, 즉 끝없는 응석받이의 세계로 아이를 잔인하게 밀어 넣어버린 것이다.

소년은 여섯 살 무렵 성직자가 엄격하게 감독하는 교구 부속 학교에 입학했고, 바로 그때부터 아이의 과도한 생기, 걷잡을 수 없는 산만함, 그리고 지독한 부주의에 대한 빗발치는 불평이 시작되었다. 학업 성적에 대한 지적보다 엇나가는 행동에 대한 불만이 수십 배는 더 잦았다. 그 중에서도 가장 두드러진 문제는 단연 산만함이었다. 자, 한번 생각해보자. 만약 아이가 세상의 관심을 자신에게 몽땅 끌어모으고 싶다면, 이 산만함보다 더 완벽하고 효과적인 무기가 세상에 또 있을까?

이 아이는 미칠 듯이 주목받기를 원한다. 과거 집에서는 오직 어머니 한 사람의 관심을 끌기 위해 이 고약한 습관을 키웠지만, 이제 학교라는 더 넓은 무대에 섰으니 자신을 둘러싼 새로운 집단(교사와 친구들) 전체의 관심을 독차지하고 싶어진 것이다. 만약 교사가 아이의 이런 의도를 알아보지 못한 채, 꾸중이나 비난으로만 행동을 바로잡으려 한다면, 아

    부록 2 심리 상담 사례 분석

이는 결국 자신이 원하던 것, 즉 관심을 얻게 된다. 물론 아이는 그 관심을 얻기 위해 매질과 비난이라는 혹독한 대가를 치러야 하지만, 이미 그런 폭력에는 이골이 나 있을 만큼 익숙해져 있다. 집에서 그토록 매를 맞고도 꿈쩍도 하지 않던 아이인데, 하물며 폭력이 제한된 학교에서 내리는 온건한 처벌 따위가 아이를 옛 습관에서 벗어나게 할 수 있을까? 거의 불가능한 일이다. 아이는 아주 가끔 학교에 나가는 날조차 그 보상으로 어떻게든 교실에서 관심의 한가운데 서고 싶어 한다.

부모는 아이를 타이른답시고 "네가 얌전히 있어야 반 전체 친구들에게 좋은 거란다."라며 구태의연한 설교를 늘어놓았다. 이런 뻔하고 낡은 충고를 듣고 있노라면, 대체 이 부모에게 상식이라는 게 있는지 의심스러울 지경이다. 열다섯 살 소년은 이미 어른들 못지않게 무엇이 옳고 그른 행동인지 머리로는 완벽하게 알고 있다. 그러나 아이의 관심사는 그런 도덕적인 잣대와는 전혀 동떨어진 곳에 있다. 아이는 오로지 자신을 향한 주목을 원할 뿐이다. 얌전히 입을 닫고 조용히 앉아 있으면 학교에서 그 누구의 관심도 끌 수 없다는 것을 아이는 잘 안다. 심지어 모범생처럼 묵묵히 공부를 열심히 해도 원하는 만큼의 쏟아지는 관심을 얻어내기란 쉽지 않다.

우리가 아이가 스스로 설정한 이 지독한 과업(관심 끌기)을 정확히 이해하고 나면, 그동안 도무지 이해할 수 없었던 수수께끼 같은 행동의 퍼즐이 한순간에 맞춰진다. 명백한 사실은 하나다. 화가 머리끝까지 난 아버지가 무시무시한 지팡이를 들고 나타나면 아이는 겁에 질려 잠시 쥐 죽은 듯 조용해질 것이다. 그러나 어머니의 증언대로, 아버지가 문을 닫고 나가자마자 아이는 언제 그랬냐는 듯 또다시 미친 듯이 난동을 부리기 시작한다. 가혹한 체벌은 잠시 엇나간 행동을 멈추게 할 뿐, 결코 아이에게 진정한 변화를 가져오지는 못한다.

> "하지만 아이의 그 불같은 성미는 언제나 억압을 뚫고 기어코 터져 나왔어요."

남들의 시선을 독차지하고 싶은 아이들은 필연적으로 불같이 화를 내고 성미를 부리는 방식을 택할 수밖에 없다. 우리가 관찰한 바에 따르면, 아이가 부리는 성미란 그저 자신이 원하는 목표를 달성하기 위해 가장 편리하게 써먹는 심리적 리듬이자 행동의 형태일 뿐이다. 가령, 소파에 눕고 싶다는 소박한 목표를 가진 사람이라면 굳이 불같이 화를 내는 성미를 키울 이유가 전혀 없다. 아이의 이 거친 성미는 곧 그가 머릿속으로 무슨 꿍꿍이를 품고 있는지를 보여주는 의심스러운 징표다. 우리의 이 사례에서는, 어떻게든 자신을 가장 크고 두드러진 존재로 포장해보려는 아이의 필사적인 의도인 셈이다.

아이는 집에서 온갖 쓸만한 물건을 훔쳐 학교로 가져간 뒤 이를 돈으로 바꾸고, 그 돈으로 반 친구들에게 거드름을 피우며 간식을 사 먹이는 기막힌 습관을 들였다. 이 사실을 발각한 부모는 매일 아침 아이가 학교에 가기 전 머리부터 발끝까지 샅샅이 몸수색을 벌였다. 결국 소년은 이 관행을 포기할 수밖에 없었지만, 대신 쉴 새 없는 농담과 더 악랄한 수업 방해로 방향을 틀었다. 아이가 이 습관을 바꾼 것은 오직 아버지의 처벌 때문이었다.

　　　　　　　　　　부록 2 심리 상담 사례 분석

우리는 소년이 던지는 짓궂은 농담의 의도를 충분히 이해할 수 있다. 그것은 억지로 타인의 시선을 자신에게 고정시키고, 자신을 통제하려는 교사에게 역으로 고통(처벌)을 주며, 숨 막히는 학교의 모든 규칙 위로 훌쩍 날아올라 군림하고 싶어 하는 뒤틀린 권력욕과 맞닿아 있다.

이후 아이의 방해 공작은 겉보기엔 점차 사그라드는 듯했지만, 주기적으로 억눌렸던 에너지가 폭발하듯 맹렬하게 되살아났고, 결국 한 학교에서 퇴학을 당하고 말았다.

이는 우리가 앞서 분석한 바를 너무나도 완벽하게 증명한다. 오직 타인의 인정에만 목말라 있던 소년은 현실의 거대한 장애물에 부딪혔고, 자신의 한계를 깨달았다. 게다가 그가 왼손잡이라는 섬세한 사실까지 고려하면 우리는 아이의 고통스러운 내면으로 한 걸음 더 들어갈 수 있다. 소년은 본능적으로 삶의 어려움을 피하고 싶어 했지만 가는 곳마다 늘 새로운 어려움과 마주쳤고, 스스로를 믿지 못하는 지독한 열등감 때문에 그 벽을 도무지 뛰어넘을 수 없었다. 그러나 아이러니하게도 자기 자신에 대한 믿음이 바닥을 칠수록, 아이는 세상 사람들에게 "나는 이렇게 주목받을 가치가 있는 대단한 사람이야!"라는 사실을 억지로 증명하려 들었다.

학교가 더 이상 아이의 만행을 용납하지 못하고 끝내 퇴학 처분을 내릴 때까지, 아이는 그 파괴적인 악행을 멈추지 않았다. 만약 단 한 명의 불량한 죄인 때문에 선량한 나머지 학생들의 학업이 짓밟혀서는 안 된다는 단호하고 정당한 입장을 내세운다면, 당연히 이 아이를 교실에서 쫓아내는 것이 맞다. 그러나 만약 교육의 궁극적인 목적이 '아이의 내면적 결함을 따뜻하게 교정하고 구원하는 것'이라면, 그를 차갑게 퇴학시키는 것은 올바른 해결책이 아니다. 오히려 이 퇴학 덕분에, 소년은 골치 아픈 학교에서 더 이상 땀 흘려 노력할 필요 없이 아주 손쉽게 어머니의 맹목적인 인정과 보살핌을 다시 독차지할 수 있게 되었기 때문이다.

이즈음, 부모는 한 교사의 강력한 권고를 받아들여 방학 동안 아이를 엄격한 교정 시설(홈)로 보냈다. 그곳의 감독과 통제는 학교보다 수십 배는 더 가혹하고 엄격했지만, 이 실험 역시 처참한 실패로 끝났다. 결국 이 아이를 통제하는 가장 강력한 감독관은 여전히 부모였던 것이다. 아이는 매주 일요일마다 당당하게 집으로 돌아갔고 그때마다 세상을 다 가진 듯 기뻐했다. 가끔 집에 가고 싶어도 시설의 규정 때문에 갈 수 없을 때조차 아이는 전혀 화를 내거나 떼를 쓰지 않았다. 이는 충분히 이해할 수 있는 행동이다. 아이는 마치 자신이 세상의 모든 상황을 통제하는 거물인 양 행동하고 싶어 했고, 남들 눈에도 그렇게 강인한 존재로 보이기를 원했다. 그래서 아무리 혹독하게 매를 맞아도 살려달라고 애원하지 않았고, 눈물 한 방울 흘리지 않았으며, 아무리 불편하고 고통스러운 상황에 처해도 나약한 어린애의 태도를 보이지 않았다.

아이의 성적표는 그 모든 만행에도 불구하고 꼴찌 수준은 아니었다. 늘 집에서 엄청난 추가 개인 교습을 받은 덕분이었다.

이 사실은 역설적으로 이 아이가 혼자 힘으로 공부할 수 있는 독립적인 아이가 아님을 증명한다. 교사는 "소년이 조금만 얌전하게 굴고 집중

 부록 2 심리 상담 사례 분석

한다면 지금보다 훨씬 더 훌륭하게 배울 수 있을 텐데…"라며 아쉬워했다. 맞다, 이 아이는 분명히 훌륭하게 배울 수 있는 지능을 갖추고 있다. 심각한 정신 지체를 앓고 있지 않은 이상, 세상의 모든 아이는 올바른 방식만 주어진다면 무엇이든 배울 수 있기 때문이다.

"그림 그리는 데는 전혀 재능이 없어요."

이 사실은 무척 중요한 단서다. 이는 아이가 왼손잡이로서 겪어야 했던 오른손 사용의 치명적인 서투름과 신체적 위축감을 내면에서 극복하지 못했음을 암시한다.

"하지만 체육관에서는 돋보이는 아이였고, 수영도 기가 막히게 빨리 배웠어요. 위험한 상황에서도 전혀 겁을 먹지 않고요."

이 모습은 아이의 영혼이 아직 완전한 절망과 좌절의 늪에 빠지지 않았음을 보여주는 긍정적인 신호다. 하지만 동시에, 아이가 자신이 지닌 그 훌륭한 용기를 인생의 거대한 과업에 쏟지 못하고, 그저 적당히 힘 들이지 않고 성공할 수 있는 만만한 일(수영 등)에만 낭비하고 있다는 안타까운 진실을 보여주기도 한다.

소년은 무례할 정도로 수줍음이 없다. 눈앞에 앉은 사람이 비서이건 학교의 최고 권력자인 교장 선생님이건 가리지 않고 자기 속마음을 당돌하게 내뱉는다. 어른들은 아이에게 "그렇게 함부로 뻔뻔하게 말하지 마라."라고 수없이 경고했다. 우리는 앞서 아이가 누군가 무언가를 금지하면 보란 듯이 콧방귀를 뀌며 무시한다는 사실을 알고 있다. 그러므로 아이가 윗사람을 어려워하지 않는 태도를 곧 진정한 용기의 증거로 순진하게 받아들여서는 안 된다. 대다수의 아이들은 교사와 교장 선생님 사이에 놓인 거대한 권력의 간극을 아주 영악하게 잘 알고 있다. 그러나 피가 터지도록 때리는 무자비한 아버지의 매질조차 두려워하지 않는 이 소년에게, 고작 교장 선생님 따위가 두려울 리 만무하다. 아이는 그저 자신이 대단한 인물인 것처럼 보이기 위해 일부러 불손하게 굴었고, 결과적으로 어른들을 쩔쩔매게 만들어 주의를 끌었다.

"자신의 성역할에 대해 확신이 없어 보이기도 하지만, 툭하면 '절대 여자애처럼 되고 싶지 않아요'라고 말해요."

아이가 성별에 대해 어떤 견해를 품고 있는지는 아직 완전히 명확하지 않다. 그러나 매사에 엇나가고 장난기가 심한 이런 거친 소년들에게서는, 언제나 여성을 깎아내리고 얕잡아보려는 고약한 경향을 어렵지 않게 발견할 수 있다. 그들은 세상에서 여자라는 존재를 바닥으로 비하함으로써, 남성인 자신이 한없이 대단하고 우월하다는 뒤틀린 위안을 얻기 때문이다.

"아이에게는 마음을 나누는 친구가 단 한 명도 없어요."

이는 너무나 당연하고 이해할 수 있는 결과다. 또래의 다른 아이들이 뭣하러 늘 자기 위에서 지배자로 군림하려 드는 오만한 아이에게 기꺼이

 부록 2 심리 상담 사례 분석

친구 자리를 내어주겠는가.

부모는 아이에게 성 문제에 대해 단 한 번도 제대로 된 설명을 해준 적이 없다. 아이가 일상에서 보여주는 행동은, 그 이면에 자리한 타인을 지배하려는 강렬한 욕구의 표현일 뿐이다.

놀랍게도 이 아이는 우리가 수많은 임상적 노력을 쏟아부어 겨우 알아내야만 하는 진실을 이미 본능적으로 알고 있다. 즉, 자신이 진정으로 원하는 것이 무엇인지 너무나 잘 알고 있다는 뜻이다. 그러나 아이는 자신의 그 거대한 무의식적 목표와 겉으로 드러나는 파괴적인 행동 사이에 어떤 치명적인 연결 고리가 있는지는 확실히 깨닫지 못하고 있다. 자신을 집어삼킨 이 맹렬한 지배 욕구가 대체 어디서 시작되었고 그 끝이 어디인지 전혀 이해하지 못하는 것이다. 아이는 아버지가 온 집안을 폭력으로 지배하는 것을 보고 자랐기에 자신도 그토록 지배하고 싶어 하지만, 역설적이게도 그 헛된 지배욕에 집착할수록 아이의 영혼은 한없이 쪼그라들고 나약해져 결국 타인의 인정에만 목매는 의존적인 존재로 전락하고 만다. 아이가 롤모델로 삼은 아버지는 누구의 도움도 없이 스스로 당당하게 지배한다. 그러나 소년의 초라한 야심은 자신의 약점과 결핍을 갉아먹으며 비대하게 자라날 뿐이다.

"늘 새로운 소동을 일으키고 싶어 해요. 상대가 자신보다 훨씬 힘이 세고 강한 사람일 때조차 물러서지 않고 덤벼들죠."

사실 소년이 덤벼드는 이 강한 사람들은 엄격한 규율과 의무에 얽매여 있기에 어떤 면에서는 무척 취약한 존재들이다. 소년은 세상과 타인에게 불손하게 행동할 때만 겨우 자신의 가치를 느낀다. 그러니 그렇게 깊이 자리 잡은 태도를 바꾸는 일은 쉽지 않을 것이다. 소년의 마음속에는 "나는 내 힘으로 무언가를 훌륭히 배울 수 있다."는 건강한 믿음이 남아 있지 않다. 따라서 이 거친 불손함의 가면 뒤에 숨겨진 진실은 두려움과 절망뿐이다.

> "아이가 이기적인 편은 아니에요. 오히려 다른 사람에게 아낌없이 나누어줍니다."

부모의 이 말을 그저 아이가 선량하다는 긍정적인 표지로만 받아들인다면, 아이가 가진 다른 기이한 성격 특성들과의 연결 고리를 이해할 수 없을 것이다. 우리는 누군가에게 후하게 베푸는 관대한 태도로도 얼마든지 자신의 우월감을 과시할 수 있다는 사실을 잘 알고 있다. 아이의 이런 특성이 내면의 권력욕과 어떻게 교묘하게 맞물려 있는지를 꿰뚫어 보는 것이 매우 중요하다. 이 소년에게 누군가에게 무언가를 너그럽게 베푸는 행위는 곧 자기 자신을 남들보다 높은 위치로 끌어올리는 아주 효과적인 방법으로 느껴진다. 아마도 아이는 자신의 아버지에게서, 아낌없이 주는 관대한 태도를 무기 삼아 자신을 과시하고 군림하는 요령을 아주 똑똑하게 배웠을 가능성이 크다.

> "지금도 여전히 숱한 말썽을 일으킵니다. 무엇보다 아버지를 가

부록 2 심리 상담 사례 분석

장 두려워하고, 그다음으로 어머니를 두려워합니다. 매일 몇 시든 늦지 않게 일어날 준비는 되어 있으며, 걸치레나 외모를 특별히 따지고 꾸미는 편은 아닙니다.”

부모가 말하는 것은 겉으로 드러나는 허영일 뿐이다. 실제로는 아이의 내면에 더 큰 허영심이 자리하고 있다.

“예전에 코를 후비던 습관은 이제 고쳤습니다. 하지만 여전히 고집이 무척 세고, 먹는 것도 까다로워서 채소나 기름진 음식은 입에도 대지 않으려 하죠. 그렇다고 아주 비사교적인 편은 아닌데, 유독 자기 마음대로 마음껏 조종할 수 있는 만만한 아이들하고만 놀고, 동물과 꽃을 정말 좋아해요.”

아이가 동물을 각별히 아끼고 좋아하는 태도의 이면에는 언제나 우월성 추구 욕구가 숨어 있다. 물론 그 애정 자체가 나쁜 뜻을 품고 있다는 말은 아니다. 동물에 대한 사랑은 세상의 모든 생명과 따뜻하게 결합하려는 건강한 방향으로 나아갈 수도 있기 때문이다. 그러나 이 소년처럼 억눌린 아이들의 경우, 그것은 약한 대상을 마음껏 지배하고 싶다는 은밀한 소망의 표현일 때가 많다. 동시에 어머니에게 “이 동물도 책임지고 돌보라.”며 새로운 짐을 떠안기려는 수단으로 흘러가기 십상이다.

“무리에서 지도자가 되고 싶어 하는 욕망을 아주 강하게 드러내요. 물론 지적이고 훌륭한 의미의 지도력은 전혀 아니었지만요.

무언가를 열정적으로 수집하려는 경향도 보였는데, 인내심이
턱없이 부족하다 보니 그 어떤 수집도 끝까지 제대로 완성해낸
적이 단 한 번도 없습니다.”

이런 성향을 지닌 사람들의 비극은, 무언가를 끝까지 완수했을 때 뒤따
르는 냉정한 평가와 책임을 죽기보다 두려워한다는 데 있다. 그래서 그
들은 모든 일을 언제나 어설픈 미완성 상태로 내버려두고 도망치는 쪽
을 택한다.

“그래도 아이가 열 살을 넘기면서 행동이 대체로 많이 나아졌습
니다. 그전에는 툭하면 거리로 나가 골목대장 노릇을 하며 영웅
행세를 하고 싶어 해서, 도무지 집 안에 얌전히 붙들어 둘 수가
없었거든요. 하지만 이 정도의 호전 상태를 이끌어내는 데도 부
모로서 엄청난 희생과 노력을 치러야 했습니다.”

부모의 말과 달리, 실상 이 끓어오르는 아이를 집이라는 비좁은 감옥 안
에 억지로 가두는 일은 아이의 강렬한 ‘자기주장 욕구’를 충족시키는 가
장 완벽하고 기형적인 수단이 되어버렸다. 그렇게 숨 막히는 비좁은 공
간 안에 아이를 가두어두었으니 말썽들이 끝없이 터져 나온 것은 전혀
놀라운 일이 아니다. 부모는 아이를 가둘 것이 아니라, 적절하고 느슨한
감독 아래 차라리 거리에서 자유롭게 뛰놀도록 내버려 두었어야 했다.

“학교에서 집에 돌아오면 일단 책상에 앉아 공부하는 시늉은 합

　　　　　부록 2 심리 상담 사례 분석

니다. 하지만 밖으로 나가 뛰놀고 싶어 하는 기색은 전혀 보이지 않은 채, 방 안에서 어떻게든 시간을 떼우고 허비할 궁리만 찾아냅니다.”

아이를 이렇게 좁은 영역 안에 가두고 늘 부모의 날 선 감독 아래서만 옴짝달싹하게 만들면, 당연히 걷잡을 수 없는 산만함과 무의미한 시간 낭비가 독버섯처럼 피어나게 마련이다. 아이에게는 밖으로 나가 자유롭게 활동할 기회가 절실히 필요하다. 또래 아이들과 부대끼며 어울리고, 그 무리 안에서 건강하게 자신의 역할을 찾아 맡아볼 충분한 기회가 주어져야만 한다.

“예전에는 학교 가는 것을 꽤 좋아했습니다.”

이 말은 당시 아이를 맡았던 교사가 통제나 규율에 그리 엄격하지 않은 사람이었음을 강력하게 시사한다. 교사가 무르고 유약한 환경일수록 아이가 교실을 휘저으며 영웅 행세를 하기가 훨씬 수월했기 때문이다.

“학교 교과서를 툭하면 잃어버렸어요. 하지만 신기하게도 시험을 전혀 두려워하지 않았고, 늘 ‘나는 마음만 먹으면 모든 걸 완벽하게 해낼 수 있다’고 믿었습니다.”

우리는 여기서 문제아들에게서 무척 흔하게 발견되는 기묘한 특성을 또 하나 마주하게 된다. 어떤 사람이 그 어떤 절망적인 상황에서도 시종일

관 긍정적이고 낙관적인 태도를 고집한다면, 실은 그가 자기 자신을 털끝만큼도 믿지 못한다는 것을 보여주는 완벽한 반증이다. 사실 이런 사람들의 내면은 철저히 무너져 내린 비관주의자다. 하지만 그들은 스스로가 대단한 일을 이뤄낼 수 있다는 헛된 꿈의 세계로 도망치기 위해 억지로 논리를 비틀어 버린다. 그렇기에 눈앞에서 참담한 패배를 맞닥뜨려도 별로 놀라는 기색조차 보이지 않는다. 마치 자신이 태어날 때부터 위대한 일을 이룰 '예정된 운명'을 지닌 특별한 존재라는 맹목적인 감각에 단단히 사로잡혀 있기에, 겉으로는 한없이 여유로운 낙관주의자처럼 보일 수 있는 것이다.

> "집중력이 매우 부족해요. 어떤 교사들은 이 아이를 꽤 예뻐하지만, 또 어떤 교사들은 몹시 치가 떨리도록 싫어합니다."

아무래도 이 아이를 좋아하는 쪽은 성품이 유순하고 부드러운 교사들인 듯하다. 그들은 그저 아이가 보여주는 예의범절에 만족하며, 도전적인 과제를 주지 않기 때문에 아이도 굳이 수업을 방해할 이유가 없었을 것이다. 대부분의 응석받이 아이들이 그렇듯, 이 소년 역시 진득하게 집중하려는 의지나 훈련된 습관이 전혀 없다. 여섯 살이 될 때까지는 스스로 무언가에 집중해야 할 필요조차 한 번도 느껴보지 못했다. 어머니가 곁에 딱 붙어서 모든 것을 완벽하게 대신 처리해주었기 때문이다. 아이의 삶은 마치 정교하게 꾸며진 새장 속에 갇힌 새처럼, 모든 것이 부모의 손에 의해 미리 다 짜여 있었다.

 부록 2 심리 상담 사례 분석

그러다 마침내 세상의 거친 어려움에 부딪히자마자, 아이의 빈약한 준비 상태가 적나라하게 들통나고 말았다. 아이는 살면서 닥치는 고난에 맞서 싸울 그 어떤 무기나 수단도 전혀 익히지 못했고, 다른 사람들과 따뜻하게 협력할 수 있을 만큼 타인에게 사회적 관심을 기울여본 적도 없었다.

스스로의 힘으로 무언가를 성취해내겠다는 건강한 욕구도, 단단한 자신감도 없었다. 이 초라한 아이의 내면에 남은 것은 단 하나, 어떻게든 남들의 눈에 띄고 싶다는 천박한 욕망, 땀 한 방울 흘리지 않고 아무런 노력 없이 무리의 맨 앞으로 뛰쳐나가고 싶다는 맹목적인 욕망뿐이었다. 그러나 소년은 결국 학교의 평온한 질서를 완전히 무너뜨리는 데도, 교사와 친구들의 진정한 관심을 얻어내는 데도 실패했다. 그리고 그 실패의 경험이 아이의 성격을 한층 더 악화시켰다.

이 아이는 언제나 자신의 앞에 놓인 모든 일을 가장 손쉽게 처리하고 싶어 했고, 다른 사람이 상처받든 말든 아랑곳하지 않은 채 가장 수월하고 거저먹는 방식으로 자신이 원하는 모든 것을 얻으려 들었다. 결국 이 나태한 도피 심리가 소년의 삶 전체를 집어삼키는 절대적인 동기가 되었고, 지갑을 훔치는 절도나 뻔뻔한 거짓말 같은 엇나간 행동들을 통해 그 비겁함이 겉으로 고스란히 터져 나온 것이다.

이 소년의 생활양식이 발달해온 밑바닥에 얼마나 치명적인 오류가 깔려 있는지는 너무나 명백하다. 물론 어머니가 아이의 내면에 타인을 향한 사회적 관심이 싹틀 수 있도록 아주 미약한 자극을 준 것은 사실이다. 그러나 안타깝게도 지나치게 헌신적인 어머니도, 폭력적일 만큼 엄격한 아버지도 아이의 그 귀중한 관심이 더 넓은 세상과 타인을 향해 건강하게 뻗어 나가도록 올바르게 이끌어주지 못했다. 아이의 관심은 오직 어머니가 만들어놓은 좁디좁은 온실의 세계 안에만 처참하게 갇혀 있었다. 아이는 오직 어머니 앞에서만 자신이 온 세상의 중심이자 위대한 존재라고 느낄 수 있었다.

그리하여 아이가 품었던 본능적인 우월성 추구의 에너지는 더 이상 삶의 건강하고 유익한 측면(사회적 관심)을 향해 뻗어 나가지 못하고, 오직 자기 자신의 초라한 허영심만을 갉아먹으며 기형적으로 자라나게 되었다. 이제 이 엇나간 소년을 다시 삶의 유익하고 눈부신 방향으로 이끌기 위해서는, 엉켜버린 아이의 성격 발달을 아예 처음부터 백지상태로 다시 시작해야만 한다.

가장 먼저 해야 할 일은 아이가 우리의 조언을 거부감 없이 귀담아들을 수 있도록, 아이의 마음을 열고 신뢰를 얻어내는 것이다. 이와 동시에 아이가 맺고 있는 좁은 사회적 관계의 반경을 조금씩 밖으로 넓혀주어, 그 옛날 어머니가 외동아이를 기르며 미처 완성하지 못했던 세상과의 접촉을 다정하게 보완해주어야 한다.

또한 공포의 대상이었던 아버지와도 진심으로 화해할 수 있도록 도와야 한다. 소년을 향한 이 모든 교육적 처방은 한 걸음 한 걸음 아주 조심스럽고 인내심 있게 진행되어야 하며, 마침내 아이 스스로가 (우리가 아이를 이해했던 것과 똑같은 방식으로) 자신의 과거를 망쳐놓은 그 잘못된 생활양식의 뿌리를 완벽하게 깨달을 수 있게 만들어야 한다.

아이의 좁은 관심이 더 이상 어머니라는 단 한 사람에게만 병적으로 집착하지 않게 되는 바로 그 순간, 아이의 내면에서는 놀랍도록 강인한 독립성과 용기가 싹트기 시작할 것이다. 그리고 마침내 그의 비뚤어졌

　　　　　　　　　　　　부록 2 심리 상담 사례 분석

던 우월성 추구도 세상과 타인을 향한 삶의 유익한 측면을 향해 힘차게
방향을 틀게 될 것이다.

던 우월성 추구도 세상과 타인을 향한 삶의 유익한 측면을 향해 힘차게
방향을 틀게 될 것이다.

이 사례의 주인공은 열 살짜리 남자아이다.

　"학교 측이 아이에게 품은 가장 큰 불만은 학업 성적이 너무나 형편없고, 같은 또래 친구들에 비해 무려 세 학기나 뒤처져 있다는 점이다."

열 살이라는 나이에 세 학기나 뒤처져 있다니, 이 아이에게 혹시 지적인 장애가 있는 것은 아닐까 가장 먼저 의심하게 된다.

　"아이는 현재 3학년 B반에 속해 있다. 지능지수(IQ)는 101이다."

이 명백한 수치는 아이에게 지적 장애가 전혀 없음을 증명한다. 그렇다면 대체 이 아이가 학업에 뒤처지는 이유는 무엇일까? 왜 아이는 틈만 나면 학급의 평온한 분위기를 깨뜨리고 흙탕물을 일으키는 걸까? 우리는 아이의 내면에서 모종의 강렬한 추진력과 활동성을 발견할 수 있다. 하지만 안타깝게도 그 모든 에너지는 철저히 쓸모없고 파괴적인 방향을 향해 폭주하고 있다. 아이는 창의적이고 활동적이며 매 순간 사람들의 시선을 독차지하는 주목의 중심이 되고 싶어 한다. 그러나 그 관심을 얻어내는 방식이 완전히 비뚤어져 있다. 또한 우리는 이 아이가 학교라는 조직 전체를 상대로 치열한 전쟁을 벌이고 있다는 사실을 곧바로 눈치챌 수 있다. 이 아이는 본질적으로 '싸우는 아이', 즉 학교의 적(敵)이다. 그렇기에 아이가 학업에서 걸도는 이유도 너무나 쉽게 이해할 수 있다. 오만하고 거친 싸움꾼에게, 타인과 맞춰가야 하는 학교의 평범하고 일상적인 질서란 죽기보다 견디기 힘든 억압이기 때문이다.

> "아이는 교사의 지시를 일부러 느릿느릿 따릅니다."

이 행동의 의도는 아주 선명하다. 아이는 자기 나름의 치밀한 계산 아래 움직이고 있다. 다시 말해 아이가 만들어내는 무질서 안에도 나름의 규칙과 방식이 존재한다는 뜻이다. 학교와 싸우기로 작정한 아이라면, 당연히 권위자가 내리는 모든 명령에 어떻게든 기를 쓰고 저항해야만 한다.

> "툭하면 반의 다른 남자아이들에게 싸움을 걸고 시비를 터요. 학교에 집에서 놀던 장난감을 몰래 가져와요."

아이는 기존의 규율을 깨부수고 자기 마음대로 군림할 수 있는 자기만의 학교를 그곳에 세우고 싶어 한다.

> "암산이나 말로 대답하는 구술시험에 몹시 취약합니다."

이것은 아주 중요한 단서다. 이는 아이의 내면에 타인과 어우러지려는 따뜻한 사회적 마음가짐과, 그에 필연적으로 뒤따르는 사회적 논리가 철저히 결여되어 있음을 뜻한다(제7장 참조).

> "아이가 말을 심하게 더듬는 증세가 있어, 일주일에 한 번씩 언
> 어 교정 수업을 받으러 다니고 있어요."

이 언어장애가 아이의 신체적·기질적 결함에서 비롯된 것이 아님을 명확히 알아야 한다. 이 말더듬은 아이 내면에 자리한 사회적 협동의 결여가 겉으로 터져 나온 하나의 병적인 증상일 뿐이며, 타인과 소통하기를 거부한 결과로 물리적인 말이 막혀버린 것이다. 언어란 그 자체로 타인과 협동하려는 가장 강력한 태도다. 인간은 오직 따뜻한 말을 통해서만 타인과 자신을 하나의 끈으로 연결할 수 있다. 그런데 지금 이 아이는 소통의 도구인 언어장애마저 세상에 맞서는 공격적인 무기로 악용하고 있다. 그러니 아이가 이 성가신 언어장애를 스스로 고치려 노력하지 않는다고 해서 전혀 놀랄 일이 아니다. 말더듬을 고친다는 것은, 곧 자신이 세상의 주의를 끄는 데 아주 훌륭하게 써먹어 온 막강한 무기 하나를 순순히 내다 버린다는 뜻이기 때문이다.

> "선생님이 아이에게 다가가 말을 건네면, 불안한 듯 몸을 좌우
> 로 마구 흔들어요."

이런 아이의 모습은 마치 맹수가 언제라도 상대를 향해 덤벼들 공격을 준비하는 것처럼 위태로워 보인다. 아이는 교사가 자신을 향해 일방적으로 말을 거는 상황 자체를 싫어한다. 자신이 주도권을 쥐고 사람들의

시선을 즐겨야 할 그 순간에 주목의 중심이라는 완장을 억지로 빼앗겼기 때문이다. 교사는 말하고 자신은 얌전히 들어야만 하는 그 불평등한 상황에서, 교사는 아이를 짓누르는 잔인한 정복자가 되어버린다. 어머니는 – 정확히 말하면, 아이의 친어머니는 유아기 무렵 세상을 떠났으므로 이 사람은 새어머니다 – 아이가 그저 지나치게 신경질적이라고만 불평한다. 어른들이 흔히 입에 올리는 이 신경질이라는 모호하고 편리한 단어는, 아이의 영혼을 갉아먹는 수많은 문제들을 아주 손쉽게 덮어버린다.

> "아이는 어릴 적부터 두 할머니의 손에서 자랐어요."

아이의 양육 환경에 할머니가 단 한 분만 존재해도 이미 숱한 문제를 일으키기에 충분하다. 우리는 보통 할머니들이 한없이 다정한 사랑으로 아이를 구제 불능의 응석받이로 망쳐놓는 경우가 허다하다는 사실을 아주 잘 알고 있다. 왜 그런 안타까운 일이 벌어지는지 한 번쯤 성찰해볼 필요가 있다. 사실 이는 우리 문화와 사회가 안고 있는 잘못이기도 하다. 현대 사회에서 나이 든 여성들은 자신들의 능력을 펼칠 마땅한 자리도 없고, 속수무책으로 뒤로 밀려난다. 그들은 이런 부당한 대우에 본능적으로 반발하며 타인에게 제대로 대접받고 싶어 한다. 그리고 그들의 그런 열망은 인간으로서 전적으로 정당하고 옳다.

할머니는 세상에 자신이 아직 살아있으며 꽤 중요한 존재라는 사실을 어떻게든 증명하고 싶어 한다. 그리고 그 쓸쓸한 과업을, 눈앞의 연약한 손주를 지나치게 감싸고 돌며 아이가 자신에게 맹목적으로 매달리게 만드는 방식으로 훌륭히 해낸다. 그렇게 아이의 온 우주를 장악함으로써,

할머니는 자신도 세상에서 존중받아야 할 하나의 인격체임을 필사적으로 주장하는 것이다.

그런데 이런 양육 환경에 할머니가 무려 두 분이나 버티고 있다는 말을 듣는 순간, 우리는 그 가정 내에서 얼마나 피 튀기는 애정의 경쟁이 벌어지고 있을지 즉시 짐작할 수 있다. 한쪽 할머니는 당연히 "이 아이는 다른 할머니보다 나를 훨씬 더 좋아해!"라는 것을 끊임없이 증명하고 싶어 할 것이다. 이처럼 맹목적인 호의 속에서, 아이는 그야말로 세상을 다 가진 듯한 일종의 무릉도원 같은 상태에 빠진다. 자기가 원하는 것이라면 무엇이든 손가락 하나 까딱하지 않고 얻어낼 수 있기 때문이다. 아이가 할 일이라고는 그저 얄밉게 웃으며 "저쪽 할머니가 나한테 이거 사 주셨어요."라고 툭 던지는 것뿐이다. 그러면 반대쪽 할머니는 그 치열한 애정 경쟁에서 지지 않으려고 어떻게든 더 비싸고 더 좋은 것을 쥐여주며 응수하려 들 것이다.

집에서 이 아이는 두 할머니의 숨 막히는 애정을 독차지하는, 그야말로 완벽한 우주의 중심이다. 그리고 우리는 이 아이가 살면서 유일하게 좇는 맹목적인 목표가 바로 그 관심이라는 사실을 이미 알고 있다. 그런데 이제 아이는 낯설고 차가운 학교라는 곳에 내던져졌다. 안타깝게도 학교에는 자신의 모든 응석을 받아줄 두 할머니가 존재하지 않는다. 교사는 단 한 사람뿐이고 자신과 경쟁해야 할 또래 아이들은 수십 명이나 바글거린다. 이 험난한 정글에서 아이가 예전처럼 모두의 관심을 독차지하는 중심이 될 수 있는 유일하고도 확실한 방법은, 바로 미친 듯이 싸움을 걸고 소동을 일으키는 것뿐이다.

   부록 2 심리 상담 사례 분석

아이가 두 할머니의 품에 안겨 살던 그 오랜 기간 동안, 학교 성
적은 나빴다.

자신의 응석을 받아주지 않는 학교는 이 아이에게 어울리는 장소가 아
니었다. 애초에 아이는 학교라는 낯선 사회에 발을 들일 아주 기본적인
준비조차 되어 있지 않았다. 학교란 아이들이 타인과 얼마나 다정하게
협동할 수 있는지를 매일같이 시험하는 거대한 무대인데, 아이는 그런
사회적 능력을 기르는 건강한 훈련을 단 한 번도 받아본 적이 없었다. 세
상과 소통하는 협동의 능력은, 그 무엇보다 아이와 굳건한 유대를 맺은
어머니가 가장 훌륭하고 단단하게 길러줄 수 있는 귀중한 자산이기 때
문이다.

아버지는 일 년 반 전에 재혼하여, 현재 아이는 아버지, 그리고
새어머니와 함께 살고 있다.

이 문장 속에는 당연히 몹시 까다롭고 어려운 상황이 도사리고 있다. 가
정 내에 계모나 계부가 새로 들어오면 없던 문제가 걷잡을 수 없이 터져
나오거나, 이미 곪아 있던 문제가 한층 더 심각해지기 마련이다. 이른바
'계부모 문제'는 아주 오래되고 낡은 난제임에도 불구하고, 오늘날까지
전혀 나아지지 않고 있다. 그 과정에서 무엇보다 아이가 가장 큰 고통을
겪는다. 아무리 성품이 선하고 훌륭한 계모라 할지라도 이 험난한 과정
에서 엄청난 어려움에 부딪힌다.

그렇다고 해서 계부모 문제가 영영 풀 수 없는 불치병이라고 단정지

을 필요는 없다. 다만 이 문제는 오직 단 하나의 방식만으로 해결될 수 있다. 계모와 계부는 "내가 부모로 들어왔으니 아이가 당연히 나를 부모로 인정하고 따르겠지."라는 헛된 기대를 당장 버려야 하며, 진심 어린 인정을 받기 위해 밑바닥부터 최선을 다해 땀 흘려 노력해야만 한다. 게다가 이 집안에는 아이를 응석받이로 망쳐놓은 두 할머니가 상황을 더욱 지독하게 꼬아놓고 있으니, 계모가 아이와 애착 관계를 맺는 일은 한숨이 나올 만큼 어려워진다.

계모는 처음 이 가족의 일원이 되었을 때, 어떻게든 다정하게 다가가려고 무던히 애를 썼다. 아이의 마음을 얻기 위해 자신이 할 수 있는 모든 노력을 쏟아부었다. 집에는 형도 하나 있는데, 그 존재 역시 골치 아픈 문제 중 하나다.

이는 곧 가족 안에 또 다른 싸움꾼이 버티고 있다는 뜻이다. 두 형제 사이에 벌어지는 치열한 경쟁심이 아이의 전체적인 공격성을 한층 더 거칠게 키워내고 있음은 두말할 나위가 없다.

아이는 아버지를 무서워해서 고분고분 복종하지만, 어머니(계모)의 말은 귓등으로도 듣지 않는다. 그래서 어머니는 아이가 말썽을 피울 때마다 모든 일을 아버지에게 일러바친다.

어머니의 이런 태도는 사실상 "나는 이 아이를 교육할 능력이 전혀 없습니다."라는 처참한 고백이나 다름없다. 자신이 감당해야 할 훈육의 책임

　　　　　　　　　　부록 2 심리 상담 사례 분석

을 그저 힘센 남자(아버지)에게 고스란히 떠넘기는 짓이다. 어머니가 늘 아이들이 무엇을 잘못했는지 일일이 아버지에게 고자질하고 "너 자꾸 이러면 아빠한테 다 일러바칠 거야!"라는 말로 겁을 주면, 영악한 아이들은 단박에 '이 여자는 우리를 도무지 통제할 힘이 없고 이미 엄마로서의 역할을 포기했구나'.라는 사실을 간파한다. 그러면 아이들은 오히려 그 유약한 어머니를 제 마음대로 휘두를 기회만 노리게 된다. 어머니가 이런 식으로 말하고 행동하는 것은, 곧 자신의 내면에 자리한 나약한 열등감을 아이들 앞에 적나라하게 까발리는 일이다.

어머니는 아이가 '얌전히 굴겠다'고 약속만 하면, 당장 아이를 데리고 외출해서 갖고 싶다는 물건을 덥석 사준다.

지금 이 어머니는 무척이나 위태롭고 어려운 처지에 몰려 있다. 왜 그럴까? 아이들의 눈에는 가끔 찾아오는 친할머니들이 지금 매일 눈앞에 있는 새어머니보다 수백 배는 더 중요하고 막강한 존재로 보이기 때문이다. 즉, 두 할머니의 그림자가 이 나약한 어머니를 완전히 압도하고 짓누르고 있는 형국이다.

두 할머니는 아이를 가끔씩만 보러 온다.

겨우 몇 시간 잠깐 들러서 귀여워하다 떠나는 사람은, 아이의 삶에 이래라저래라 참견하고 훈수 두기가 세상에서 제일 쉽다. 그러고 나서 아이가 벌이는 온갖 골치 아픈 문제와 뒷수습은 고스란히 어머니의 몫으로 떠넘기고 도망쳐 버린다.

이제 이 가족 중 이 아이를 진심으로 사랑하고 아끼는 사람은 아무도 없는 듯하다.

결국 상황은 최악으로 치달아 모두가 이 불쌍한 아이를 짐스러워하고 싫어하게 된 것처럼 보인다. 그토록 애지중지하며 응석받이로 망쳐 놓은 장본인들인 할머니들조차, 이제 통제 불능이 된 손주를 슬슬 피하며 싫어하게 된 것이다.

아버지는 말을 듣지 않는 아이를 때린다.

가혹한 매질은 아이를 바로잡는 데 단 1퍼센트의 도움도 되지 않는다. 이 아이는 타인의 칭찬을 광적으로 좋아하며, 칭찬 한마디만 들으면 언제나 뭘 듯이 만족해한다. 다만 아이는 자신의 행동을 바르게 뜯어고쳐서 정당하게 칭찬을 얻어내는 건강한 방법 자체를 알지 못한다. 그래서 스스로 땀 흘려 공을 세우기보다는, 그저 뻔뻔하게 교사에게 다가가 억지로 칭찬을 구걸하고 요구하는 비겁한 쪽을 택한다.

칭찬을 받으면 아이는 금세 더 훌륭하게 행동한다.

이것은 타인의 시선을 갈구하며 주목의 중심이 되고 싶어 하는 모든 응석받이 아이들의 공통적인 특징이다.

하지만 교사들은 이 아이를 별로 좋아하지 않는다. 아이가 늘 불만에 찬 표정으로 뚱하고 무뚝뚝하게 굴기 때문이다.

싸움꾼인 아이의 입장에서, 이 뚱하고 무뚝뚝한 태도는 타인(교사)을 향한 가장 효과적이고 무서운 공격 수단이다.

이 아이는 심각한 야뇨증을 앓고 있다.

이불에 오줌을 지리는 행위 역시 사람들의 시선을 독차지하고 싶다는 비뚤어진 욕구의 처절한 표현이다. 아이는 지금 정면으로 부딪히며 싸우는 것이 아니라 몹시 교활하고 간접적인 방식으로 싸움을 걸고 있다. 이토록 억눌린 아이가 어머니를 향해 간접적으로 복수하는 방법에는 무엇이 있을까? 깊은 밤에 이불에 오줌을 싸서 자는 어머니를 억지로 깨워 치우게 만드는 것, 한밤중에 알 수 없는 비명을 지르는 것, 잠자리에 들어서도 불을 끄지 않고 책을 읽는 것, 아침에 죽어도 일어나지 않는 것, 밥 먹을 때마다 투정을 부리며 식습관을 엉망으로 만드는 것 등이다. 한마디로 이 아이는 낮이든 밤이든, 어머니가 늘 자신의 수발을 들며 쩔쩔매게 만들 아주 강력한 수단들을 무기처럼 하나씩 쥐고 있다. 야뇨증(enuresis)과 말을 더듬는 언어장애, 이 두 가지 치명적인 무기가 바로 이 아이가 자신을 둘러싼 세상을 향해 휘두르는 칼날이다.

어머니는 이 고약한 버릇을 고쳐보려고, 밤마다 여러 차례 억지로 아이를 깨워 화장실에 데려갔다.

이 눈물겨운 노력 덕분에, 어머니는 결국 밤에도 편히 자지 못하고 몇 번이나 깨어 아이 곁을 지키게 되었다. 아이의 입장에서는 오줌을 싸지 않고도 결국 자신이 그토록 원했던 엄마를 내 곁에 묶어두는 목적을 완벽하게 이룬 셈이다.

같은 반 다른 아이들은 이 소년이 늘 지배자로 군림하려 들기 때문에 그를 피하고 싶어한다. 다만 반에서 힘이 아주 약한 몇몇 아이들만이 맹목적으로 그를 따라 하려 든다.

사실 이 아이는 내면이 몹시 나약하며, 자신의 삶을 개척하며 용기 있게 살아갈 의지가 전혀 없다. 교실의 약한 꼬마들이 이 싸움꾼을 무작정 흉내 내려는 이유는, 그것이 손쉽게 타인의 주목을 끌어당길 수 있는 방식이기 때문이다.

한편 이 아이가 반에서 완전히 미움만 받는 것은 아니다. 교사가 '이 아이의 과제가 오늘 반에서 가장 훌륭하다'고 칭찬해줄 때마다, 다른 친구들도 아이가 나아지고 있다며 진심으로 기뻐해준다.

반 친구들이 이 아이의 긍정적인 변화를 보며 다 함께 기뻐해준다는 사실은, 그 교사의 훌륭한 자질을 증명하는 신호다. 그 교사는 아이들의 굳은 마음속에 타인을 향한 '협동의 정신'이 따뜻하게 살아 움직이도록 이끄는 마법 같은 방법을 진정으로 알고 있는 사람이다.

 부록 2 심리 상담 사례 분석

아이는 동네 친구들과 어울려 거리에서 공놀이하는 것을 유독
좋아한다.

아이는 오직 '자신이 이 놀이에서 완벽하게 이기고 성공할 수 있다'는 계
산과 확신이 섰을 때만 다른 사람들과의 관계 맺기를 허락한다.

우리는 이 모든 사례의 진실을 어머니와 검토하며, 아이와 두 할머니
의 숨 막히는 줄다리기 속에서 어머니가 얼마나 가혹하고 힘겨운 상황
에 놓여 있는지를 따뜻하게 설명해주었다. 또한 소년이 형을 질투하고
있으며, 자신이 영영 버림받고 뒤처질까 봐 죽을 만큼 두려워하고 있다
는 진실도 함께 짚어주었다.

놀랍게도 아이는 우리와의 첫 면담 내내 입을 꾹 다물었다. 우리가
"여기 진료소에 있는 모든 사람은 다 네 친구란.다"라고 다정하게 말해
주었는데도 단 한마디도 꺼내지 않았다. 이 아이에게 '말을 한다'는 것
은 곧 타인과 다정하게 '협동'한다는 것을 뜻한다. 하지만 아이는 세상과
싸우고 싶어 한다. 그래서 입을 여는 대신 단단히 침묵의 성을 쌓아 올린
것이다. 이것이야말로 아이가 언어장애를 고치려 들지 않았던 태도에서
엿볼 수 있었던 사회성의 결여다.

언뜻 들으면 무척 놀라운 이야기 같지만, 우리는 멀쩡한 사회생활 속
에서도 이런 식으로 유치하게 행동하는 어른들을 수없이 마주한다. 그
들은 침묵이라는 잔인한 무기를 통해 타인과 싸운다.

어느 날 몹시 격렬하게 다투던 부부가 있었다. 화가 머리끝까지 난 남

편이 아내를 향해 소리쳤다. "거 봐, 찔리니까 당신은 이제 아무 말도 못 하잖아!" 그러자 아내가 싸늘하게 대답했다. "착각하지 마요. 난 지금 할 말이 없어서 침묵하는 게 아니에요. 당신한테 내 말을 '해주지 않는 것' 뿐이라고요!"

이 소년의 경우도 마찬가지다. 아이는 할 말이 없는 것이 아니라, 그저 억지로 "말을 해주지 않는 것"뿐이다. 기나긴 면담이 끝나고 우리가 아이에게 "이제 집으로 돌아가도 좋아."라고 말했지만, 아이는 웬일인지 선뜻 자리에서 일어나려 하지 않았다. 아이의 눈빛에는 여전히 강렬한 적대감이 이글거리고 있었다. "오늘 이야기는 여기서 끝났단다."라고 부드럽게 일러주었는데도 여전히 고집을 부리며 버텼다. 그래서 우리는 다음 주에 아버지의 손을 잡고 다시 진료소를 찾아오라고 단호하게 약속해두었다.

아이가 다시 찾아왔을 때 우리는 이렇게 말했다.

"네가 지난번에 아무 말도 하지 않은 건 정말 훌륭한 행동이었어. 넌 언제나 어른들이 하라는 것과 정반대로만 하잖아. 말을 좀 해보라고 다그치면 꿀 먹은 벙어리처럼 입을 닫아버리고, 학교에서 얌전히 있어야 할 때는 혼자 떠들어대서 수업을 다 망쳐놓지. 넌 그런 식으로 엇나가야만 스스로 대단한 영웅이 된다고 믿고 있는 거야. 그러니 우리가 너한테 '이제부터 절대 한마디도 하지 마라!'라고 엄하게 명령하면, 넌 속이 뒤틀려서라도 기어코 우리에게 말을 쏟아낼 테지. 우린 그저 네가 진심으로 했으면 하는 행동과 완벽하게 반대되는 것을 너에게 요구하기만 하면 되는 거야."

이런 극단적인 방법을 쓰면 아이의 입을 강제로 열게 만들 수 있다. 왜

 부록 2 심리 상담 사례 분석

냐하면 아이 스스로 누군가의 질문에 억지로라도 대답해야만 하는 갈급한 필요가 생겨나기 때문이다. 아이가 한마디라도 입을 떼는 순간, 마침내 말과 언어를 통해 타인과 협동하는 첫걸음을 내딛게 된다. 그 단단한 벽이 무너지고 나면, 우리는 아이에게 지금 닥친 상황을 차분히 설명해주고 아이 스스로 자기의 잘못을 납득하도록 이끌어, 서서히 건강한 쪽으로 변화시킬 수 있다.

이와 관련해 우리가 절대 잊지 말아야 할 중요한 사실이 있다. 이런 문제아는 자신이 과거에 뒹굴던 익숙하고 병든 환경(집과 학교) 속에 머무르는 한, 자신의 행동을 바꿔야 할 그 어떤 긍정적인 동기도 느끼지 못한다는 것이다. 어머니, 아버지, 할머니들, 교사들, 그리고 친구들까지, 이 모든 인간관계는 이미 아이가 고안해낸 그 비뚤어지고 기형적인 생활양식의 톱니바퀴에 완벽하게 맞아떨어져 있다. 아이는 이 익숙한 사람들을 향해 어떻게 방어하고 공격할지 모든 태도를 이미 단단하게 굳혀 놓았다.

그러나 진료소의 문을 열고 들어서는 순간, 아이는 난생처음 겪어보는 완전히 새롭고 낯선 상황과 정면으로 마주하게 된다. 우리는 아이가 마주칠 이 상황을 가능한 한 가장 극적이고 새롭게 만들어주어야 한다. 말하자면, 아이의 예측이 단 하나도 들어맞지 않는 완벽하게 새로운 무대여야만 한다. 그래야만 아이는 자신이 과거의 병든 환경에서 훈련받았던 그 고약한 성격 특성들을 우리 앞에 당황한 채로 고스란히 쏟아내게 된다.

이런 엇나간 아이에게 "너는 이곳에서 절대 한마디도 하면 안 된다!"라고 금지령을 내리는 것은 무척이나 탁월한 심리학적 전략이다. 그러면 아이는 씩씩대며 "아니요! 전 마음대로 말할 거예요!"라고 소리칠 것이다. 이렇게 우회적으로 찌르면 어른이 아이와 억지로 직접적인 대결 구도에 들어간 것이 아니기 때문에, 아이 역시 뾰족하게 가시를 세운 채 방어적인 태도로 잔뜩 굳어 있지 않게 된다.

진료소에서 이루어지는 상담은 다른 전문가들이나 여러 청중이 지켜보는 앞에서 진행되는데, 이 낯선 광경은 아이들에게 엄청나게 강렬한 심리적 인상을 남긴다. 이 새로운 무대는 아이들에게, 자신들이 그저 좁디좁은 집구석이나 교실에 갇혀 옴짝달싹 못 하는 하찮은 존재가 아니라는 사실을 깨닫게 해준다. 낯선 어른들이 이토록 자신에게 깊은 관심을 쏟고 있다는 사실을 통해, 스스로가 세상이라는 거대한 전체의 꽤 중요한 일부분이라는 벅찬 감각을 선물하는 것이다. 이 모든 새로운 충격은 아이들로 하여금 이전보다 더 다정하게 그 거대한 공동체의 일부가 되고 싶어 하도록 이끈다. 특히 우리가 "다음 주에도 다시 꼭 오렴." 하고 진심으로 초대할 때는 더욱 강한 울림을 준다.

진료소에 발을 들인 아이들은 다음에 자신에게 무슨 일이 일어날지 아주 잘 알고 있다. 그들은 끊임없이 다정한 질문을 받을 것이고, 요새 기분은 어떤지 따뜻한 안부를 묻는 경험을 매주 반복할 것이다. 어떤 아이는 일주일에 한 번씩 오고, 상황이 위급한 아이는 매일 찾아와 문을 두드린다. 그곳에서 아이들은 자신을 괴롭히던 교사나 부모를 어떻게 건강하게 대해야 하는지 부드러운 훈련을 받는다. 무엇보다 아이들은 이곳 진료소에서만큼은 절대 누구에게도 비난받거나 잔인한 꾸중을 듣지 않으며, 억울하게 평가받지 않을 것이라는 사실을 너무나 잘 안다. 아이들의 모든 행동은 그저 '활짝 열린 창문'을 통해 다정한 바람을 맞으며

  부록 2 심리 상담 사례 분석

세상을 내다보듯 객관적으로 판단될 뿐이다.

이 상황은 언제나 사람들의 마음속에 깊은 인상을 남긴다. 상상해보라. 미친 듯이 물건을 집어 던지며 싸우던 부부라도 누군가 갑자기 창문을 활짝 열어젖히면, 싸움은 일순간에 멈추고 집안의 공기는 완전히 달라진다. 창문이 열려 있어 지나가는 누군가가 자신의 목소리를 들을 수 있다는 사실을 깨닫는 순간, 사람들은 더 이상 자신의 수치스럽고 잘못된 성격의 밑바닥을 함부로 내보이려 하지 않는다. 이것이 바로 상처받은 아이의 영혼이 앞으로 한 걸음 나아가는 기적 같은 순간이며, 아이들이 우리 진료소의 문턱을 넘어설 때 구원의 첫걸음이 시작된다.

이 사례의 주인공은 집안의 맏이인 열세 살 반 남자아이다.

열한 살 때 측정한 이 아이의 지능지수는 무려 140이었다.

이 수치만 보면 우리는 이 아이가 매우 똑똑하고 영리한 아이라고 단정할 수 있다.

그러나 고등학교에 진학한 뒤, 둘째 학기부터는 학업에서 전혀 진전을 보이지 않았다.

우리의 임상 경험에 따르면, 아이가 스스로를 나는 아주 영리하고 특별한 사람이라고 믿으면 곧이어 "나는 아무런 노력을 기울이지 않아도 세상 모든 것을 쉽게 얻을 수 있을 거야."라는 오만한 기대를 품게 되는 경우가 허다하다. 그 결과 이런 아이들은 인생의 어느 지점에서 반드시 성장을 멈추고 제자리에 서 버린다. 예컨대 이런 아이들이 청소년기에 접어들면, 실제 자신의 나이보다 훨씬 더 성숙한 어른이 되었다고 착각하기도 한다. 그들은 세상 사람들에게 "나는 이제 더 이상 어린아이가 아니야!"라는 것을 증명하고 싶어 안달이 난다.

그러나 억지로 자신을 부풀려 드러내려 하면 할수록, 피할 수 없는 현실의 차가운 어려움과 더 자주 부딪히게 마련이다. 그러면 그들은 마침내 자신이 지금껏 믿어온 것만큼 진짜로 영리하고 대단한 존재인지 의심하기 시작한다. 그렇기에 어른들이 아이에게 "너는 참 영리하구나." 혹은 "네 지능지수가 140이나 된단다."라고 떠벌려 말해주는 것은 바람직한 교육이 아니다. 아이들은 절대로 자기 지능지수를 알아서는 안 되며, 부모 역시 그 숫자에 얽매여서는 안 된다. 이것이 바로, 그토록 영리했던 천재 아이가 훗날 왜 그토록 처참하게 실패하고 무너지는지를 명쾌하게 설명해주는 이유다.

지금 아이가 처한 상황은 너무나도 위험하다. 속으로는 몹시 거대한 야심을 품고 있으면서도, 막상 정당하고 땀 흘리는 방식으로는 성공할 자신이 턱없이 부족한 아이는 결국 가장 쉽고 잘못된 길로 도망치게 된다. 그렇게 도피한 잘못된 길의 예로는 신경증이라는 병 속으로 숨어버리기, 자살을 시도하기, 범죄를 저지르기, 구제 불능일 만큼 게을러지기, 무의미하게 시간 낭비하기 등이 있다. 억눌린 아이들이 이처럼 전혀 쓸모없고 파괴적인 방식으로라도 기어코 성공(관심 끌기)을 쟁취하기 위해 만들어내는 알리바이에는 무려 백 가지도 넘는 기막힌 변형들이 존재한다.

아이가 가장 좋아하는 과목은 과학이다. 그리고 늘 자기보다 어린 남자아이들과만 어울려 논다.

우리는 아이들이 왜 굳이 자기보다 어린 동생뻘 아이들과 어울리려 하는지 그 이유를 너무나 잘 알고 있다. 모든 상황을 자신이 통제하기 쉽게 만들고, 그 무리에서 절대적인 우위에 서서 완벽한 리더로 군림하려

는 것이다. 아이가 유독 어린아이들과만 어울리려 든다면 그것은 무척
이나 의심스럽고 위험한 신호다. 물론 모든 경우가 다 나쁜 뜻을 품고 있
는 것은 아니다. 때로는 그저 아빠처럼 동생들을 돌보고 싶어 하는 따뜻
한 태도일 수도 있다. 그러나 그 다정한 경우조차 그 이면에는 언제나 어
떤 형태의 나약함이 교묘하게 개입되어 있다. 본능적으로 부성애를 뽐
내고 싶다는 핑계는, 결국 자신보다 힘이 세고 나이가 많은 또래 아이들
과의 평등하고 껄끄러운 경쟁(놀이)을 철저히 피해버리겠다는 뜻이기 때
문이다. 이 교묘한 배제는 아주 다분히 의식적인 도피 행위다.

"우리 아이는 미식축구와 야구를 정말 좋아해요."

이 말을 듣는 순간, 우리는 당연히 이 아이가 그 스포츠 종목에서만큼은
아주 뛰어난 실력을 발휘할 것이라고 미리 짐작할 수 있다. 십중팔구 우
리는 부모에게서 "우리 아이가 특정 분야에서는 천재적으로 뛰어나지
만, 자기 마음에 들지 않는 다른 일들에는 아예 손끝조차 대려 하지 않아
요."라는 불만을 듣게 될 것이다. 이 극단적인 호불호가 뜻하는 바는 너
무나 명백하다. 아이는 자신이 완벽하게 성공할 수 있다고 확신하는 무
대에서만 아주 적극적으로 몸을 움직인다. 반대로, 단 한 번이라도 실패
할 가능성이 엿보이거나 승리를 장담할 수 없는 불리한 상황에서는 아
예 참여 자체를 거만하게 거부해 버린다. 물론 이것은 건강하고 올바른
삶의 태도가 아니다.

"카드놀이에 빠져 지내요."

    부록 2 심리 상담 사례 분석

아이가 시간을 무의미하게 보내고 있다는 뜻이다.

카드놀이에 푹 빠진 탓에, 일찍 잠자리에 들고 제때 숙제를 마쳐야 할 일상적인 생활 리듬이 완전히 망가진 듯하다.”

자, 이제 우리는 부모가 털어놓는 불만의 핵심에 도달했다. 그리고 이 모든 산만한 증상들은 정확히 한 가지 사실로 귀결된다. 아이는 지금 학업이라는 현실의 벽 앞에서 단 한 발짝도 앞으로 나아가지 못한 채 멈춰 서 있으며, 그 불안감을 감추기 위해 그저 카드놀이로 멍하니 시간을 낭비하고 있을 뿐이다.

유아기에는 발달이 유독 더뎠다. 그러다 생후 2년이 지나자 갑자기 빠른 속도로 발달하기 시작했다.

처음 2년 동안 아이의 발달이 왜 그토록 더뎠는지는 정확히 알 수 없다. 아마도 아이는 부모의 품에서 지나치게 응석받이로 길러졌을 것이며, 지금 우리 눈앞에 펼쳐진 문제들은 바로 그 온실 같았던 어린 시절이 낳은 비극적인 결과물일 것이다. 유아기의 발달이 그토록 느렸던 것 역시 부모의 과잉보호 때문이었을 가능성이 몹시 크다. 우리는 임상 현장에서 스스로 말하려 하지도 않고, 몸을 움직이려 하지도 않으며, 내 힘으로 무언가를 해내려 들지 않는 무기력한 아이들을 수없이 마주한다. 그런 아이들은 늘 누군가에게 전적으로 기대어 편안하게 보살핌받는 것을 너무나 좋아하기 때문에, 굳이 스스로 발달해야 할 건강한 자극을 전혀 받지 못한다. 그러나 그런 아이가 어느 순간 갑자기 맹렬한 속도로 발달하기 시작했다면, 그 이유를 설명할 길은 단 하나뿐이다. 아이의 닫힌 내면을 강렬하게 뒤흔들며 발달을 촉진한 엄청난 자극이 주어졌다는 뜻이다. 아마도 이 아이를 그토록 영리하고 총명하게 만든 아주 강력한 동기가 밖에서 밀려왔을 것이다.

아이의 가장 두드러진 성격은 놀라울 만큼 정직하다는 것과 황소고집을 부린다는 것이다.

이 아이가 아주 정직하다는 사실만으로는 우리에게 충분한 위안이 되지 못한다. 물론 정직함은 그 자체로 매우 훌륭하고 아름다운 미덕이다. 그러나 우리는 아이가 자신이 가진 이 흠결 없는 정직함을 핑계 삼아 타인을 냉혹하게 깎아내리고 비판하는 무기로 휘두르고 있지는 않은지 경계해야 한다. 때로 정직함은 "나는 너희들과 달리 이렇게 도덕적으로 완벽해!"라고 자랑하는 아주 교묘한 우월감의 방식일 수도 있기 때문이다. 우리는 이미 이 아이가 다른 사람을 자기 입맛대로 이끌고 좌지우지하기를 몹시 즐긴다는 사실을 알고 있다. 그렇다면 아이의 이 올곧은 정직함 역시, 속으로는 타인보다 끝없이 높아지려 애쓰는 우월성 추구의 또 다른 뒤틀린 표현일 수 있다. 나아가, 이 아이가 만약 자신이 손해를 보는 아주 불리한 상황에 내몰렸을 때조차 지금처럼 끝까지 정직함을 지켜낼 수 있을지에 대해서도 우리는 전혀 확신할 수 없다. 아이의 고집스러움에 관해서도 마찬가지다. 이는 곧 아이가 언제나 자기 뜻대로만 세상을 굴리고 싶어 하며, 남들과 다른 특별한 존재가 되고 싶어 하고, 타

부록 2 심리 상담 사례 분석

인의 정당한 지시나 가르침을 받는 것을 죽기보다 싫어한다는 사실을 적나라하게 보여준다.

이 짧은 진술은 우리가 지금까지 내린 분석이 완벽하게 옳았음을 못 박아 확인해준다. 아이는 어떻게든 남들 위에 서는 리더가 되고 싶어 한다. 그런데 자기 마음대로 조종할 수 있으리라 믿었던 어린 동생이 고분고분 말을 따르지 않자, 화가 나서 억지로 힘을 써 동생을 짓밟고 괴롭히는 것이다. 이는 정직하거나 훌륭한 리더의 태도가 아니다. 만약 이 아이의 내면을 조금 더 들여다본다면, 필요할 때는 목적을 위해 아주 천연덕스럽게 거짓말도 서슴지 않는 아이라는 사실을 곧 깨닫게 될 것이다.

이 아이는 한마디로 엄청난 허세를 부리는 사람이며, 우리는 아이의 이 거친 행동 속에서 팽배한 우월감 의식을 발견한다. 지금 아이의 겉모습을 지배하고 있는 것은 틀림없는 우월감 콤플렉스다. 그러나 심리학에서 우월감 콤플렉스는, 사실 그 사람의 밑바닥이 지독한 열등감으로 처참하게 썩어 들어가고 있다는 진실을 그 무엇보다 또렷하게 증명하는 영수증이다.

아이는 그동안 너무나 똑똑하다는 이유로 주변 사람들에게 지나치게 과대평가를 받았기 때문에, 역설적이게도 속으로는 자기 자신을 한없이 깎아내리며 불안에 떤다. 그리고 자신이 그 기대에 못 미치는 초라한 존재라는 사실을 숨기기 위해, 어떻게든 잔뜩 부풀린 허세로 보상하려 드는 것이다. 부모가 아이를 맹목적으로 추켜세우며 지나치게 칭찬하는 것은 현명한 양육이 아니다. 쏟아지는 찬사 속에서 아이는 "세상이 나에게 엄청나게 위대한 기대를 걸고 있구나."라는 숨 막히는 압박감에 짓눌리기 때문이다. 그러다 어느 날 현실의 벽에 부딪혀 그 거대한 기대에 부응하는 일이 쉽지 않다는 사실을 깨닫는 순간, 아이는 공포에 사로잡힌다. 그 결과 자신의 약점이 세상에 들통나지 않도록 자기 삶 전체를 아주 기형적으로 조직하기 시작한다. 만만한 어린 동생을 잔인하게 괴롭히는 것도 바로 그런 이유에서다. 이것이 바로 이 아이가 세상을 버텨내는 고유한 생활양식인 것이다.

이 아이는 자기 앞에 놓인 험난한 삶의 문제들을 혼자 힘으로 당당하게 해결해낼 만큼 자신이 충분히 강하고 능력 있는 사람이라고 전혀 믿지 못한다. 그래서 아이는 밤낮없이 카드놀이에 집착한다. 카드놀이에 푹 빠진 척 연기하고 있으면, 학교 성적이 떨어지더라도 자신의 열등감, 즉 능력 부족을 숨길 수 있기 때문이다. 부모 역시 아이의 성적이 곤두박질친 이유를 아이의 지능이나 노력이 부족해서가 아니라, 그놈의 몹쓸 카드놀이 탓으로 돌리며 안심할 것이다. 이렇게 아이의 자존심과 거대한 허영심은 흠집 하나 없이 완벽하게 보호받는다.

결국 아이는 다음과 같은 환상적인 생각에 푹 빠져 지낸다. "맞아, 내가 지금 학교 성적이 엉망인 건 순전히 카드놀이에 미쳐 있기 때문이야. 만약 내가 마음을 다잡고 카드놀이만 끊는다면 난 당장이라도 학교에서 최고의 천재가 되었을걸! 하지만 난 지금 카드를 치고 싶어서 안 하는 것뿐이라고." 아이는 이런 그럴듯한 변명 속에서 스스로 만족하며, 마음만

  부록 2 심리 상담 사례 분석

먹으면 언제든 1등이 될 수 있다는 안락한 환상에 머문다.

스스로 만들어낸 이 기형적인 심리적 방어벽의 논리를 깨닫지 못하는 한, 아이는 자기 연민에 빠져 열등감을 타인에게도, 심지어 자기 자신에게도 완벽하게 숨길 수 있다. 그리고 그 진실을 계속 숨길 수 있는 한, 이 아이의 삶은 단 한 발짝도 앞으로 나아가지 않을 것이다.

그러므로 우리 심리학자와 교육자들이 해야 할 일은 아주 명확하다. 한없이 다정하고 우호적인 태도로 다가가, 아이의 내면을 뒤흔들고 있는 그 거친 동인(動因)의 민낯을 아이 스스로 직면할 수 있도록 조심스럽게 거울을 비춰주어야 한다. 아이가 세상에 맞서 씩씩하게 자기 몫을 다해낼 만큼 스스로를 '강한 사람'이라고 믿지 못하기 때문에, 지금 이렇게 비겁한 방식으로 도망치고 있다는 진실을 가르쳐 주어야 한다. 사실 아이가 스스로 "나는 강하다"고 느끼는 유일한 순간은, 오직 자신의 나약함과 깊은 열등감을 훌륭하게 감춰냈을 때뿐이다. 물론 이 모든 직면의 과정은 앞서 거듭 강조했듯 무조건 친절한 태도로, 그리고 흔들림 없는 따뜻한 '격려' 속에서 이루어져야만 한다.

이 과정에서 우리가 아이를 예전처럼 덮어놓고 칭찬하거나 "너는 지능지수가 140이나 되는 천재잖아!"라며 알량한 두뇌를 치켜세우는 짓은 절대 금물이다. 과거에 어른들이 시도 때도 없이 늘어놓았던 그 헛된 찬사들이야말로, 아이의 마음속에 "내가 언젠가 실패해서 천재가 아니라는 걸 들키면 어쩌지?"라는 무서운 공포를 심어준 원흉이었기 때문이다. 우리는 심리학을 통해 이미 너무나 잘 알고 있다. 한 인간이 험난한 인생을 살아가는 데 있어 고작 IQ 따위는 그리 중요하지 않다는 사실을 말이다. 통찰력 있는 훌륭한 실험심리학자라면 누구나 동의한다. 지능지수란 그저 시험지를 풀던 그 짧은 순간의 아주 단편적인 상황만을 비춰주는 숫자에 불과하며, 인간의 삶은 고작 시험지 몇 장으로 재단하기엔 소름 돋을 만큼 거대하고 복잡하다는 사실을 말이다. 지능지수가 높다고 해서 그 아이가 삶이 던지는 그 수많은 잔인한 문제들을 척척 해결할 수 있다는 증거는 세상 어디에도 없다.

이 소년이 겪는 가장 큰 어려움은, 타인과 관계를 맺으려는 사회적 관심의 부족과 깊은 열등감이다. 아이를 진정으로 구원하고 싶다면 바로 이 진실을 아이의 눈높이에 맞춰 다정하게, 그러나 명확하게 설명해주어야만 한다.

네 번째 사례 - 응석받이 양육

이번 사례는 여덟 살 반 된 남자아이에 관한 이야기다. 이 사례는 한 아이가 부모의 과잉보호 속에서 어떻게 구제 불능의 응석받이로 길러지는지를 보여준다. 범죄를 저지르거나 심각한 신경증을 앓는 사람들을 추적해보면 십중팔구 어린 시절 극심한 응석받이로 자랐다는 공통점을 발견하게 된다. 그러므로 우리 시대가 마주한 가장 중대하고 절실한 과제는, 아이들을 더 이상 나약한 응석받이로 키우지 않는 것이다. 그렇다고 해서 아이들을 향한 사랑을 줄이거나 차갑게 대하라는 뜻은 아니다. 다만 아이의 모든 요구에 맹목적으로 맞춰 주고 대신해주는 짓을 당장 그만두어야 한다는 뜻이다. 우리는 아이들을 든든한 친구처럼, 그리고 하나의 동등하고 독립적인 인격체처럼 대해야 한다. 이 사례는 이른바 '응석받이 아이'가 보여주는 모든 전형적인 특징을 교과서처럼 생생하게 드러낸다는 점에서 무척 귀중한 가치를 지닌다.

현재 아이가 겪고 있는 문제: 학교에 입학한 뒤로 매 학년 진급하지 못하고 유급을 반복했으며, 여덟 살 반인 지금도 여전히 2학년 A반에 머물러 있다.

학교에 갓 입학한 초기에 이처럼 여러 차례 유급을 겪는 아이라면 가장 먼저 지적 장애가 아닌지 의심해볼 수 있다. 우리는 아이의 심리를 분석하는 내내 이 가능성을 한구석에 열어두어야 한다. 반대로 처음에 입학했을 때는 우수한 성적으로 잘 따라가다가, 학년이 올라가며 갑자기 성적이 곤두박질치는 아이의 경우에는 지적 장애일 가능성을 곧바로 배제해도 좋다

아이는 툭하면 혀 짧은 아기 같은 말투를 쓴다.

아이는 어른들이 자신의 끝없는 응석을 다 받아 주기를 간절히 원한다. 그래서 다 큰 나이에도 짐짓 어린 아기 흉내를 내는 것이다. 그러나 이 유치한 행동은 역설적으로 아이의 머릿속에 아주 치밀한 목적과 목표가 존재한다는 뜻이기도 하다. 아이 스스로 계산해 볼 때, 번듯한 소년보다 아무것도 못 하는 불쌍한 아기처럼 행동하는 편이 자신의 생존에 훨씬 더 유리하다고 믿기 때문이다. 이처럼 의식적이고 합리적인 심리적 계획이 뚜렷하게 존재한다면 지적 장애의 가능성은 완전히 지워진다.

아이는 타인과 관계 맺는 학교생활에 털끝만큼도 준비되어 있지 않았기에 학교 공부를 좋아할 리 만무했다. 그래서 학교라는 작은 사회 안에서 건강한 방향으로 발달해 나가는 대신, 자신을 둘러싼 모든 낯선 환경에 거칠게 맞서고 싸우는 비뚤어진 방식으로 우월성 추구 욕구를 드러내고 있는 것이다. 물론 이러한 적대적인 태도의 대가는 매년 낙제라는 결과로 고스란히 되돌아오고 있다.

아이는 부모의 말을 귓등으로도 듣지 않으며, 특히 친형과 심하게 싸운다.

여기서 우리는 아이의 삶에서 형이라는 존재가 넘기 힘든 거대한 장애물이라는 사실을 단번에 알 수 있다. 이로부터 우리는 형이 동생과 달리 학교에서 공부를 꽤 잘하는 훌륭한 모범생일 것이라는 사실도 짐작할 수 있다. 흠잡을 데 없는 형과 정면으로 부딪혀 이길 수 없다면, 동생이 형과 경쟁할 수 있는 유일하고도 기발한 방식은 세상에서 가장 나쁜 아이가 되어버리는 것뿐이다. 심지어 아이는 몽상 속에서조차, 자신이 아무것도 못 하는 아기로 남아야만 어른들의 관심을 독차지하며 완벽한 형보다 앞설 수 있다고 믿고 있다.

"우리 아이는 생후 22개월이 되어서야 첫걸음마를 뗐어요."

발달이 이토록 늦었다면 아마도 어릴 적 구루병 같은 질환을 심하게 앓았을 가능성이 크다. 생후 22개월이 지나서 겨우 제 발로 걷기 시작했다면, 그 긴 시간 동안 늘 누군가가 그림자처럼 붙어 아이를 지켜보았을 것이고, 특히 어머니가 거의 24시간 내내 곁에서 불안하게 아이를 껴안고 있었을 것이 뻔하다. 우리는 바로 이 신체적인 결함과 불완전성이 어머니의 불안감을 한껏 자극하여 아이를 더 병적으로 감시하게 만들었고, 결국 아이를 스스로 아무것도 할 수 없는 응석받이로 망쳐놓은 치명적인 도화선이 되었음을 명확히 알 수 있다.

"말은 일찍 배웠어요."

이 아이에게 지적 장애가 전혀 없다는 사실을 확신할 수 있다. 지적 장애를 가진 아이라면 말을 배우고 이해하는 과정에서부터 극심한 어려움을 겪는 형태로 증상이 나타나기 때문이다.

아이는 늘 혀 짧은 아기 같은 말투를 쓴다. 아버지는 아이에게 유독 다정하다.

어머니뿐만 아니라 아버지 역시 이 아이를 구제 불능의 응석받이로 망치는 데 훌륭하게 일조하고 있다.

아니는 어머니를 더 좋아한다. 가정에는 아들이 둘 있다. 어머니는 입버릇처럼 "큰아이는 참 영리해요."라고 자랑한다. 이 두 형제는 하루가 멀다고 심하게 싸운다.

이것은 평범한 가정 안에서 흔히 벌어지는 전형적인 형제간 경쟁의 사례다. 이런 치열한 경쟁심은 사실 거의 모든 가정에 존재하며, 특히 첫째와 둘째 사이에서 가장 맹렬하게 두드러지지만 한 지붕 아래서 함께 자라는 어떤 두 아이 사이에서도 아주 흔하게 나타난다. 이 위태로운 상황을 지배하는 핵심 심리는 아주 명확하다. 밑으로 새로운 아이가 태어나는 순간, 그동안 온 집안의 권력을 쥐고 있던 첫째 아이가 찬란한 왕좌에서 무참히 밀려나는 박탈감을 겪는다는 사실이다. 앞서 수차례 강조했듯(제8장 참조), 형제 사이의 이 비극적인 충돌은 부모가 평소 아이들에게 타인과 따뜻하게 협동하는 법을 제대로 가르치고 준비시켰을 때만 온전히 예방할 수 있다.

아이는 학교 과목 중 특히 수학에 약하다.

응석받이 아이가 학교라는 사회에 던져졌을 때 가장 흔하게 어려움을 겪는 과목은 거의 예외 없이 수학이다. 수학이라는 학문은 객관적이고 일정한 사회적 논리를 요구하는데, 오직 자기중심적으로만 세상을 바라보는 응석받이 아이들에게는 바로 그 보편적인 타인의 논리가 철저히 결여되어 있기 때문이다.

"아이 머리에 뭔가 심각한 문제가 있는 게 틀림없어요."

부모의 우려와 달리, 우리는 아이의 머릿속에서 그런 생물학적 문제를 전혀 찾을 수 없었다. 오히려 아이는 자기 생존을 위해 아주 영악하고 몹시 영리하게 행동하고 있었다.

어머니와 교사는 아이가 자위행위를 한다고 믿고 있다.

물론 그럴 가능성은 충분히 있다. 사실 성장기의 거의 대다수 아이들이 자연스럽게 자위행위를 경험하기 때문이다.

어머니는 아이의 눈 밑이 항상 시커멓다고 걱정한다.

단순히 눈 밑에 짙은 다크서클이 있다고 해서 그것을 자위행위의 명백한 증거라고 단정지을 수는 없다. 물론 어른들은 흔히 아이의 초췌한 얼굴을 보며 그런 쪽으로 가장 먼저 의심의 눈초리를 보내곤 한다.

　　"식성이 몹시 까다로워요."

우리는 아이가 밥을 먹는 그 사소한 순간조차, 어떻게든 까탈을 부려 어머니의 걱정과 관심을 자기 곁에 단단히 묶어두고 싶어 한다는 사실을 눈치챌 수 있다.

　　"혼자 어둠 속에 있는 것을 무서워해요."

어둠을 병적으로 두려워하는 것 역시, 늘 누군가의 품에 안겨 자라온 지독한 응석받이 아이들의 가장 전형적인 징표다.

　　어머니는 자기 아이에게 친구가 꽤 많다고 자랑한다.

하지만 우리는 그 허울 좋은 친구들이, 실상은 아이가 자기 마음대로 조종하고 부릴 수 있는 힘없고 만만한 동생들일 것이라고 확신한다.

　　아이는 유독 음악에 깊은 관심을 보인다.

음악적 재능이 뛰어난 사람들의 귓바퀴 모양을 자세히 살펴보는 것은 심리학적으로 꽤 흥미로운 일이다. 선천적인 음악적 감각을 지닌 사람의 귀는 대체로 일반인보다 둥근 곡선이 훨씬 더 섬세하게 발달한 경우

　　　　　　　　　　부록 2 심리 상담 사례 분석

가 많다. 우리가 이 소년을 직접 마주했을 때, 아이의 귀가 놀라울 만큼 섬세하고 예민하다는 사실을 단번에 확인할 수 있었다. 귀의 이런 선천적인 예민함은 세상의 모든 소리가 아름다운 조화를 이루기를 갈망하는 성향으로 나타나기 쉬우며, 이런 성향을 지닌 사람은 훗날 훌륭한 음악 교육을 스펀지처럼 빨아들일 놀라운 능력을 품고 있다.

아이는 노래 부르기를 좋아하지만, 귀 건강은 썩 좋지 않다.

선천적으로 귀가 예민한 사람들은 현대 도시의 소음과 날카로운 자극이 가득한 일상을 견뎌내지 못한다. 이런 유형의 사람들은 스트레스를 받으면 다른 사람들보다 귀에 심각한 염증을 앓는 경향이 훨씬 짙다. 인간의 청각 기관 구조는 철저히 유전되며, 그렇기 때문에 눈부신 음악적 재능과 골치 아픈 귀 질환 역시 세대를 거쳐 고스란히 대물림된다. 이 소년역시 만성적인 귀 질환을 앓고 있으며, 소년의 가족 중에는 실제로 음악적 재능이 아주 뛰어난 사람들이 여럿 존재한다.

지금 이 위태로운 소년에게 가장 절실하고 적절한 심리학적 처방은, 아이가 부모의 치맛자락에서 벗어나 오롯이 자기 두 발로 서는 자립적인 인간이 되도록 돕는 것이다. 현재 아이는 자립과는 거리가 멀며, 오직 어머니가 자신의 모든 삶에 매달려 있어야 하고 단 한순간도 자신을 홀로 내버려 두어서는 안 된다고 믿고 있다. 아이는 쉼 없이 어머니의 전폭적인 뒷받침을 갈구하고, 안타깝게도 어머니들 역시 그런 뒷받침을 제공하는 데서 자신의 존재 가치를 느끼며 기꺼이 아이를 망쳐놓는다.

이제 당장 아이가 하고 싶은 일은 무조건 아이 스스로 직접 부딪히고 해결하도록 놓아두어야 한다. 그 과정에서 실수를 저지르고 눈물 흘릴 자유까지 완벽하게 보장해주어야 한다. 오직 그 쓰라린 실패의 자유 속에서만 인간은 진정한 자립을 배울 수 있기 때문이다. 또한 아이는 영리한 형과 어머니의 사랑을 두고 피 튀기며 경쟁하지 않는 법을 새롭게 터득해야 한다. 지금 이 두 형제는 각자 상대방이 부모에게 더 큰 사랑을 받고 있다는 망상에 사로잡혀 있으며, 그 헛된 오해 때문에 서로를 쓸데없이 물어뜯고 질투하고 있다.

무엇보다 가장 시급하고 중요한 과제는, 이 소년이 학교생활에서 마주치는 수많은 난관을 피하지 않고 정면으로 맞서 싸울 만큼 강인한 용기를 심어주는 일이다. 생각해보라. 만약 이 아이가 지금의 좌절을 견디지 못하고 끝내 학교를 영영 떠나버리게 된다면 앞으로 어떤 비극이 벌어질까. 학교라는 사회적 울타리와 단절하는 바로 그 순간, 아이의 삶은 돌이킬 수 없는 파괴적이고 쓸모없는 방향으로 곤두박질치고 말 것이다. 어느 날은 몰래 학교를 빼먹고, 그러다 아예 자퇴를 선언하고, 종국에는 가출하여 위험한 비행 청소년 무리에 끼어들게 될지도 모른다. '예방 한 줌이 치료 한 말보다 낫다'는 옛말은 틀리지 않는다. 훗날 걷잡을 수 없는 범죄자가 된 비행 청소년을 상대하며 피눈물을 흘리느니, 지금 당장 아이가 학교라는 작은 사회에 무사히 적응하도록 온 힘을 다해 돕는 편이 수만 배는 낫다.

지금 아이가 다니는 이 학교야말로 아이의 인생을 가를 가장 치열하고 결정적인 시험대다. 현재 아이는 타인과 머리를 맞대고 사회적인 방

　부록 2 심리 상담 사례 분석

식으로 삶의 문제를 해결할 준비가 털끝만큼도 되어 있지 않으며, 바로 그 때문에 학교에서 이토록 처참하게 부서지고 있다. 그러나 역설적으로 이 무너진 아이의 영혼에 새로운 용기의 불씨를 지펴주는 일 역시 오롯이 학교의 막중한 몫이다. 물론 오늘날의 학교 현장에도 그들 나름의 가혹한 문제가 산적해 있다. 한 반에 너무 많은 아이가 빽빽하게 차 있을 수도 있고, 이 아이가 지금껏 스쳐 지나온 교사들이 이런 고도의 심리적 격려와 치유를 해낼 만큼 충분히 훈련받지 못한 사람들일 수도 있다. 사태의 진정한 비극은 바로 그 지점에 똬리를 틀고 있다. 그러나 만약 이 가엾은 소년이, 꽁꽁 얼어붙은 자신의 내면을 따뜻하게 북돋우고 다시 일어설 용기를 불어넣어 줄 단 한 명의 훌륭한 교사라도 기적처럼 만날 수 있다면, 이 아이의 영혼은 틀림없이 구원받을 수 있다.

이 사례의 주인공은 열 살 된 여자아이다.

아이는 산수와 철자 쓰기에서 어려움을 겪는다는 이유로 학교 교사에 의해 상담소에 의뢰되었다.

산수 과목은 부모의 품에서 응석받이로 자란 아이에게 대체로 매우 벅차고 어려운 학문이다. 물론 모든 응석받이 아이는 무조건 산수를 못한다는 절대적인 법칙이 있는 것은 아니다. 그러나 우리는 오랜 임상 경험을 통해 이런 경우를 수도 없이 목격해왔다.

또한, 우리는 왼손잡이 아이들이 유독 철자를 쓰고 읽는 데 큰 어려움을 겪는다는 사실도 잘 알고 있다. 이 아이들의 뇌는 오른쪽에서 왼쪽으로 시선을 옮기도록 선천적으로 훈련되어 있기 때문에, 글을 읽을 때도 자연스레 오른쪽에서 왼쪽으로 거꾸로 읽으려 들기 때문이다. 그들은 나름대로 글씨를 제대로 읽고 쓰지만, 결과적으로 방향이 완전히 뒤집혀 버린다. 안타깝게도 주변의 어른들은 아이가 지금 올바른 방식으로 읽고 있으며 그저 방향만 반대일 뿐이라는 사실을 전혀 이해하지 못한다. 아이들 본인조차 그저 "나는 남들처럼 제대로 읽지 못하는 바보야."라고 단정해버리고, 그저 자기는 글을 제대로 읽거나 쓸 수 없다고 자포자기하며 말하게 된다. 따라서 우리는 일단 이 소녀가 왼손잡이일 가능성을 강하게 의심해보게 된다.

하지만 철자에 어려움을 겪는 데에는 전혀 다른 현실적인 이유가 숨어 있을 수도 있다. 이곳 뉴욕에서는, 혹시 이 아이가 다른 나라에서 이민을 와서 영어를 제대로 이해하지 못하는 것은 아닌지 한 번쯤 생각해 봐야 한다. 유럽의 단일 언어권 국가라면 굳이 이런 가능성까지는 고려할 필요가 없을 것이다.

아이의 과거 이력에서 중요한 점은, 이 가족이 독일에서 자신들이 가진 재산의 대부분을 하루아침에 잃어버렸다는 사실이다.

이 가족이 정확히 언제 독일에서 미국으로 건너왔는지는 알 수 없다. 그러나 이 소녀는 아마 한때 무척이나 풍요롭고 넉넉한 생활을 누렸으나, 어느 날 갑자기 그 찬란했던 시절이 완전히 끝나버리는 상실을 겪은 듯하다. 아이의 삶에 이토록 극적인 변화가 들이닥치는 것은 일종의 거대한 '시험대'와도 같다. 이 낯설고 가혹한 상황 속에서 아이가 타인과 협동하도록 건강하게 길러졌는지, 낯선 사회에 기꺼이 적응할 수 있는 유연함과 강인한 용기를 지니고 있는지가 적나라하게 드러나기 때문이다. 나아가 아이가 지독한 가난을 꿋꿋하게 견뎌 낼 수 있는지, 다시 말해 세상과 '협동'할 수 있는지 그 진가를 보여주게 된다. 겉보기에 지금 이 아이는 그 협동의 시험에서 처참하게 실패하고 있는 듯하다.

아이는 독일에서는 꽤 공부를 잘하는 좋은 학생이었으며, 독일을 떠나올 당시 나이는 여덟 살이었다.

그러니까 불과 2년 전의 일이다.

미국의 새 학교에서는 영어 철자가 너무 어렵고, 산수 역시 독일에서 배우던 방식과 완전히 다르게 가르치기 때문에 수업을 따라가지 못하고 있다.

안타깝게도 교사들은 이런 아이의 특수한 사정과 언어 장벽을 늘 세심하게 감안해주지는 않는다.

아이는 그동안 어머니에게 응석을 부리며 자라왔고, 지금도 어머니에게 더 매달린다. 하지만 부모는 아이가 엄마와 아빠 둘 다 똑같이 좋아한다고 말한다.

우리가 아이들에게 "너는 엄마와 아빠 중 누구를 더 좋아하니?" 하고 물으면, 아이들은 천진난만한 표정으로 "둘 다 똑같이 좋아해요!"라고 대답한다. 사실 이런 뻔한 질문에는 아이들이 평소 부모에게서 그렇게 대답하도록 철저히 훈련받아 온 경우가 많다. 아이의 이 모범적인 대답이 진실인지 알아보는 기발한 방법은 여러 가지가 있다. 가장 훌륭한 방법 중 하나는, 아이를 엄마와 아빠 한가운데 세워두는 것이다. 우리가 부모와 진지하게 대화를 나누고 있을 때 아이를 관찰하면, 아이는 무의식중에 자신이 더 깊은 애착을 느끼는 부모 쪽으로 슬금슬금 몸을 기울이고 다가간다. 부모가 이미 방 안에 앉아 있고 아이가 나중에 문을 열고 들어올 때도 마찬가지다. 아이는 언제나 자신이 본능적으로 더 마음이 끌리

부록 2 심리 상담 사례 분석

는 쪽을 향해 발걸음을 옮긴다.

이 아이에게는 곁에 어울리는 또래의 여자 친구가 몇 명 있기는 하지만 그리 많지는 않다. 아이의 생애 최초 기억은, 여덟 살 무렵 부모와 함께 평화로운 시골에 머물며 푸른 풀밭에서 예쁜 개와 뛰어놀곤 했던 일이다. 그때는 근사한 마차도 한 대 있었다고 한다.

아이는 과거 자신이 누렸던 눈부신 풍요로움, 푸른 풀밭, 사랑스러운 개, 그리고 근사한 마차를 지금도 생생하게 기억하고 있다. 이는 마치 한때 대단한 부자였다가 몰락한 사람이, 옛날 자신의 차고에 번쩍이는 자동차와 명마가 있고 으리으리한 저택에 하인들이 수두룩했던 찬란한 시절을 끝없이 뒤돌아보며 그리워하는 것과 완벽하게 똑같다. 그러니 이 아이가 가난하고 초라한 지금의 삶에 도무지 만족하지 못하는 이유를 우리는 충분히 이해할 수 있다.

아이는 밤마다 크리스마스가 다가오면 산타클로스가 엄청난 선물을 잔뜩 가져다줄 것이라는 환상적인 꿈을 꾼다.

아이의 화려한 꿈의 세계는, 아이가 낮에 깨어 있을 때 세상을 대하는 삶의 태도와 완벽하게 같은 방향을 가리키고 있다. 아이는 현실에서 늘 남들보다 더 많은 것을 움켜쥐고 싶어 한다. 스스로 세상으로부터 소중한 것을 잔인하게 빼앗겼다고 믿기 때문에, 과거에 풍족하게 가졌던 그 모든 것을 어떻게든 되찾고 싶어 하는 것이다.

아이는 매사에 어머니에게만 기대려 든다.

이것은 아이의 영혼이 완전히 깊은 낙담에 빠져 있다는 절망적인 신호이자, 학교에서 겪는 참담한 어려움을 회피하려는 비겁한 표현이다. 그래서 우리는 첫 면담에서 이 아이에게 아주 다정하게 진실을 말해주었다. "네가 지금 다른 친구들보다 훨씬 더 낯설고 어려운 상황에 놓여 있다는 걸 우린 잘 알고 있단다. 하지만 네가 포기하지 않고 더 열심히 공부하며 씩씩하게 용기를 낸다면, 너도 충분히 이겨내고 배울 수 있어."

얼마 뒤, 아이는 어머니 없이 혼자 씩씩하게 클리닉 문을 열고 찾아왔다. 학교생활은 눈에 띄게 나아졌고, 집에서도 예전처럼 엄마를 부르지 않고 모든 일을 혼자서 해내고 있다고 자랑했다.

우리는 아이에게 한 번 더 조언을 건넸다. "앞으로도 어머니에게 기대지 말고, 네 힘으로 독립적으로 모든 일을 훌륭하게 해내야 해."

아이는 심지어 아침 일찍 일어나 아버지를 위해 정성껏 아침 식사를 준비하기까지 했다.

이 놀라운 변화는 아이의 굳은 내면에 타인과 협동하려는 따뜻한 마음이 건강하게 자라나고 있다는 가장 확실한 징후다.

부록 2 심리 상담 사례 분석

아이는 스스로 자신이 예전보다 훨씬 더 용감해졌다고 믿고 있었고, 두 번째 면담 내내 한결 더 편안해 보였다.

우리는 다음번에는 어머니의 손을 꼭 잡고 함께 다시 오라고 다정하게 약속했다.

세 번째 면담 날, 아이는 약속대로 어머니와 함께 클리닉에 왔다. 어머니가 아이와 동행한 것은 이번이 처음이었다. 어머니는 그동안 일을 하느라 도저히 짬을 낼 수 없었다고 고백했다. 어머니가 털어놓은 놀라운 사실에 따르면, 사실 이 아이는 두 살 무렵 위탁 가정에서 입양된 아이이며, 정작 아이 본인은 자신이 입양아라는 사실을 꿈에도 모른다고 했다. 태어나서 입양되기 전까지 첫 두 해 동안, 가엾은 이 아이는 무려 여섯 군데나 되는 낯선 위탁 가정을 전전해야만 했다.

평탄하고 좋은 과거라고 할 수는 없다. 이 가여운 소녀는 생애 첫 2년 동안 어른들의 냉대 속에서 고통과 불안을 겪었을 것이 분명하다. 그렇다면 우리는 세상 사람들에게 미움받고 처참하게 방치되다가, 마침내 이 선량한 여성(양어머니)의 따뜻한 보살핌 아래로 극적으로 구조된 아이를 마주하고 있는 셈이다. 아이의 내면 깊은 곳에는 그 끔찍했던 어린 시절의 상처가 무의식적인 인상으로 흉터처럼 남게 된다. 그래서 아이는 어떻게든 자신을 거두어준 지금의 이 따뜻하고 안전한 상황에 필사적으로 매달리려 들었을 것이다. 아이의 영혼은 생후 2년이라는 짧은 시간 동안에도 평생을 지배할 만큼 아주 깊고 치명적인 영향을 받을 수 있다.

어머니가 처음 이 아이를 데려왔을 때, 주변 사람들은 하나같이 '저 아이의 친부모 핏줄이 형편없을 테니, 아주 엄격하고 무섭게 쥐어잡고 키워야 한다'고 충고를 쏟아냈다.

이런 무식한 충고를 내뱉은 사람들은 그저 유전이라는 허구적인 관념에 사로잡힌 어리석은 자들이다. 만약 양어머니가 그들의 말대로 가혹하게 매를 들며 키웠는데도 끝내 아이가 구제 불능의 문제아로 엇나간다면, 그 어리석은 사람들은 혀를 차며 "거봐, 내 말이 맞았지? 핏줄은 못 속인다니까!"라고 거드름을 피울 것이다. 그러나 정작 그 아이를 망쳐놓은 책임이 엄격함을 가장한 자신들의 폭력에 있다는 사실은 죽을 때까지 깨닫지 못할 것이다.

아이의 친어머니는 행실이 불량한 여성이었고, 양어머니는 자신이 배 아파 낳은 친딸이 아니기 때문에 오히려 아이를 훌륭하게 키워내야 한다는 무거운 책임감에 짓눌려 있다. 그래서 아이가 조금이라도 엇나가면 가혹하게 매를 들기도 한다.

결과적으로 지금 아이가 처한 환경은 옛날의 그 평화롭고 유리했던 상황과는 딴판이다. 한없이 응석을 받아 주던 다정한 태도가 어느 순간 서늘하게 사라지고, 그 자리에 무서운 체벌과 억압이 날아들기 때문이다.

    부록 2 심리 상담 사례 분석

반면 아버지는 아이를 끝없는 응석받이로 망쳐놓으며, 아이가 원하는 것이라면 묻지도 따지지도 않고 손에 쥐여준다. 아이는 무언가를 원할 때 예의 바르게 "부탁해요."나 "고마워요."라고 말하는 법이 없다. 대신 화가 날 때면 엄마를 향해 이렇게 소리친다. "당신은 내 진짜 엄마도 아니잖아!'

이 충격적인 외침은 아이가 자신이 입양아라는 사실을 이미 완벽하게 눈치채고 있거나, 아니면 상대방의 가슴을 가장 갈기갈기 찢어놓을 수 있는 급소가 어디인지 아주 영악하게 알고 있다는 뜻이다. 우리는 스무 살이 된 어느 청년의 임상 사례를 알고 있다. 그는 자신의 어머니가 친어머니가 아니라고 평생 믿고 살았다. 그의 부모는 우리에게 "아이는 입양 사실을 알 턱이 없어요."라고 단언했다. 하지만 청년의 영혼은 분명 어떤 분위기 속에서 서늘한 느낌을 본능적으로 감지하고 있었다. 아이들은 어른들이 무심코 흘리는 아주 미세하고 작은 단서들만으로도 전체의 결론을 조립해낸다. 부모가 아무리 아이가 자신이 입양되었다는 사실을 꿈에도 모른다고 확신한다 해도, 때로는 아이들의 영혼이 그 서늘한 진실을 본능적으로 느끼고 만다.

아이는 그 잔인한 말을 오직 어머니에게만 내뱉을 뿐, 아버지에게는 절대 하지 않는다.

왜냐하면 아버지는 아이가 원하는 것을 무조건 다 들어주기 때문에, 굳이 아이가 그런 독기 품은 말로 아버지를 공격할 필요가 없다.

어머니는 이민을 와서 새 학교에 들어간 뒤로 아이가 대체 왜 이렇게 엇나가고 달라졌는지 도무지 이해하지 못한다. 요새 아이는 성적표마저 형편없이 받아오고, 그래서 어머니는 아이의 버릇을 고치려 어쩔 수 없이 매를 들었다고 고백한다.

이 가엾은 아이의 처지를 생각해보라. 가뜩이나 말도 안 통하는 학교에서 나쁜 성적표를 받아 깊은 모멸감과 열등감에 시달리는데, 집에 오면 위로해주기는커녕 어머니의 가혹한 매질까지 견뎌야 한다. 이것은 너무나도 잔인하고 가혹한 형벌이다. 이 두 가지 고통 중 단 하나만 겪어도 어린아이의 영혼은 이미 부서지고 남는다. 매를 맞는 고통도, 나쁜 성적표가 주는 굴욕감도 각각 아이가 혼자 감당하기에는 너무나 무겁고 버거운 짐이다. 이 지점은 일선 교사들이 몹시 심각하게 고민해봐야 할 문제다. 교사들은 자신이 무심코 아이 손에 쥐어준 그 '형편없는 성적표' 한 장이, 곧 아이가 집에서 겪을 지옥과 가정 폭력의 서막이 될 수 있음을 알아야 한다. 진정으로 현명하고 다정한 교사라면, 이 나쁜 성적표가 그날 밤 어머니가 아이를 흠씬 두들겨 팰 무서운 명분이 된다는 사실을 아는 순간, 어떻게든 그런 참담한 성적표를 건네는 일만큼은 필사적으로 피하려 들 것이다.

아이는 가끔씩 자기도 모르게 이성을 잃고 불같이 화를 터뜨린다고 고백한다. 학교에서도 시도 때도 없이 흥분하여 소리를 지르고 학급의 평온한 분위기를 산산조각 낸다. 그리고 언제나 자기가 무조건 첫째이자 최고여야 한다고 믿고 있다.

우리는 아이가 품은 이 오만한 욕망을 충분히 이해할 수 있다. 아버지의 치맛자락 아래서 손가락질 한 번으로 원하는 것은 무엇이든 척척 얻어내며 길러진 응석받이 외동아이에게서는, 이토록 맹목적인 지배욕이 자라나는 것이 너무나 당연하기 때문이다. 아이가 남들 위에서 무조건 첫째가 되고 싶어 하는 마음도 십분 이해할 수 있다. 우리는 이 아이가 과거 독일에서 푸른 들판과 근사한 마차를 누리며 풍족하게 살았고, 지금은 그 찬란했던 과거의 특권들을 세상에 억울하게 빼앗겼다고 원망하고 있음을 이미 알고 있다. 그래서 잃어버린 권력을 되찾으려는 아이의 우월성 추구는 예전보다 수백 배는 더 맹렬하고 거칠어졌다. 하지만 현실에서는 그 끓어오르는 욕구를 해소할 건강한 통로가 완전히 막혀 버렸기 때문에, 아이는 자기도 모르게 툭하면 흥분하고 주변을 난장판으로 만들며 말썽을 일으키는 것이다.

그래서 우리는 면담에서 아이의 눈을 맞추며, 이제부터는 타인과 부딪히지 않고 따뜻하게 '협동'하는 법을 새로 배워야 한다고 다정하게 설명해주었다. 또 아이가 수업 중에 불같이 흥분하는 이유는 그저 교실에서 남들의 시선을 독차지하는 주목의 중심이 되기 위해서일 뿐이며, 그 무시무시한 분노 폭발은 결국 모든 사람의 눈길을 자신에게로 끌어당기려는 아주 영악한 연기이자 구실에 불과하다는 진실을 짚어주었다. 나아가 아이가 학교에서 굳이 엎드려 공부하지 않는 이유도, 형편없는 성적표를 들고 가면 어머니가 불같이 화를 내며 자신에게 온 관심을 쏟아부을 것을 알기에, 결국 그 나쁜 성적표를 무기 삼아 어머니와 치열한 싸움을 벌이고 있는 것뿐이라는 사실을 명확히 일러 주었다.

아이는 밤마다 산타클로스가 엄청나게 근사한 선물을 잔뜩 가져다주는 꿈을 꾼다. 그러나 아침에 눈을 뜨고 침대 머리맡을 보면 아무것도 없어서 절망한다.

이 꿈속에서도 아이는 자신이 잃어버린(혹은 원하는) 모든 것을 다 가진 듯한 황홀한 감정과 벅찬 정서를 끊임없이 억지로 불러일으키려 애쓴다. 그리고 이내 깨어나 보니 아무것도 없다며 절망한다. 우리는 이 꿈의 대목에 교묘하게 숨어 있는 심리학적 함의를 절대 놓쳐서는 안 된다. 꿈속에서 그토록 황홀한 기쁨을 한껏 부풀려 놓았다가, 눈을 떠서 텅 빈 현실을 마주하게 되면 아이는 당연히 미칠 듯한 상실감과 실망감을 느끼게 된다. 그러나 아들러 심리학에서 꿈이란, 단지 현실에서 깨어난 뒤 그 사람이 취하고자 하는 삶의 태도와 완벽하게 일치하는 감정만을 아주 정교하게 불러일으키는 도구일 뿐이다. 다시 말해, 이 산타클로스 꿈의 목적은 세상의 모든 것을 다 가진 듯한 그 벅찬 감정을 만끽하는 데 있는 것이 아니다. 오히려 소름 돋게 정확히 말하자면, 아침에 눈을 떴을 때 '실망하기 위해서' 일부러 그런 화려한 꿈을 꾸는 것이다. 아이가 원하는 '실망'이라는 정서적 목표가 완벽하게 충족될 때까지, 아이의 무의식은 오직 그 목적을 달성하기 위해 밤마다 화려한 꿈을 지어낸다.

실제로 깊은 우울증에 빠진 사람들도 밤이면 세상을 다 가진 듯한 멋진 꿈을 꾸지만, 깨어나 마주하는 현실은 그 꿈과 정반대인 경우가 허다하다. 그렇다면 우리는 왜 이 어린 소녀가 이토록 실망하고 싶어 하는지 그 이유를 아주 쉽게 이해할 수 있다. 아이는 어떻게든 어머니를 탓하고 비난할 구실을 찾고 싶은 것이다. 모든 것을 빼앗긴 현재의 낯선 삶이 아

  부록 2 심리 상담 사례 분석

이의 눈에는 지옥처럼 보일 수밖에 없기 때문이다. 아이는 자신이 세상에서 아무것도 갖지 못한 불쌍한 피해자라고 느끼며, 나를 키워주는 이 어머니는 내게 단 한 줌의 사랑도 주지 않는 차가운 사람이라고 믿는다. "봐, 엄마는 툭하면 날 때리기만 해. 이 세상에서 내게 뭔가 좋은 걸 주는 사람은 오직 아빠뿐이야!"

지금까지의 이 모든 임상 사례를 하나로 꿰어 정리해보면, 이 아이의 내면은 일상에서 끊임없이 무언가에 실망하고 싶어 한다는 진실을 알 수 있다. 그래야만 "내가 이렇게 불행한 건 다 엄마 때문이야!"라며 정당하게 어머니를 비난할 수 있기 때문이다. 지금 이 아이는 온 삶을 걸고 어머니와 피 터지는 전쟁을 벌이고 있다. 그러므로 이 파괴적인 싸움을 영원히 멈추게 하려면, 집에서 부리는 고약한 억지와 밤마다 꾸는 화려한 꿈, 그리고 학교에서 벌이는 난동이 실은 모두 어머니를 향한 복수라는, 하나의 똑같고 잘못된 패턴(생활양식)에서 비롯되었다는 사실을 아이 스스로 납득하도록 만들어야 한다.

아이의 이 기형적인 생활양식은 상당 부분, 낯선 미국 땅에 온 지 얼마 되지 않았고 영어를 제대로 읽고 쓰지 못한다는 절망적인 현실에서 비롯되었다. 하지만 이런 언어의 장벽이나 환경적 어려움은 땀 흘려 노력하면 충분히 훌륭하게 극복할 수 있는 것들이다. 그런데도 아이가 일부러 노력을 포기한 채, 그 어려움을 오히려 어머니와 싸우기 위한 비겁한 무기로 악용하고 있다는 사실을 아이 스스로 깨닫게 해주어야 한다. 이와 동시에 우리는 어머니와도 깊은 상담을 나누어, 아이를 윽박지르고 때리는 낡은 훈육을 당장 그만두도록 강력하게 영향을 미쳐야 한다. 아이가 더 이상 억울함을 핑계 삼아 엄마와 싸울 정당한 구실을 갖지 못하도록, 어머니 스스로 폭력의 고리를 끊어내야 하기 때문이다.

아이는 우리와의 대화를 통해 마침내 이 진실을 직면해야만 한다. "아, 내가 수업 시간에 집중하지 않고 일부러 이성을 잃고 미친 듯이 화를 터뜨렸던 건, 진짜 화가 나서가 아니라 어떻게든 엄마와 싸우고 갈등을 만들어내고 싶어서였구나!" 아이가 자신의 속마음을 꿰뚫어 보는 이 사실을 깨닫는 순간, 자신을 해치던 행동을 멈출 수 있다. 그 진실을 마주하기 전까지는 집과 학교에서 벌어지는 일상, 그리고 밤마다 꾸는 꿈이 대체 무엇을 의미하는지 전혀 알지 못했으므로, 당연히 아이의 성격을 건강하게 바꾸는 일은 불가능했던 것이다.

이렇게 해서 우리는 마침내 진정한 심리학이 무엇인지 그 웅장한 실체를 보게 된다. 심리학이란 단순히 겉으로 드러난 증상을 지우는 기술이 아니다. 한 인간이 세상을 살아가며 받아들인 수많은 인상과 경험들을, 자신의 삶에서 어떤 목적을 위해 어떻게 교묘하게 사용하고 있는지를 이해하는 학문이다.

다시 말해, 한 아이가 자신만의 고유한 인식의 틀(생활양식)에 갇혀 어떻게 행동하고 외부의 자극에 반응하는지, 세상이 던지는 자극을 어떻게 굴절시켜 받아들이고 응답하는지, 그리고 무엇보다 그 모든 경험을 자신만의 은밀한 목적(우월성 추구)을 달성하기 위해 어떻게 영악하게 활용하고 있는지를 따뜻하고도 날카롭게 짚어내는 것, 그것이 바로 우리 개인심리학이 지향하는 궁극적인 길이다.

우월한 열등감

초판 1쇄 인쇄 2026년 4월 15일
초판 1쇄 발행 2026년 4월 25일

지 은 이 알프레드 아들러
옮 긴 이 김경일
발 행 인 정수동
발 행 처 저녁달

편집주간 이남경
편   집 김유진
디 자 인 Yozoh Studio Mongsangso

출판등록 2017년 1월 17일 제406-2017-000009호
주   소 경기도 파주시 문발로 203, 203호
전   화 02-599-0625
팩   스 02-6442-4625
이 메 일 book@mongsangso.com
인스타그램 @eveningmoon_book

ISBN   979-11-24539-00-2   03180